民事執行・保全法

第6版

上原敏夫・長谷部由起子・山本和彦［著］

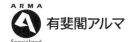

ARMA
有斐閣アルマ
Specialized

第6版　はしがき

　本書は，初版（2004年3月）以来，法学部および法科大学院での
テキストとして，広く使われ，多くの読者を得ることができた。こ
の間，改訂を重ね（第2版2006年3月，第3版2011年3月，第4版
2014年3月，第5版2017年3月），法改正と判例・学説の進展とに対
応してきた。しかし，執行・保全の分野では，その後も，IT技術
の発達による新しい形態の取引や資産の登場，紛争類型の多様化な
どにより，解決を必要とする多くの問題が生じ，判例・学説も新た
な展開をみせている。そして，昨年には，民事執行法が改正され，
金銭執行の対象となる債務者の財産を探索する手続の拡充，子の引
渡しの強制執行に関する規律の明確化などがなされた（令和元年法
律第2号）。

　そこで，このたび，法改正への対応，新判例のフォロー，コラム
欄の追加および見直しなどを行って，記述内容の一層の充実をはか
り，本書の第6版として送り出すこととした。今回の改訂により，
本書は，最新のテキストとしての価値を保ち，多くの読者の需要に
応えることができるものとなったと自負している。本書が，これか
らも広く利用され，執行・保全手続についての理解の深化に役立つ
ことを望んでいる。

　第6版の編集を担当された有斐閣編集部の三宅亜紗美氏の御助力
に，厚く御礼申し上げる。

　　2020年2月吉日　　　　　　　　　　　　執筆者一同

i

初版　はしがき

　本書は，民事執行法および民事保全法について，主に大学（法科大学院および学部）での講義に際して，標準的な教科書として利用されることを予定して執筆したものである。民事執行法および民事保全法の全体をカバーしている。

　民事執行法は昭和54年（1979年），民事保全法は平成元年（1989年）に制定された法律であり，民事訴訟（判決手続）と並んで，私人の権利の実現にとって不可欠な制度である民事執行・保全について定めている。これらの制度は従来，社会において必ずしも重要なものとは認識されず，また大学の法学教育においても主要な科目とは考えられてこなかった。しかし，今，このような状況は大きく変化しつつある。

　社会においては，長引く日本経済の不況の中，不良債権の処理が最大の政治・経済的な課題となる中で，民事執行（担保権実行）が不良債権の抜本処理のための不可欠のツールとして注目されるようになった。そして，このツールが十分に機能していないと批判され，日本経済の立直しのためにも，その制度の改革が必要と主張された。平成8年（1996年）・平成10年（1998年）に相次いでされた民事執行法の改正は，いずれも金融機能の再生のための議員立法によるものであったし，平成15年（2003年）には，担保制度を含む民事執行制度の抜本改正が図られている（さらに，平成16年（2004年）にも民事執行法の改正がなされる予定である）。今や民事執行・保全の制度は，日本経済のあり方と切り離せない重要な社会制度と認識されていると言っても過言ではない。

　法学教育においては，2004年春の法科大学院制度のスタートがある。法科大学院においては，理論を中核としながら，実務との架橋に十分な配慮をした教育が求められている。そもそも実体法の定める権利というものは，それが手続の中で現実化されなければ，絵に描いた餅に過ぎない。法科大学院の教育では，民事訴訟制度，さらに権利を実際に実現する

最後の段階である民事執行・保全の制度には，必然的に重要な位置づけがされることになると考えられる。本書は，そのような法科大学院教育におけるテキスト・副読本として利用されることを一つの目的としている。他方，法学部教育においても，民事執行・保全の制度についての教育は，重要性を増すと思われる。民事執行・保全の世界は，法曹にならなくても，法学部卒業後に企業で債権回収を担当したり，裁判所書記官となったりすれば，いやおうなく出会うことになるからである。本書は，法学部の科目における教科書として利用されうることはもちろん，実社会において民事執行・保全の知識が必要になった場合に，制度の全体像を簡便に把握するための自習書としても活用できるものと期待している。

　本書の特徴としては，制度の全体像を体系的かつ正確に理解できるように，最大限の努力を傾けた点がある。叙述の内容については，基本的な概念・手続を客観的に理解し，制度の全体像を把握できるように配慮している。そのような努力がどの程度の成果を挙げているかは読者の判断に委ねるしかないが，執筆過程において，執筆者3名はいくたびか議論し，内容面はもちろん表現も含めて協議を重ねてきた。また，分かりやすさという点にもできるだけ配慮し，重要な用語をゴシックにしたり，図表を活用したり，判例については判例百選の項目を参照したりしている。加えて，相当数のコラムを設けて，より立ち入った概念や議論，さらに最新の実務の動向・問題点などについても解説し，読者が民事執行・保全の制度に親しみをもつことができるように，また，より進んだ学習をする場合の手掛かりともなるように努めている。

　最後に，長期に及んだ本書の企画から公刊に至るまでの全プロセスにおいて，執筆者に多くの有益な助言をいただいた酒井久雄氏，山下訓正氏，香西大孝氏に心からお礼を申し上げたい。

　2004年2月

執 筆 者 一 同

◆ 法令の略記等

* （　）内での条文の引用について，法令名の表記のないものは民事執行法，「規」と表示したものは民事執行規則です。その他は原則として有斐閣六法全書「法令名略語」に従いました。

◆ 判例・雑誌名等の略記

* 最判平成 8・1・26 民集 50 巻 1 号 155 頁／百選 34 ＝ 最高裁判所平成 8 年 1 月 26 日判決，最高裁判所民事判例集 50 巻 1 号 155 頁，民事執行・保全判例百選〔第 3 版〕34 事件〔なお，〔初版〕とあるのは，民事執行・保全判例百選〔初版〕（2005），〔2 版〕とあるのは，同〔第 2 版〕（2012）〕
* 最決平成 26・11・4 判時 2253 号 23 頁／重判平 26 民訴 9 ＝ 最高裁判所平成 26 年 11 月 4 日決定，判例時報 2253 号 23 頁，平成 26 年度重要判例解説民事訴訟法 9 事件

《判　例》

大判（決）	大審院判決（決定）	最大判（決）	最高裁大法廷判決（決定）
控判	控訴院判決	高判（決）	高等裁判所判決（決定）
最判（決）	最高裁判決（決定）	地判（決）	地方裁判所判決（決定）

《判例集・雑誌》

民録	大審院民事判決録	無体集	無体財産権関係民事・
民集	大審院民事判例集または		行政裁判例集
	最高裁判所民事判例集	判時	判例時報
新聞	法律新聞	判タ	判例タイムズ
評論	法律学説判例評論全集	金判	金融・商事判例
高民	高等裁判所民事判例集	金法	金融法務事情
下民	下級裁判所民事裁判例集	ジュリ	ジュリスト
訟月	訟務月報		
東高民時報	東京高等裁判所判決時報（民事）		

著 者 紹 介

上原　敏夫（うえはら・としお）　第 *1* 章，第 *2* 章，第 *3* 章執筆

1950 年生まれ

1973 年一橋大学法学部卒業

現在　明治大学専門職大学院法務研究科教授

〈主要著作〉

『債権執行手続の研究』〈一橋大学法学部研究叢書〉（有斐閣，1994）

『団体訴訟・クラスアクションの研究』（商事法務，2001）

「裁判上の担保をめぐる執行手続」竹下守夫先生古稀祝賀・権利実現過程の基本構造（共編，有斐閣，2002）

「執行手続における少額金銭債権の保護」民事訴訟雑誌 51 号（2005）

『大コンメンタール破産法』（共編著，青林書院，2007）

『条解民事訴訟法　第 2 版』（共著，弘文堂，2011）

「集団的消費者被害回復手続の理論的検討」伊藤眞先生古稀祝賀・民事手続の現代的使命（共編，有斐閣，2015）

「差引納付の瑕疵と競売手続の効果」明治大学法科大学院論集 17 号（2016）

『民事訴訟法　第 7 版』（共著，有斐閣，2017）

長谷部　由起子（はせべ・ゆきこ）　第 *4* 章 *3・4*，第 *7* 章執筆

1957 年生まれ

1980 年東京大学法学部卒業

現在　学習院大学大学院法務研究科教授

〈主要著作〉

『変革の中の民事裁判』（東京大学出版会，1998）

『民事訴訟法 Visual Materials』（共著，有斐閣，2010）

「弁済による代位（民法 501 条）と倒産手続」学習院大学法学会雑誌 46 巻 2 号（2011）

『破産法・民事再生法概論』（共著，商事法務，2012）

『民事手続原則の限界』（有斐閣，2016）

『新民事訴訟法講義　第 3 版』（共著，有斐閣，2018）

『民事訴訟法　第 3 版』（共著，有斐閣，2018）

「倒産手続における債権者平等」多比羅誠弁護士喜寿記念・倒産手続の課題と期待（商事法務，2020）

『民事訴訟法　第 3 版』（岩波書店，2020）

山本　和彦（やまもと・かずひこ）　第*4*章 *1・2*, 第*5*章, 第*6*章執筆

1961 年生まれ
1984 年東京大学法学部卒業
現在　一橋大学大学院法学研究科教授

〈主要著作〉

『民事訴訟法の基本問題』（判例タイムズ社，2002）

『国際倒産法制』（商事法務，2002）

『手続裁量とその規律』（共編，有斐閣，2005）

『倒産法制の現代的課題』（有斐閣，2014）

『倒産法概説　第 2 版補訂版』（共著，弘文堂，2015）

『民事訴訟法の現代的課題』（有斐閣，2016）

『民事訴訟法　第 7 版』（共著，有斐閣，2017）

『現代の裁判　第 7 版』（共著，有斐閣，2017）

『倒産処理法入門　第 5 版』（有斐閣，2018）

『よくわかる民事裁判　第 3 版』（有斐閣，2018）

『ADR 法制の現代的課題』（有斐閣，2018）

目　次

第1章

民事執行・保全の世界

1 請求権の実現——判決手続・執行手続・保全手続

1 自力救済の禁止と権利の終局的実現

　本書は民事執行および民事保全の手続の基本的な仕組みを解説し，同時にこれらの手続が現代社会においてどのような役割を果たしているかを明らかにするものである。

　一般に，私法上の権利義務や法律関係の発生・消滅・変動等については，民法をはじめとする実体私法が規律している。この私法上の権利義務や法律関係をめぐって紛争（民事紛争）が生じた場合，その解決は，**自力救済の禁止**を大前提として，種々の方法でなされるが，究極的には国家が用意し国家権力を背景とした強制的な手続である民事訴訟（判決手続）が利用されることとなる。しかし判決手続（**狭義の民事訴訟**）は，裁判官が判決という形で，争いとなっている権利義務や法律関係の存否を観念的に確定したり，当事者に一

定の行為（ex.金銭の支払，物の引渡し）を命じたりするにとどまる。判決が出されれば，当事者が自発的にこれに従う場合も多いが，判決を無視する者に対して判決の内容を事実的に実現するためには，この場面でも自力救済は禁止されているので，国家の手による特別な手続が必要になる。このように判決で確定された権利を国家の手によって強制的に実現することを目的として設けられているのが，強制執行の手続である。強制執行は，本書の扱う民事執行手続の主要領域の一つである（⇒第2章～第5章）。

　しかし，判決手続と強制執行手続とが用意されていれば私人の権利の実現にとって十分かというと，そうではない。判決手続は，対立する当事者双方から主張や証拠を提出させて慎重に判断をする構造をとり，さらには，敗訴当事者には上訴により別の裁判所で再審査を受ける機会も保障しているので，必然的に時間がかかる。このため，たとえば，貸金請求訴訟の審理が続くうちに被告（債務者）が資力を失い強制執行が実際上不可能になったり，土地の二重譲渡のケースで，第一の買主から移転登記手続を請求された被告（売主）が第二の買主に移転登記をしてしまって，第一の買主の訴訟提起を無意味にしてしまうことがありうる。また，被告が原告の特許権を侵害して製品を製造・販売している場合のように，訴訟による差止請求権の確定を待っていたのでは，被告の製品が市場を席捲し，原告の事業が回復し難いダメージを受けてしまう場合がある。さらに，労働者が不当に解雇された場合のように，賃金の支払が絶たれたままでは，生活自体も成り立たなくなってしまい，自己の権利（労働者としての地位，賃金請求権）を訴訟によって実現することが現実的にきわめて困難になってしまう，ということもある。

　この問題に対処するための制度が**民事保全手続**であり，判決手続

による権利義務の確定およびそれに基づく将来の民事執行に備えて，債務者の財産を確保（処分禁止）したり，財産の現状を固定したり，場合によっては，暫定的に一定の法律的地位を創設したり（仮の地位を定める仮処分），権利の暫定的な実現を図ること（満足的仮処分）などを目的としている。手続は，**仮差押え**および**仮処分**の二つに大別されるが，それぞれ，保全すべき権利の存在と保全の必要性とを審理して保全命令を発令する段階と，保全命令の効力を現実のものとする執行の段階からなっている（⇒第7章）。

　このようにして，観念的・宣言的な性格をもつ判決手続，事実的・現実的な性格をもつ強制執行手続およびこれらの準備的性格をもつ民事保全手続は，相互に関連しながら，全体として私人の権利の実現ないし救済の過程を形成しており，これらを総称して**広義の民事訴訟**という言葉も用いられる。

　なお，自力救済の禁止から，国家は私人に対して権利の実現・紛争解決のための制度を用意する責務があり，逆に私人は国家に対してそのような制度を利用する権利を有することになる。憲法32条は裁判を受ける権利を保障しているが，それは単に公正・迅速な裁判だけではなく，その内容を強制的に実現する手続をも保障しているものと考えるべきである。私人の国家に対するこの関係は，判決手続においては**訴権**という概念で説明され，古くから議論されているが，強制執行手続においてこれに対応するものとして，**執行請求権**という概念がある。執行請求権の要件については，強制執行によって実現すべき実体法上の請求権自体の存在とする見解（具体的執行請求権説）や請求権の存在を高度の蓋然性をもって示している債務名義の存在で足りるとする見解（抽象的執行請求権説）等が対立している。

② 判決手続と強制執行手続の関係

 もっとも，強制執行手続によって実現されるのは，判決手続によって確定された権利に限られない。判決が確定する前でも，**仮執行宣言**（民訴 259 条）が付されることによって強制執行が可能となる。また，民事紛争の解決は，訴訟における判決以外によってもなされるが，それらの解決の実効性を担保するために，その結果を記載した書面を判決と同様に扱って強制執行を許す例がある。**和解調書，調停調書，仮執行宣言の付された支払督促**などである。また，公証人が作成した公正証書で一定の要件を備えたもの（**執行証書**）に表示された金銭債権等についても，強制執行が許されるが，これはむしろ紛争の予防措置の効果を強めるものといえよう（債務名義につき，⇒50 頁以下）。

 逆に，判決手続で紛争が解決された場合に必ず強制執行ができるわけでもない。強制執行ができるのは，**給付判決**（執行力のある判決。⇒51 頁）に表示された**給付請求権**に限られている。厳密にいえば，請求権の性質によっては，権利者が訴えを提起し判決を得ることはできるが，強制執行をすることはできない（不履行の場合は事後的に損害賠償請求をするしかない），という場合もありうる。これに対して確認判決はその本質上，裁判所による権利義務の確定自体を紛争解決の最終目標とし，当事者による判決の尊重・遵守に全面的に期待するものである。また，形成判決は，執行という事実的な国家行為を待たずに，判決自体の効力として判決の内容（権利義務または法律関係の変動）を実現してしまうものである。したがって，確認判決や形成判決については，強制執行手続は行われない。

 さらに，強制執行手続の中で生じた紛争の解決のために，訴訟手

続が利用されることがある。手続法上の問題については強制執行手続の中で解決が図られるが，債務名義に表示された請求権の存否や対象財産の帰属など，実体法上の問題の解決は，訴訟手続に委ねられるのである（執行関係訴訟⇒77頁以下）。

Column① **広義の執行（力）** •━◦━◦━◦━◦━◦━◦━◦━

　強制執行の手続は，給付判決などの執行力をもつ債務名義に基づいて債権者が債務者との関係でその請求権を強制的に実現する手続である。これに対して，給付判決でなくとも，裁判に基づいて公の機関に対してその内容の実現を求めることができる場合を「広義の執行」といい，このような場合にその裁判は「広義の執行力」をもつという。確定判決に基づいて戸籍簿の訂正を求めること（戸116条）や，強制執行を許さない旨の判決に基づいて執行の停止・取消しを求めること（39条1項1号・40条1項）がその例である。仮執行宣言は，給付判決以外の判決に付されることがあるが（37条1項後段・38条4項参照），この場合も，その判決に広義の執行力を与える効果をもつ。

　なお，登記手続を命ずる確定判決に基づいて原告（登記権利者）が単独で登記を申請する場合は，①確定判決によって被告（登記義務者）の登記申請行為がなされたものと擬制され（177条）（狭義の執行），②確定判決の提出によって被告の登記申請行為が法務局に到達せしめられることとなる（不登63条）（広義の執行）。

◦━

3　担保権の付されている請求権の実現

　担保権の付されている請求権について，担保権の対象である財産——債務者または第三者（物上保証人）の所有——から満足を受ける（担保権を実行する）には，どのような手続によるか（このような

請求権であっても債務者の他の財産（一般財産）から満足を受けようとするのであれば，上述の強制執行の手続による）。

かつては，担保権の実行手続は，**競売法**という特別な法律で定められ，強制執行（かつては民事訴訟法の中に規定されていた）とは異なる規律がなされていた。そこで，担保権の実行は担保権に内在する換価権能の発動であり，債務者の一般財産から満足を受ける強制執行手続とは本質的に異なるものとする考え方が一般的であった。

しかし，財産を所有者の意思とはかかわりなく国家の手により換価し，その代金をもって請求権の満足にあてる，という点では，本質的にどちらも変わりがない。そこで，二つの手続につき異なる規律をすることは合理性を欠く，という考え方が次第に有力になり，現行法（民事執行法）は，二つの手続を基本的に統合して，同じ法律で規定することとした（⇒9頁）。もっとも，担保権の実行のためには手続開始の基本として確定判決その他の債務名義（⇒50頁以下）が不要であり，たとえば抵当権の設定登記があれば足りる，という違いはなお残っている（⇒241頁以下）。

④ 公法上の請求権の実現

公法上の請求権の実現の手続は，その種類によって様々である。

金銭債権のうち，罰金，科料，没収等の財産刑や過料，制裁金などについては，強制執行の方法によって行われる（刑訴490条，民訴189条・303条・313条・327条2項，非訟121条，家事291条。形式的強制執行）。これに対して，国税，地方税，社会保険料などの請求権の実現は，その具体的方法は強制執行に類似しているが，これらの請求権が私債権に対して優先することや，課税処分等が行政行為として自己執行力を有することが考慮され，**国税徴収法**に定められた

滞納処分という手続によって行われる。滞納処分も差押え，換価，配当の3段階からなるが，判決等の債務名義は不要であり，換価は公売という手続によってなされる。滞納処分はしばしば民事執行と競合し，その調整が必要となる。そのために「滞納処分と強制執行等との手続の調整に関する法律」が制定されているが，なお，解決の難しい多くの問題が生じている。

　行政上の作為・不作為義務の強制的実現のための手続は，**行政代執行法**に定められているが，強制執行の手続によることもできるか，その前提として民事訴訟を提起できるか，見解が分かれる（最判平成14・7・9民集56巻6号1134頁／重判平14行政6は，国または地方公共団体が専ら行政権の主体として国民に対して行政上の義務の履行を求める訴訟は，裁判所法3条1項にいう法律上の争訟にあたらない，とする）。

5　倒産処理手続と強制執行

　国家による強制的な手続による請求権の実現は，破産，民事再生，会社更生などの倒産処理手続によっても行われるが，同一債務者に対して請求権を有するすべての権利者について，しかも原則として債務者の有するすべての財産を対象として，集団的に請求権の実現（および調整）を図る点で強制執行とは異なっている。倒産処理手続が**総括（包括）執行**と呼ばれるのに対して，強制執行は**個別執行**と呼ばれる。

　倒産処理手続は，債務者の財産が全債務の弁済には不足するかまたは不足するおそれがあることを前提とする。これに対して強制執行は，財産が十分にありながら債務を弁済しようとしない債務者に対しても行われうる。もっとも，現実に強制執行が行われるのは，やはり，財産が十分にはない状況においてであり，したがって，こ

こでも，複数の債権者の権利が競合しその調整・優劣が問題となる。加えて，わが国では金銭執行において**平等主義**が採用されているので（⇒153頁），強制執行手続は，特定の財産を対象とする倒産処理手続の実質をもつことになる。このことは，特に，対象財産が高額で担保権者，一般債権者その他多数の者が利害関係を有することが多い不動産を対象とする金銭執行について，妥当する。

2 民事執行法と民事執行の概念

1 旧民事訴訟法

　判決，執行および保全の各手続は広義の民事訴訟という体系的なまとまりもあり，密接に関連する手続であるため，これを一つの法典で規律している国もある。たとえば，ドイツの民事訴訟法がこれにあたり，その強い影響を受けて立法されたわが国の旧々民事訴訟法（明治23年制定）も同様であった。しかし，ドイツと異なっていたのは，担保権の実行手続については民事訴訟法で規定されず（強制執行の手続に含まれず），別に，**競売法**（明治31年制定）という法律で規定されていたことである。競売法による担保権の実行手続は，債務名義の存在を要件としない点などで，旧民事訴訟法の定める強制執行の手続とは異なり，任意競売と呼ばれていた。また，競売法は，共有物の分割（民258条2項），弁済供託（民497条），商人の自助売却（商524条・527条など）など，請求権を実現するためではなく物を金銭に換えること自体を目的として行われる「換価のための競売」についても規定しており，これは**形式的競売**とも呼ばれていた。

② 民事執行法・民事保全法の制定

旧々民事訴訟法のうち判決手続に関する部分は大正15年に全面的に改正されたが，強制執行および保全手続については基本的に改正されず，また，競売法も随所で規律の不備が目立っていたので，第二次世界大戦以前から改正が検討されていた。改正作業はなかなか実を結ばなかったが，ようやく，昭和54年になって，強制執行の手続と担保権実行の手続，さらには形式的競売の手続のすべてを規律する単行法として**民事執行法**が制定された。

民事執行法による改正の重点は，その提案理由によれば，次の4点にあった。

(1) **執行手続の迅速化**　　不服申立ての方法を整理し（特に執行抗告の新設と整備⇒36頁以下），また，不服申立てに伴う執行の停止に合理的な制限を加えた。

(2) **債権者の権利行使の実効性の確保と執行対象財産の売却手続の改善**　　平等主義を維持しながらも，他の債権者の配当要求を制限し（⇒154頁以下），また，特に不動産について，適正な価額での換価を促進し，一般の市民が広く売却手続に参加できるようにするため，現況調査および評価の手続を整備して買受希望者への情報の提供に配慮し，さらに裁判所が売却方法を弾力的に選択できるようにした（⇒135頁以下）。

(3) **不動産の買受人の地位の安定・強化**　　買受人の占有取得を容易にするために不動産引渡命令や保全処分の制度を新設し（⇒150頁，124頁），また，担保権実行手続では，基礎となった担保権の不存在・消滅の場合でも買受人は所有権を取得できることとして，所有権取得の効果の安定を図った（⇒256頁）。

(4)　**債務者の生活の保護**　　動産の差押禁止の範囲を合理化し，また，動産および債権について裁判所が事案に応じて差押可能な範囲を拡大・減縮できるものとした。

　なお，民事執行法の立案段階では，執行手続だけではなく，保全手続も含めて規律することが検討されたが実現されず，保全命令の発令手続については，従来の民事訴訟法による規律が，そのまま残され，保全命令の執行手続についてのみ民事執行法に取り込む改正がなされた。

　その後，保全手続についての全面的な改正は，平成元年に，別の単行法として**民事保全法**が制定されることで実現された。民事保全法は，保全命令の発令手続について，不服申立てを含めて，すべて決定手続で審理することとして迅速化を図り，また，実際に多く用いられている仮処分（処分禁止の仮処分や占有移転禁止の仮処分）について，その執行方法および効力を明確化するなど，手続全体の大幅な改善を図った（⇒280 頁）。

　民事執行法および民事保全法の制定に関して特徴的なこととして，当事者の権利義務に関わる基本的な事項は法律で規定するが，具体的な手続の細目については最高裁判所規則（**民事執行規則，民事保全規則**）で定め，将来にわたって臨機応変に改正ができるようにしたことが挙げられる。この方針は，判決手続についての民事訴訟法の全面改正や倒産処理に関する諸法の改正でも踏襲され，手続法の立法の基本的なスタイルとして定着した。

　民事執行法制定後の法改正として重要なものを挙げておく。平成8 年には，執行妨害対策として不動産の競売手続での保全処分および引渡命令の強化が図られた（55 条・77 条・83 条・平成15 年改正前187 条の2 など。なお，253 頁～254 頁参照）。平成10 年には，不動産

の競売手続の円滑化等を図るために，濫用的な執行抗告の簡易却下制度の新設（10条5項4号），執行官・評価人の調査権限の拡充（18条2項・57条4項・5項），買受申出をした差押債権者のための保全処分の新設（68条の2），売却の見込みのない場合の執行手続の停止・取消制度の新設（68条の3），買受人の銀行ローン活用のための移転登記嘱託方法の改善（82条2項）などがなされた。

　また，司法制度改革審議会の最終意見書を受けて，平成15年には，担保不動産収益執行手続の創設（180条2号・188条），各種保全処分のさらなる強化（55条・55条の2・68条の2・77条・83条の2・187条5項），不動産の明渡執行手続の改善（27条3項～5項・168条2項・5項・168条の2，民保25条の2），競売不動産の内覧制度の創設（64条の2），間接強制の適用範囲の拡張（173条），財産開示手続の創設（196条以下），少額定期給付債務の履行確保（151条の2・152条3項），動産競売手続の改善（190条1項3号）などがなされた。続いて平成16年には，少額訴訟債権執行手続の創設（167条の2以下），不動産の競売手続につき最低売却価額制度の見直しなど（60条・63条2項・78条4項本文），扶養義務等に係る金銭債権に基づく間接強制の許容（167条の15・167条の16），不動産執行を中心に裁判所書記官の権限の拡大（14条・47条・49条・62条・64条・78条・85条5項），執行官の権限の拡大（18条1項）がなされた。さらに，平成19年には，犯罪被害者の保護施策として損害賠償命令の手続が創設されたこと（犯罪被害保護23条以下）に対応する改正がなされた（22条3号の2など）。

　令和元年の改正では，債務者財産の開示制度の実効性の向上（197条・213条1項5号・6号）および債務者以外の第三者からの情報取得手続の新設（204条～211条）（両者を併せて「第4章　債務者の

財産状況の調査」となる），不動産競売における暴力団員の買受け防止方策（65条の2・68条の4・71条5号），子の引渡しの強制執行に関する規律の明確化（174条〜176条）などがなされた。

③　民事執行の概念

　民事執行法は，前述の債務名義に基づく**強制執行**（旧民事訴訟法で規定），**担保権実行としての競売**および**形式的競売**（ともに旧競売法で規定）の3種類の手続を一つの法律で規律し，さらに，平成15年および令和元年の改正により金銭執行（⇒109頁以下）の準備のための手続である**債務者の財産状況の調査**の手続（**財産開示手続**および**第三者からの情報取得手続**）を加えている。これらの4種類の手続を総称する概念が「**民事執行**」である（1条。15頁の図参照）。もっとも，同一の法律で規律しているといっても，強制執行と担保権実行としての競売とは，依然として，手続開始の要件，不服申立ての方法等において相当に異なっている。なお，留置権に基づく競売手続（⇒271頁）の性質については，留置権が優先弁済を求める権利を含まない担保権であることから，議論があるが，民事執行法は，これを形式的競売と同一の条文（195条）をもって規律し，担保権の実行としての競売とは区別している。

　仮差押え・仮処分の執行は，民事保全法によって規律され，民事執行の概念には含まれないが，民事保全法により民事執行法の規定の多くが準用されている。また，企業担保権，鉄道財団抵当など特別の担保権の実行手続については，民事執行法ではなく，特別法（企業担保法，鉄道抵当法など）で規律されている。

Column②　履行確保手続　●━━━━━━━━━━━━━━━━━━━━

　扶養料の支払，離婚に伴う財産分与など家事審判または家事調停

で定められた給付請求権については，審判または調停調書に基づいて強制執行によって実現することもできるが，家庭裁判所の手によって履行状況の調査，勧告，過料の制裁を伴う命令という，よりソフトな方法で実現を図ることも可能である（家事290条・291条）。これを履行確保手続という。将来に向けて良好な家族関係の回復・維持を重視して，強制執行という直接的な強制手段をできる限り回避しつつ，権利の実現を図る趣旨である。現在のところ民事執行とは別の制度であるが，裁判所が権利の実現を和解的に仲介する方法は，特に少額の債権者にとって魅力的であり，将来，広く財産法上の請求権一般にも広げられる可能性を秘めている。そしてこの制度はまた，強制執行の一態様としての間接強制を再評価する動きにも関連する（*Column㉜*⇒220頁）。

3 執行手続の種類・態様

1 金銭執行と非金銭執行

　強制執行手続は，実現すべき請求権（執行債権）が金銭債権であるかその他の請求権であるかによって，金銭執行と非金銭執行とに分類できる。金銭執行（⇒第4章）は，財産の差押え（処分禁止），換価，債権者等の満足（配当）という3段階からなる共通の手続構造を有するが，さらに，債権者が執行の対象として選択した財産の種類によって手続の種類が分かれる。**不動産執行，動産執行，債権およびその他の財産権に対する執行**，という分類である。この分類は，基本的には民法上の財産の分類に対応するが，異なる点もある。たとえば，裏書による譲渡が可能な有価証券は，動産執行の対象と

されている。また，本質的には動産である**船舶，航空機，自動車，建設機械**については，登記または登録の制度があるので，動産執行の手続によるのではなく，むしろ不動産執行に近似した特別の執行手続が用意されている。なお，担保権の実行手続は，この分類によれば，金銭執行の一種ということになろう（ただし，一般の先取特権の実行の場合を除き，執行対象財産があらかじめ定まっている点が異なる。⇒71 頁）。

　これに対して非金銭執行（⇒第 5 章）は，実現すべき請求権の内容によって手続が異なる。具体的には，**不動産の引渡し・明渡し，動産の引渡し，代替的作為，非代替的作為，不作為，意思表示**（たとえば，登記手続を求める請求権がこれにあたる）という種類がある。

②　執行の態様

　強制執行は，国家（執行機関）が請求権の実現のために債務者に対して加える強制の態様によっても，分類することができ，**直接強制，代替執行，間接強制**の 3 種類がある。なお，意思表示を求める請求権の強制執行は，判決その他の裁判の確定または和解や調停等の成立の時点で債務者が意思表示をしたものとみなす（擬制）ことでなされ，きわめて観念的な性格を有し，現実的な強制の要素を欠いている。

　金銭執行および不動産・動産の引渡し・明渡しの執行では，目的財産に対する所有者（債務者）の支配を強制的に排除して請求権を実現する直接強制の方法が用いられる。これに対して，作為を求める請求権のうち，債務者以外の者がその作為をなすことでも実現可能なもの（代替性のあるもの）は，債権者または第三者が債務者に代わって作為をなすことを許し，債務者からその費用を取り立てる，

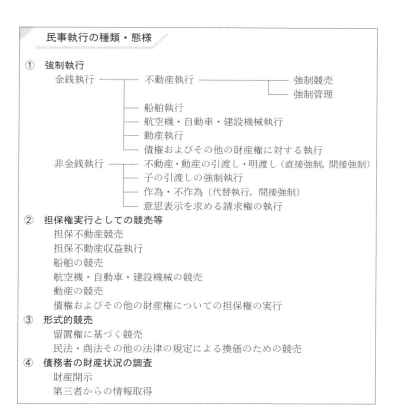

民事執行の種類・態様

① 強制執行
　金銭執行 ──────── 不動産執行 ──────────── 強制競売
　　　　　　　　　　　　　　　　　　　　　　　　強制管理
　　　　　　　── 船舶執行
　　　　　　　── 航空機・自動車・建設機械執行
　　　　　　　── 動産執行
　　　　　　　── 債権およびその他の財産権に対する執行
　非金銭執行 ── 不動産・動産の引渡し・明渡し（直接強制，間接強制）
　　　　　　　── 子の引渡しの強制執行
　　　　　　　── 作為・不作為（代替執行，間接強制）
　　　　　　　── 意思表示を求める請求権の執行
② 担保権実行としての競売等
　　担保不動産競売
　　担保不動産収益執行
　　船舶の競売
　　航空機・自動車・建設機械の競売
　　動産の競売
　　債権およびその他の財産権についての担保権の実行
③ 形式的競売
　　留置権に基づく競売
　　民法・商法その他の法律の規定による換価のための競売
④ 債務者の財産状況の調査
　　財産開示
　　第三者からの情報取得

代替執行という方法による。ここでは，非金銭執行の金銭執行への転化現象がみられ，直接強制が**本来的執行**と呼ばれるのと対比して，**代償的執行**と呼ばれることがある。代替性のない作為および不作為の請求権については，債務者に対して履行の遅延・不履行の際に相当額の金銭を債権者に支払うべきことを命じ，不利益の予告による心理的圧迫を通じて請求権を実現しようとする，間接強制の方法が使われる。

　このように，3種類の執行の態様は請求権の内容に応じて決まる

と一応いえるが，その適用関係，特に直接強制とそれ以外の方法との関係については議論がある。伝統的には，直接強制は債務者の自由意思の抑圧が最も少ない方法であるから，それが可能な場合には，それ以外の方法は用いることができない，と考えられてきた（間接強制の補充性）。しかし，近時は，直接強制が可能な場合でも債権者として間接強制の手段を選択することができるとの見解も次第に有力になりつつある。間接強制の方が時間や費用の点で効果的な場合もあることを指摘し，その機能を積極的に評価する見解であり，最近の法改正は，この考え方を取り入れた。不動産・動産の引渡し・明渡し，代替的作為の強制執行の方法として，債権者は，直接強制または代替執行の方法によらずに，間接強制の方法を選択することが可能となった（173条）。また，扶養義務等に係る金銭債権（151条の2第1項）についても，直接強制の方法（債権執行）だけでなく，間接強制の方法をとることができるようになった（167条の15・167条の16）。

　さらに，近時の法改正では，直接強制や代替執行の方法に対して，むしろ，間接強制の方法を優先する規律もみられる。子の引渡しの強制執行について，令和元年の改正で追加された174条1項・2項がその例である（⇒223頁）。また，「国際的な子の奪取の民事上の側面に関する条約の実施に関する法律」（ハーグ条約実施法）136条も，子の返還の強制執行の方法について，民事執行法と同趣旨の規律をしている（令和元年改正前のハーグ条約実施法は，間接強制を執行官による代替執行の前置手続と定めており，間接強制の優先性をより徹底していた。⇒*Column㉝*）。

　いずれにしても，強制執行手続は債務者の財産を対象として行われるのであり（**物的執行**），わが国では，債務者の身体の自由を制限

するような執行方法（**人的執行**。たとえばドイツにある拘禁制度など）は許されていない。

Column③ 本執行・仮執行・保全執行 ●━━━━━━━━━━━━━●

　仮執行宣言付判決または仮執行宣言付支払督促に基づく強制執行を仮執行といい，それ以外の債務名義に基づく強制執行を本執行という。本執行も仮執行も執行手続の最終段階（満足的段階）まで進められる点では，違いがない。両者の違いは，本執行の効果（債権者の満足）は終局的であるのに対して，仮執行の効果は仮定的である点である。つまり，上訴により仮執行宣言付判決が取り消されたり，異議により仮執行宣言付支払督促が取り消された場合や，仮執行宣言自体が取り消された場合には，債権者は執行により受けた給付を返還し，かつ損害を賠償する義務を負う（民訴260条2項）。また，仮執行の後に上訴審または異議審の裁判所が本案の請求について判断する場合には，仮執行の結果（訴求債権が履行された事実）は顧慮されない（最判昭和36・2・9民集15巻2号209頁）。

　保全執行は，仮差押え・仮処分（保全命令）の執行である（民保2条2項）。保全命令は，一般には，将来の強制執行の保全や本案訴訟の終結までの権利の暫定的保全を内容とするから，その執行も満足的段階には至らないという点で，本執行と対比される。しかし，いわゆる満足的保全処分の場合には，その執行も満足的段階まで行われ，本執行との区別は，保全命令が本案訴訟との関係で有している暫定的性格に求められる。

●━━━━━━━━━━━━━━━━━━━━━━━━━━━━━━━━━━━━━━●

4　民事執行手続の理念と基本構造

①　迅速性の要求と執行手続の基本構造

執行手続は，私人の権利（請求権）の終局的な実現を目的とするものであるから，そこにおいて第一に配慮しなければならないのは，債権者の利益の保護であり，できる限り簡易・迅速に執行手続が行われることが重視される。このことは執行手続の基本構造に反映している。それは，執行手続を担当する国家機関（**執行機関**）を判決手続を担当する機関から分離し，執行機関は，執行すべき請求権の存在を**債務名義**その他の文書の存在を手がかりとして形式的に審査するにとどめて，請求権を現実に実現するための行為に専念し，また，事実的な強制力を行使する場面では，裁判官以外のそれにふさわしい職員（**執行官**）に手続を担当させて機動性を確保する仕組みである。執行対象財産の帰属の判断にあたっても，同様の形式的な審査方式がとられており，たとえば不動産は登記，動産は占有といった外形的事実のみで債務者の責任財産に属すると判断して執行手続を進める構造となっている（債権については，執行の申立てがあれば手続が進められ，債権の存在についての確認すら行われない。⇒183頁）。

この結果，執行手続も二当事者対立構造をとっているが，判決手続のように原告・被告を対等に扱って手続が進められるのではなく，主要な役割を果たすのは債権者であり，その申立てや資料の提出によって手続は進行し，債務者は受動的な立場で，不服申立ての機会を与えられるにすぎないことが多い。

このような基本構造と法的な判断よりも事実的な強制力の行使に

重点があることとを考えれば，執行手続は，裁判手続というよりは行政手続に近い面を有しているといえる。このため，執行手続を行政庁の担当とする構想もかつては存在した。

② 債務者および第三者の保護など

執行手続は，他面で債務者その他の者の利益にも配慮するものでなければならない。

第一に，たとえ請求権の実現が債権者にとって重要であるといっても，債務者が自然人である場合には，その実現の方法が債務者の人格，人間としての尊厳を侵すようなものであってはならない。執行の方法が法律で厳格に定められているのはこのためである。また，執行によって債務者の自立した人間としての生活を不可能にするものであることは許されない。そこで，債務者の財産のうち生計を立てるのに必要最小限のものは，執行の対象外とされている（**差押禁止財産**⇒170頁，180頁）。

第二に，執行手続は，実体法的にみて正当なものでなければならない。しかし，執行手続は，上述のように，必ずしも実体法的な正当性を完全に確認してから行われるとは限らない。強制執行，特にそれが確定した終局判決を前提として行われる場合には，判決の既判力を通じて請求権の存在は争いの余地のないものとなっているが，その場合でも，基準時（訴訟の事実審口頭弁論終結時）後に権利が消滅・変動する可能性がある。まして，強制執行が確定判決以外の債務名義によって行われる場合や，債務名義を前提とせずに，たとえば抵当権の設定登記があることに基づいて，開始される担保権の実行手続の場合には，執行によって実現すべき請求権の存在は確定していない。また，執行の対象となる財産は，債務者の責任財産に属

するものでなければならないが，この点についても，外形的な基準でその帰属を判断し執行手続を進める構造になっているため，第三者の財産に対して執行が行われてしまう可能性がある。そこで，執行手続は，このような執行の実体法的な正当性をめぐる紛争が生じうることを前提として，解決のための手続をその内部または外部に用意しておく必要がある（⇒35頁，77頁）。

　第三に，債権者の利益保護は社会全体や国民一般の利益と調和しなければならない。たとえば，債務者の財産や生業の手段を根こそぎ剥奪してしまうような執行は，その結果，債務者への生活保護という形で社会全体の負担となる，という点でも許されない。また，執行対象財産の売却の方法や価額は，一般の流通秩序を乱すようなものであってはならない。不動産の売却手続が詳細に規律され，広く一般の買受希望者を募って適正な価額での売却をめざしているのは，債権者の満足度を高める目的だけでなく，このような配慮によるものである。

第2章

執行手続の主体
——執行当事者と執行機関

---

1 執行当事者

① 債権者・債務者

　民事執行は，執行手続を求める者と受ける者，換言すれば，実現すべき請求権（執行債権）につき利害が対立する者が，当事者として手続に関与して，**執行機関**（⇒27頁以下）の手で行われる。この**執行当事者**は，**債権者・債務者**と呼ばれる（ex.26条）。この債権者・債務者という概念は，ここではあくまで民事執行手続の当事者を表す意味で用いられている点に注意しなければならない。実体法上の債権者が原告となり債務者を被告として訴えを提起し，給付判決を得て債務者の財産に対して執行手続を行う典型的な場合は，実体法上の債権者・債務者と執行手続上のそれとは一致する。しかし，実体法上の債権者以外の第三者が執行手続を行うことがありうる（第三者の執行担当。たとえば，破産管財人が破産者の有する債権を民事執行

の手続により取り立てる場合や，株主代表訴訟で勝訴した原告株主が被告取締役に対して執行する場合など⇒*Column*④（24頁））。また，執行債権が物権的請求権や身分法上の請求権（ex. 幼児の引渡し）の場合もあるからである。さらに，担保権実行手続においては，執行当事者としての債務者は，原則として目的物の所有者（物上保証人，第三取得者を含む）であるが，場合により被担保債権の債務者も当事者とされることがある（⇒255頁）。

そこで，区別を明確にするために，講学上は，**執行債権者・執行債務者**と呼ぶこともある。なお，個々の執行手続との関係では，債権者を**差押債権者**と呼ぶことが多い（ex.55条・128条・155条など）。

執行当事者の確定につき，通説は，執行力ある債務名義の正本（原則として執行文が付記されている債務名義の正本。⇒65頁）が誰を債権者または債務者として表示しているか，を基準とする旨を説く。しかし，民事執行の手続は，当事者の書面による申立てに基づいて開始される（2条，規21条）のであるから，判決手続における当事者の確定につき通説が訴状の記載を基準としている（表示説）のと同様に，ここでも，申立書の記載を基準とすべきものと考える。このように考えれば，債務名義を前提としない担保権実行手続を含めて，民事執行全般において一貫性のある基準によることができる。なお，保全執行においても，同様に執行申立書の記載を基準とすべきであるが，保全命令の申立てが発令を停止条件とする保全執行の申立てと扱われ，改めて執行申立書を提出することが不要とされる場合（民保規31条但書⇒330頁）には，保全命令の申立書の記載を基準とすることになる。

② 当事者能力・訴訟能力

執行当事者となるための一般的な能力（当事者能力）については，判決手続と同様に規律される（20条による民事訴訟法の準用）。たとえば，法人格のない社団・財団も執行当事者となることができ（20条，民訴29条），その財産は構成員の固有財産から独立して執行の対象とされる。もっとも，代表者等の個人の所有名義で登記された不動産等に対して，法人格のない社団に対する債務名義に基づいて執行を行う手続については，議論がある。登記名義人を請求の目的物の所持人（23条3項）に準ずるものと考えて同人に対する承継執行文（27条2項）の付与を受け，同人を債務者として執行手続を行うものとする見解も有力であるが，最判平成22・6・29民集64巻4号1235頁／百選7は，この方法を否定した。同判決は，不動産が社団の構成員の総有に属することを確定判決等により証明することで，社団を債務者として執行ができる旨判示している（⇒110頁）。

執行手続上の行為をするための能力（訴訟能力）についても，判決手続の場合と同様に規律される（20条による民事訴訟法の準用）。債権者は，**執行申立て**をしたり**配当要求**をするなど，自らの意思で執行手続を起動させる行為をするので，常に訴訟能力が必要である。これに対して債務者は，執行手続上，原則的には受身の立場にあるから，訴訟能力は不要であり，審尋を受けたり，債務名義や裁判の送達を受領したり（29条・145条3項・159条2項），自ら執行抗告や執行異議の申立てをするなど，手続の主体として重要な役割を果たす場合に限って，訴訟能力が必要と解される。

当事者能力および訴訟能力の有無は，執行機関が職権で調査しなければならない。

③ 当事者適格

執行当事者適格とは，個々の民事執行手続において誰が当事者（債権者・債務者）となるべきかの問題である。当事者適格は，強制執行では，債務名義の執行力の主観的範囲（23条⇒64頁）によって定まる。担保権実行手続では，担保権者またはその承継人（と主張する者）が債権者として適格をもち，担保目的物の所有者（場合により被担保債権の債務者も。⇒255頁参照）が債務者としての適格をもつ。

当事者適格の審査は，強制執行の場合は執行文付与の手続（⇒68頁）において行われる（仮執行宣言付支払督促に基づく強制執行のように執行文が不要とされている場合（25条但書）は，この点の審査はなされない）。担保権実行手続の場合は，執行機関が手続の開始にあたって提出される文書（181条）の記載に照らして判断することになる。

*Column*④　執行担当 ••

執行債権者となるのは，通常は，執行手続によって実現すべき実体法上の債権の主体（債権者）である。実体法上の債権者が原告となり，債務者を被告とする給付訴訟を提起し，請求を認容する確定判決を得て，この判決を債務名義として執行手続を行う場合が，その典型である。ところが，訴訟手続において，実体法上の債権者以外の第三者が，債権者に代わって原告となり訴訟を追行する場合がある（第三者の訴訟担当）。たとえば，債権者代位訴訟，取立権（155条）を得た差押債権者の取立訴訟（⇒202頁），破産管財人が破産財団に属する債権の回収のために提起する訴訟，金融機関などから取立ての委託を受けた債権回収会社（サービサー）が提起する訴訟，株主代表訴訟（会社847条3項）などである。また，「消費者の財産的被害の集団的な回復のための民事の裁判手続の特例に関する法律」に基づき，特定適格消費者団体が，個々の消費者から授

権を受けて，その損害賠償請求権等について，事業者を相手方として金銭の支払を求める手続（簡易確定手続および異議後の訴訟手続。同法12条以下。消費者からの授権につき同法31条・53条）を行う場合も，類似の法的資格に基づく手続ということができる。

　第三者が訴訟担当として得た給付判決等を債務名義として執行手続を行うことができるのは誰か。第一に，債務名義に当事者として表示されている第三者（代位債権者，取立債権者，サービサー，代表株主，特定適格消費者団体）が考えられる。この場合，第三者が債務名義に表示された他人の実体法上の債権の実現のために，執行債権者として執行手続を行うことになるので，これを第三者の執行担当と呼ぶことができる。もっとも，訴訟手続と執行手続とは別個の手続であるから，第三者に訴訟担当の資格が認められているからといって，当然に執行担当も許されることになるわけではない。執行担当が許されるのは，訴訟担当の根拠となった法律の規定（法定訴訟担当の場合）または実体法上の債権者からの授権（任意的訴訟担当の場合）の趣旨から，訴訟担当者が，訴訟追行権だけでなく，実体法上の債権の管理処分権をも有するものと解される場合に限られる。この点から，特定適格消費者団体が執行手続を行うには，そのことについて，消費者からの授権を得ている必要がある，と解される。

　第二に，実体法上の債権者も，上述の債務名義により執行手続を行うことができる。訴訟担当の手続によって成立した債務名義の執行力は，実体法上の債権者にも及ぶ（23条1項2号）からである。ただし，この債務名義には実体法上の債権者が当事者として表示されていないから，執行手続のためには，承継執行文（27条2項）の付与を受ける必要がある。もっとも，第三者の訴訟担当を認める法律の規定または授権行為によって，管理処分権を失っている者（たとえば破産者，債権差押えを受けた執行債務者）は，執行手続を行うことはできない。

執行手続開始後に債権者が死亡したり（一般承継），権利が譲渡されるなど（特別承継）して，承継人が手続の続行を求める場合には，**承継執行文**の付与を受けて執行機関に提出することを要する（規22条1項）。執行手続開始後に債務者が死亡した場合については，特則がある。債権者は債務者の相続人に対する関係で，強制執行を続行することができる（41条1項）。もっとも，規定の趣旨からして特定の財産につきすでに開始されている執行手続に限られる。なお，執行手続の実施にあたって債務者の関与——送達（45条2項），通知（規27条），審尋（161条2項），呼出し（85条3項）など——が要求される場合に，相続人の存在または所在が明らかでないときは，債権者は執行裁判所に特別代理人の選任を申し立てることができる（41条2項）。法人の合併による消滅の場合も同様に解すべきであろう。

④ 代 理 人

当事者は，民事執行の手続を代理人によって追行することができる。執行裁判所でする行為については，訴えまたは執行抗告に係る手続（これについては弁護士代理の原則（民訴54条）が適用される）を除き，誰でも執行裁判所の許可を受ければ代理人となることができる（13条，規9条）。執行官が執行機関となる手続では，代理人の資格や選任につき全く規制はない。執行手続の内容は定型的で法定されており，判決手続の場合と比べると，当事者（代理人）の行為によって左右される面が少ないので，代理制度の規律は緩やかとなっている（ただし，弁護士法72条による規制はある。なお，司法書士法3条1項6号ホ参照）。

2 執 行 機 関

① 執行機関の分離・分化

迅速かつ効率的な請求権の実現のために，執行手続を担当する国家機関（**執行機関**）は判決手続を担当する機関から分離されている。また，執行手続の中には，法的判断の要素が少なく事実的な強制力を行使することに重点が置かれるものもあることを考慮し，複雑な法律判断を含む行為については裁判官（**執行裁判所**）に，事実的要素の多い行為・実力行使にわたる行為についてはそれにふさわしい職員（**執行官**）に手続を担当させ，裁判所全体として人的資源の効率的な投入を図っている（執行機関の分化）。

② 執行裁判所

意 義 執行裁判所は，民事執行法上，特定の執行処分を自ら行い，または執行官の執行処分を監督・補助することを職分とする機関である（3条）。原則として地方裁判所が単独裁判官の構成をもって執行裁判所となるが（裁25条・26条1項），作為または不作為請求権の強制執行については，例外的に，債務名義作成に関与した第一審裁判所または和解・調停の成立した裁判所という資格で，簡易裁判所または家庭裁判所が執行裁判所となる場合がある（171条2項・33条2項）。また，平成16年改正で新たに設けられた少額訴訟債権執行手続でも，差押処分等を行う裁判所書記官所属の簡易裁判所が執行裁判所とされる（167条の3）。

執行裁判所の土地管轄は，執行手続の種類ごとに定められているが，それは専属管轄とされている（19条）。なお，管轄執行裁判所が複数ある場合につき，裁量による移送が可能とされている場合がある（44条3項・119条・144条3項，規94条）。

Column⑤ 執 行 処 分

　　執行機関（執行裁判所または執行官）が執行手続においてする行為を執行処分と呼ぶ。裁判の場合もあれば（たとえば，不動産の強制競売開始決定，債権差押命令など），裁判以外の法的行為の場合もあり（たとえば，動産の差押え，物件明細書の作成，配当表の作成など），さらに，単なる事実行為の場合もある（ex.執行官による抵抗の排除。6条）。

| 職分の範囲 |

執行裁判所が自ら担当する執行手続としては，金銭執行のうち，不動産（44条），船舶（113条），航空機（規84条），自動車・建設機械（規87条・98条），債権・その他の財産権（144条・167条）を対象とする手続，これらの財産を目的とする担保権の実行手続がある。また非金銭執行のうち，目的物を第三者が占有する場合の引渡請求権の強制執行（170条2項），作為または不作為請求権の強制執行（171条）も執行裁判所の担当である。いずれも，観念的要素の強い執行処分が中心となる手続である。

執行裁判所が執行官の執行処分の監督・補助作用を果たす場合としては，休日または夜間の執行（8条），競り売り・入札以外の特別の方法による動産の売却（規121条・122条・178条3項），動産を目的とする担保権の実行としての競売（190条1項3号・2項）につき許可を与え，差押禁止動産の範囲を変更する裁判をし（132条），動

産執行または動産の競売手続において債権者間で協議が調わない場合に配当手続を実施すること（142条・192条）が，挙げられる。

　さらに，執行裁判所のした処分で執行抗告の対象とならないものや執行官のした執行処分に対する不服申立て（執行異議）につき裁判することも，執行裁判所の職分である（11条）。

執行裁判所における手続

執行裁判所が担当する執行手続での裁判は，口頭弁論を必要とせず（4条），決定の形式でなされる（民訴87条）。なお，第三者異議の訴えおよび配当異議の訴えは，執行裁判所の管轄であるが（38条3項・90条2項），通常の訴訟事件なので，口頭弁論は必要的である。

　執行裁判所は，執行処分をするにあたって，事実を調査し判断の資料を得るために，利害関係人その他参考人を審尋することができる（5条）。審尋は，当事者以外の者を対象とする場合も含めて（民訴187条対照），裁判所の職権ですることができるが，民事執行法上，特定の者の審尋が義務づけられている場合（83条3項・102条・171条3項・172条3項など），審尋が無用とされている場合（145条2項⇒183頁），審尋の対象が当事者に限られている場合（85条4項⇒158頁）がある。

　執行裁判所がする裁判は，決定であるので，一般には相当と認める方法で告知すれば足りる（20条，民訴119条）。しかし，重要なものについては，期日における言渡しを要する場合（売却許可に関する決定につき69条・121条など），送達を要する場合（強制競売開始決定につき45条2項，債権差押命令につき145条3項，転付命令につき159条2項），公告を要する場合（不動産の売却につき64条5項，入札期日等につき規36条など）がある。また，特定の者に対して通知を要する

ものとされている場合もある（規19条・24条・25条・64条など。通知は，告知と異なり，対象者が所在不明の場合や外国に所在する場合には不要とされる。規3条1項，民訴規4条5項）。

| 裁判所書記官の権限 |

執行裁判所が行う執行手続につき，裁判所書記官は裁判官を補助する立場にあるが，判決手続の場合と比べて，定型的でそれほど高度・複雑な法律判断を必要としない行為が多いところから，実務上は裁判所書記官が果たしている役割が大きい。そこで，民事執行法は，執行裁判所が行う行為のうち，差押え等の登記の嘱託（48条・54条・82条・150条・164条など），催告（49条2項），公告（49条2項・64条5項，規36条），通知（規14条・19条），債権者・債務者に対する売却代金の交付または供託金の支払委託の手続（規61条など），配当等の額の供託（91条など）を裁判所書記官の固有の権限とした。執行文の付与に関する事務についても同様である（⇒68頁）。平成16年の改正ではさらに，費用予納命令（14条），配当要求の終期の決定・延期（47条・49条），物件明細書の作成・備置き等（62条），売却実施命令・売却決定期日の指定（64条），代金納付期限の指定・変更（78条），配当表（執行裁判所が定めた債権の額，執行費用の額ならびに配当の順位および額等を記載した書面）の作成（85条5項）が，裁判所書記官の権限とされた。これらの裁判所書記官の処分に対しては，執行異議が許される（47条4項・49条5項・62条3項・64条6項・78条6項）。平成16年の改正で新設された少額訴訟債権執行手続も，裁判所書記官の権限とされている（167条の2以下⇒206頁以下）。

③ 執行官

地　位

執行官は，裁判の執行，裁判所が発する文書の送達，その他の事務を担当する独立の単独制の司法機関であり，地方裁判所に置かれる（裁62条）。機関としての執行官を構成するのは，各地方裁判所によって任命され（裁64条，執行官規1条）その監督に服する同名の国家公務員であるが，個々の執行処分をすることによって得られる手数料をその収入とし（手数料制），国家から給与の支給を受けない（裁62条4項）。

Column⑥　執行官制度の沿革

わが国の執行官制度は，明治23年制定の裁判所構成法に始まる。当時は執達吏と呼ばれており，昭和22年の裁判所法の制定にあたり執行吏と改称されたが，フランスの制度にならい，①各執行吏が自己の責任・計算で所属の地方裁判所とは別に執務場所を設け（**役場制**），②債権者は同一裁判所に属する数人の執行吏のうちから任意に選択して執行を委任することができ（**自由選択制**），③執行吏は国家から俸給を受けず執行委任による手数料を自己の収入とする（**手数料制**），という特徴をもった制度であった。これは，債権者の権利の実現のために債務者に対して強制力を行使するという職務の性質を考慮して，執行吏相互間の自由競争を促進し，債権者のために執行手続の効率を上げることを主眼とした仕組みであった。反面でこの制度は，執行吏の職務執行につき，苛酷・不明朗・不公正といった問題を生じたので，昭和41年に新たに執行官法が制定され，名称を執行官に改めるとともに，役場制を廃止して，地方裁判所の庁舎内で執務するものとし（裁62条1項），自由選択制を廃止して，同一裁判所に属する執行官の事務分配は裁判所が決定するものとした（執行官2条2項）。しかし手数料制は維持された。

執行官が独立の執行機関として執行処分を
する場合としては，動産執行・動産競売
（122条・190条），物（動産または不動産）の引渡し・明渡しを求める
請求権の強制執行（168条・169条。ただし，第三者が占有している場合
を除く）がある。次に，執行裁判所の管轄する執行手続に付随して
執行官がする行為としては，不動産の現況調査（規28条），不動産
の占有保管（55条・77条），不動産・債権・自動車等の売却の実施
（64条3項・65条・161条，規97条），自動車等の取上げ・保管（規89
条・91条・98条），船舶国籍証書・航空機登録証明書等の取上げ
（115条，規84条），債権証書の取上げ（148条2項・169条）などがあ
る。さらに，執行裁判所の個別的な裁判によって執行官が取り扱う
ものとされた事務（裁定事務。執行官1条2号）がある。不動産の強
制管理手続の管理人（94条），船舶の保管人（116条），代替執行の
授権決定に基づき作為を実施する第三者（171条1項1号）に執行官
が選任された場合などがこれにあたる。

執行官が独立の執行機関として執行処分を
する場合は，当事者の申立てに基づいてす
る（執行官2条1項）。適法な申立てがあれば，執行官は法定の手続
に従って執行処分をする権限・職責があるが，執行官は申立人（債
権者）の代理人ではないので，その具体的指示には拘束されない。
動産執行，動産の引渡請求権の執行，動産競売においては，執行官
は債務者または第三者のする任意弁済を受領することができる
（122条2項・169条2項・192条）が，これは法律によって特別に与え
られた権限であり，任意に提出された金銭等の差押えに類する執行
処分とみるべきで，債権者の代理人としての行為と考えるべきでは
ない。したがって，債権者が代物弁済の受領，和解，期限の猶予，

反対給付の提供などの権限を執行官に特別に与えることはできない，と解される。

　執行官は，職務執行にあたって，債務者の占有する不動産等に強制的に立ち入り，捜索，閉鎖した扉・金庫などを開くための必要な処分をすることができる（123条2項）。また，職務の執行に際し抵抗を受けるときは，威力（実力）を行使し，または警察上の援助を求めることができる（6条1項）。必要がある場合は，官庁または公署に対し，援助を求めることもできる（18条1項）。たとえば，不動産の明渡執行の円滑な実施のために，身寄りのない寝たきりの高齢者が住居内にいる場合に，地方自治体の援助を求めることや，物件内に危険物がある場合に，その除去にあたり消防署の協力を得ることが可能である。

　執行官が人の住居に立ち入ったり，威力を行使したり，警察上の援助を求める場合は，立会人を必要とする（7条）。また執行官が休日または夜間に人の住居に立ち入って職務を執行するには，執行裁判所の許可が必要である（8条）。なお，執行官は職務執行にあたって身分証明書を携行し，利害関係人の請求により提示する義務を負う（9条）。

　執行官の職務執行区域は，所属地方裁判所の管轄区域内である（執行官4条）。ただし，不動産の現況調査，複数の動産の同時差押え，差押物の取戻し，不動産の引渡し・明渡しにつき，区域外での職務執行が許される場合がある（規28条・101条・109条・152条）。

④　執行の補助機関等

　執行の補助機関とは，執行官以外で執行裁判所の命令により民事執行に関する職務を行う者をいい，不動産等の**評価人**（58条），**管**

理人（94条），船舶の保管人（116条）などがある。これらの者が職務執行にあたり抵抗を受けるときは執行官に援助を求めることができる（6条2項・96条2項・116条4項）。資格証明書の携行・提示，人の住居に立ち入って職務を執行する場合の立会人の必要，休日・夜間の執行については，執行官の場合と同様に規律されている（7条～9条）。代替執行の授権決定に基づき作為を実施する第三者（171条1項1号）や差し押さえた債権の取立てをする差押債権者（155条）も実質的には補助機関といえよう（前者につき最判昭和41・9・22民集20巻7号1367頁／百選［初版］88）。

他の官庁・公署の協力 執行裁判所または執行官は，民事執行のため必要がある場合には，官庁または公署に対して援助を求めることができる（18条1項）。執行裁判所または執行官は，執行対象財産等——土地が対象の場合その上の建物を含み，建物が対象の場合その敷地も含む（これらは，件外物件と呼ばれる）——に対して課される租税その他の公課について，所轄の官庁または公署に対して，必要な証明書の交付を求めることができる（18条2項）。執行手続を迅速・適正に進めるためには対象財産につき租税その他の公課を把握しておくことが必要であり，また，件外物件の権利関係，面積，課税標準額等を把握しておくことは対象物件の売却条件を定めるために必要であるが，関係者の協力が得られない場合や建物が未登記である場合には，これらの証明書が件外物件に関する情報として重要性をもつからである。民事執行の申立てをしようとする者も，その申立てのため同様に証明書の交付を求めることができる（18条3項）。執行申立ての際に添付書類としてこれらの証明書の提出が必要とされるからである（ex. 規23条5号）。

3 執行機関の処分に対する不服申立て——執行抗告・執行異議

① 執行処分の瑕疵と関係人の救済

　執行機関のした執行処分に瑕疵がある場合や，執行機関がなすべき執行処分をしない場合，当事者その他の利害関係人は国に対してその是正を求めることができる。ここで広く執行処分の瑕疵という場合，次の二つが区別される。

　(1)　**違法執行**　　執行処分または執行処分をしないことが執行法上違法である場合である。本節で扱う**執行抗告**および**執行異議**は，この場合の救済手段である。執行抗告は，執行処分のうち，執行裁判所のする特定の裁判につき民事執行法の規定によって特別に許される不服申立手段である（10 条 1 項）。執行異議は執行抗告の対象とならない執行処分——執行裁判所によるものと執行官によるものとの双方を含む——につき広く許されている手段である（11 条）。なお，違法な執行処分によって損害を受けた者は，国家賠償を求めることもできる（国家賠償の請求を認容した例として最判平成 9・7・15 民集 51 巻 6 号 2645 頁／百選 28，大阪高判平成 29・1・27 判時 2348 号 24 頁）。もっとも，最判昭和 57・2・23 民集 36 巻 2 号 154 頁／百選 12 は，執行法上の不服申立手段による救済を求めなかった場合には，執行裁判所が自ら執行処分を是正すべき場合等特別の事情があるときを除き，国家賠償を求めることができないものと判示している。

　(2)　**不当執行**　　執行処分は執行法上適法であるが，執行処分の結果が実体法上是認されない場合がある。執行債権が債務名義の存

在にもかかわらず実体法上存在しない場合や，執行対象財産が債務者の責任財産に属さない場合がその例である。これは，執行手続の基本構造（⇒18頁），執行機関の権利判定機関からの分離（⇒27頁）から生ずる現象である。この不当執行の救済は，基本的には，執行手続とは別の訴訟手続によるのであって（執行関係訴訟⇒77頁），執行抗告または執行異議の手段によることはできない。

　しかし，この二つの区別は，債務名義を要件としない担保権実行の手続については，必ずしも貫かれていない。担保不動産競売（船舶，航空機，建設機械についても同様）においては，開始決定に対する執行異議の理由として，担保不動産収益執行においては，開始決定に対する執行抗告の理由として，担保権の不存在・消滅を主張することができる（182条・189条，規174条〜177条の2）。また，動産競売においては，差押えに対する執行異議の理由として，担保権の不存在・消滅または被担保債権の一部の消滅を主張することができる（191条）。さらに，債権その他の財産権に対する担保権実行手続では，差押命令に対する執行抗告（193条2項・145条6項）の理由として，担保権の不存在・消滅または被担保債権の一部の消滅を主張できるものと解される（193条2項・182条⇒267頁参照）。これらの場合には，執行異議，執行抗告は，不当執行の是正のための手段としても機能することになる（これを実体異議，実体抗告と呼ぶことがある）。

② 執行抗告

特徴

執行抗告は，執行裁判所の執行処分としての裁判に対する，上級審への不服申立て（上訴）であり，法律に規定されている場合に限って許される（10条

1項）。決定に対する不服申立てである点で即時抗告に類似するが、旧法下で即時抗告が濫用され執行手続の遅延を招いた経験を踏まえて、民事執行法は、抗告状の原裁判所提出、抗告理由の明示の要求、不適法な申立ての原裁判所による却下、執行停止効の否定などの対策を講じた新たな不服申立制度として、執行抗告の手続を設けた。この規律は、判決手続における控訴や抗告・即時抗告などに比べて厳格であり、上告の手続に類似した構造となっている。

| 対象となる裁判 |

執行抗告の対象となるのは、民事執行の手続、つまり、民事執行の申立てによって開始する具体的な執行手続に関する裁判である。執行の準備のための手続や執行手続終了後になされる裁判を含まない（たとえば、船舶執行の申立て前になされる船舶国籍証書等の引渡命令や当事者等に対してなされる過料の裁判は、即時抗告の対象とされている。115条5項、非訟120条3項）。

民事執行法が執行抗告の対象としている裁判は、おおよそ以下の3種類に分類される。

(1) **民事執行の手続全体または特定の債権者との関係でその手続上なされる最終処分となる裁判**　違法な裁判を是正する最後の機会であるので、執行抗告の対象とされる。執行抗告の申立てを却下する原裁判所の決定（10条8項）、民事執行の手続を取り消す決定・民事執行の手続を取り消す執行官の処分に対する執行異議の申立てを却下する裁判・執行官に民事執行の手続の取消しを命ずる決定（12条1項）、費用の予納のないことを理由として民事執行の申立てを却下する決定（14条5項）、強制競売の申立てを却下する裁判（45条3項、規97条）、強制競売の手続の続行申立てを却下する裁判（47条7項）、配当要求を却下する裁判（51条2項・105条2項・

154条3項)，売却の許可または不許可の決定（74条1項），不動産損傷を理由とする売却許可決定取消しの申立てについての決定（75条2項），自動車の強制競売開始決定（規89条3項），債権差押命令・転付命令・譲渡命令等の申立てについての裁判（145条6項・159条4項・161条3項），目的物を第三者が占有する場合の差押命令の申立てについての裁判（170条2項・145条6項），財産開示手続の実施申立てについての裁判（197条5項）。

(2) **実体権の存否を判断した決定で，債務名義（22条3号）となるものまたは効果が重要であるもの**　執行費用または債権者が返還すべき金銭の額の確定を求める申立てについての決定（42条7項），不動産引渡命令の申立てについての裁判（83条4項），不動産の強制管理開始決定（93条5項），管理人の報酬等の決定（101条2項），船舶国籍証書等の引渡命令の申立てについての裁判（規174条3項），差押動産の引渡命令の申立てについての裁判（127条3項），代替執行における授権決定または費用前払命令の申立てについての裁判（171条5項），間接強制の申立てまたはその変更を求める申立てについての裁判（172条5項），担保権に基づく動産競売の開始の許可申立てについての裁判（190条4項）。

(3) **中間的な特別の執行処分または執行緩和処分の許否に関する裁判**　これは，基本となる民事執行の手続から独立した性格をもち執行手続の一定の段階でなされることに意義を有するため，その段階でその是非につき決着をつける必要があるが，その効果につき債権者・債務者が実体的な利害関係を有し，また裁判が個々の具体的事情を基礎とした微妙な判断にかかっていることが考慮されて執行抗告の対象とされているのである。売却のための保全処分に関する裁判（55条6項），最高価買受人等のための保全処分に関する裁

判（77 条 2 項・55 条 6 項），強制管理中の建物の使用許可に関する決定（97 条 3 項），収益の分与に関する決定（98 条 2 項・97 条 3 項），船舶の保管人の選任申立てについての決定（116 条 3 項），保証の提供を理由として船舶強制競売手続取消しを求める申立てを却下する決定（117 条 3 項），航行許可の申立てについての裁判（118 条 2 項），差押禁止財産の範囲の変更に関する裁判（132 条 4 項・153 条 4 項）。

執行抗告の提起　執行抗告を提起できるのは，対象となる裁判によって自己の法的利益を害される者である。執行抗告の手続は，必ずしも二当事者対立構造を前提としてはいないが，不動産引渡命令（83 条 4 項），債権差押命令（145 条 6 項）など，原裁判の内容から，その申立人である債権者等が抗告人と対立する利益を有する者として相手方となる場合がある。

　執行抗告の理由となるのは，執行機関が裁判をするにあたり自ら調査・判断すべき要件で，その欠缺によって原裁判が違法となる事項である。原則として，原裁判の手続的な瑕疵に限られる。執行抗告によって執行開始の要件として執行機関が調査すべき事項とされている事実（30 条・31 条⇒48 頁）を争うことはできるが，執行債権の存在や執行対象財産の帰属などの実体的事由を争うことはできない（例外については，⇒36 頁）。

　執行抗告は，裁判の告知を受けた日から 1 週間の不変期間内に，抗告状を原裁判所（＝執行裁判所）に提出して行う（10 条 2 項）。抗告状を抗告裁判所など，原裁判所以外の裁判所へ提出した場合は，移送はされず，不適法な申立てとして却下される（最決昭和 57・7・19 民集 36 巻 6 号 1229 頁／百選［初版］2）。執行抗告の理由を抗告状に記載しなかった場合には，抗告状提出の日から 1 週間内に抗告理由書を原裁判所に提出しなければならない（10 条 3 項）。抗告状ま

たは抗告理由書には，原裁判の取消しまたは変更を求める事由を具体的に記載しなければならず，その事由が，法令違反であるときはその法令の条項または内容および法令に違反する事由を，事実の誤認であるときは誤認に係る事実を摘示しなければならない（規6条）。なお，理由書提出期間は不変期間ではないので原裁判所は伸長することができるが，きわめて短い期間であり不提出の場合に執行抗告の却下（抗告権の喪失）という重大な不利益を発生させるので，追完（民訴97条）による救済も認めるべきである。

執行抗告の提起と 執行手続の進行

執行抗告が提起されても，執行手続は当然には停止されず，執行を停止するには抗告裁判所による特別の処分（原裁判の執行の停止，民事執行の手続の全部または一部の停止等）が必要である（10条6項，民訴334条対照。執行停止等の処分に対しては不服申立てをすることができない。10条9項。なお，事件の記録が原裁判所に存する間は原裁判所も同様の処分ができる）。執行手続の遅延を防ぐ趣旨である。もっとも，執行手続上の特定の裁判について，手続の安定や関係人の利益を重視する趣旨で，確定しなければ効力を生じないものと規定されている場合があり，この場合は，執行抗告の提起により確定が遮断され裁判の効力は生じない。たとえば，民事執行の手続を取り消す決定および執行官に民事執行の手続の取消しを命ずる決定（12条），保全処分の取消しまたは変更を命ずる決定（55条5項・7項・77条2項），売却の許可または不許可の決定（74条5項），不動産損傷を理由に売却許可決定を取り消す決定（75条1項・3項），不動産引渡命令（83条5項），航行許可決定（118条1項・3項），転付命令（159条5項）などである。

執行抗告については，まず原裁判所が審査し，次の場合は執行抗告を却下しなければならない（10条5項）。①抗告状または理由書に執行抗告の理由が記載されていないとき，②執行抗告の理由が形式的には記載されているが原裁判の取消しまたは変更を求める事由が具体的に記載されていないとき，③執行抗告が不適法であってその不備を補正することができないことが明らかであるとき，④執行抗告が民事執行の手続を不当に遅延させることを目的としてされたものであるとき。原裁判所の却下決定に対しては，さらに執行抗告をすることができる（10条8項。なお，この再度の執行抗告については，再び原裁判所が却下すると無限に執行抗告が繰り返されることになるので，抗告裁判所が処理すべきである。なお，この場合は執行事件の記録は抗告裁判所に送付されない。規7条の2）。

次に原裁判所は，執行抗告を理由ありと認める場合は，原裁判を取り消しまたは変更することができるが（再度の考案），理由がないと認めるときは，原裁判所はその旨の意見を付して抗告裁判所に事件を送付する（規15条の2，民訴規206条）。この場合，執行裁判所（原裁判所）が民事執行の事件の記録を送付する必要がないと認めたときは，抗告事件の記録のみを送付すれば足りる（規7条）。執行事件の記録が執行裁判所の手元になくなると，執行抗告の提起には執行停止効がないにもかかわらず，執行手続が事実上止まってしまうことになるからである。

原裁判所の審判抗告裁判所は，原裁判に対する抗告人の不服の当否について審判する。抗告裁判所の調査は，抗告状または抗告理由書に記載された抗告理由に限られる（10条7項）。理由書提出期間経過後に新たな抗告理由を追加できる

か問題である。抗告理由の主張のための期間がきわめて限定されていること（裁判の告知を受けた時から最長でも2週間。10条2項・3項参照）を考えて、追完の考え方をここでも取り入れ、抗告理由書提出期間経過前に存在した抗告理由で抗告人の責めに帰すべからざる事由により期間内に提出できなかったもの、および期間経過後に生じた抗告理由については、期間経過後も提出を認めるべきである。同様に、転付命令に対する執行抗告手続において、抗告理由書提出期間経過後に民事執行法159条7項の抗告理由を追加することができると解する（東京高決昭和56・12・11判時1032号67頁／百選62①は肯定、東京高決昭和57・3・15判時1042号103頁／百選62②は否定。⇒198頁）。

抗告裁判所は、原裁判に影響を及ぼす可能性のある法令の違反または事実の誤認の有無については、職権で調査することができる（10条7項但書）。抗告人が理由書提出期間経過後に新たな抗告理由を提出することも、この職権の発動を促す意味がある。けれども職権で調査可能な範囲内であっても、適式に抗告理由として提出されなかった以上、裁判所の調査義務はないと考えるべきであろう。

審理は、口頭弁論を経ることを要せず、裁判は決定をもってなされる（4条）。抗告裁判所は、当事者または当事者の申し出た参考人を審尋することができる（20条、民訴87条2項・187条）。執行抗告手続の相手方（⇒39頁）や原裁判の取消し・変更に利害関係を有する者は、手続の迅速性・密行性を害しない限りは、審尋すべきものと解される。

抗告裁判所は、執行抗告が不適法な場合にはこれを却下し、適法であるが抗告の理由がない場合は棄却する。抗告の理由があると判断する場合、または職権調査により取消事由のあることが判明した

場合には，原裁判を取り消す。原裁判が当事者の申立てについてなされたものである場合には，取消しに加え，自判または差戻しをする必要がある（20条，民訴307条・308条・331条）。

執行抗告についての裁判に対しては，抗告裁判所が地方裁判所である場合（執行裁判所が簡易裁判所である場合）を除き，再抗告はできない（裁7条2号）。しかし，許可抗告（20条，民訴337条），特別抗告（民訴336条），再審抗告（10条10項，民訴349条）は可能である。

③ 執 行 異 議

適 用 範 囲

執行異議（11条）は，第一に，執行裁判所の執行処分で執行抗告の対象とならないものにつき許される。執行裁判所の裁判だけでなく，その他の処分も含み，また，執行裁判所が執行処分をしない場合も含まれると解される。これらの場合，執行異議は，執行処分をした当該執行裁判所に対する不服申立てであり，再度の考案（民訴333条）の申立てに相当する。執行異議は，第二に，執行官の執行処分またはその懈怠に対する唯一の不服申立ての手段である。この場合は，上訴の実質をもつといえよう。

このように執行異議の対象は広いが，民事執行法上，不服申立てができないものと規定されている裁判（10条9項・11条2項・36条5項・44条4項・119条2項・144条4項など）に対しては，執行抗告も執行異議も提起できない。なお，執行官の執行処分が執行裁判所の管轄する執行手続に付随してなされる場合も，原則として，それ自体として執行異議の対象となりうるが，その後になされる執行裁判所の執行処分に対する執行抗告または執行異議で救済としては十分と解される場合もある（たとえば，執行官のした不動産の売却実施につ

いての違法は，売却許可決定に対する執行抗告で争うことで足りる）。

手　続 執行異議を提起できるのは，執行処分また
はその懈怠により自己の法的利益を害され
る者である。執行異議は，必ずしも二当事者対立構造を前提として
いないが，異議の内容により申立人と対立する利害関係をもつ者が
特定される場合には，その者を相手方とすべきである。執行官の執
行処分に対する執行異議の場合も，執行官はその相手方にはならな
い。

執行異議の理由となるのは，執行抗告の場合と同様，原則として，
執行処分またはその懈怠の手続的な瑕疵に限られる（例外について
は，⇒36頁）。

執行異議は，執行抗告と異なり，いつでも提起できるが，執行手
続全体の終了後は執行異議を提起する利益は失われる。申立ては，
期日においてする場合は口頭でもできるが，それ以外の場合は，書
面によることを要する（規8条1項）。異議の理由は明示しなければ
ならない（規8条2項）。

執行異議は執行手続を停止する効力をもたないが，執行停止等の
仮の処分が用意されている点で執行抗告の場合と同様である（11条
2項）。

裁　判 執行異議についての裁判は，口頭弁論を経
ることを要せず，決定による（4条）。当事
者等の審尋ができること等，執行抗告の場合と同様である。異議申
立てが不適法な場合は却下，理由がないときは棄却の決定をする。
異議が理由あるときは，当該執行処分の取消し・変更，（懈怠が違法
であるときは）新たな執行処分，執行官のした執行処分を許さない
旨の宣言，その取消し，新たな執行処分をすべきことの命令，とい

った内容の決定をする。

　この裁判に対しては，不服申立ては原則として許されない。ただし，①異議に基づいて民事執行の手続を取り消す旨の決定，②民事執行の手続を取り消す執行官の処分に対する執行異議の申立てを却下する決定，③異議に基づいて執行官に民事執行の手続の取消しを命ずる決定，に対しては，執行抗告が許されている（12条1項）。

執行の補助機関の処分
に対する不服申立て

執行の補助機関（⇒33頁）のする処分に対しては，民事執行法11条の類推適用により，執行異議ができると解すべきである。

Column⑦ 執行妨害と執行抗告制度

　民事執行法の定める執行抗告の制度は，旧法下で即時抗告が濫用され執行手続の遅延を招いていたことへの反省に立って立法されたものであった（⇒9頁，37頁）。しかし民事執行法の下でも，理由のない執行抗告が執行妨害の目的で提起される事例が後を絶たず，債務者の窮状につけこんで債務者から不当な手数料を取って執行抗告の提起を請け負う抗告屋と呼ばれる商売さえ生まれた。このような問題を解決するために，平成10年の改正で，原審却下の事由が追加され，「民事執行の手続を不当に遅延させることを目的としてされた」執行抗告も原審限りで却下できることとなった（10条5項4号）。同時に，民事執行規則7条の2が追加され，執行抗告を原審却下した決定に対して執行抗告が提起された場合には，民事執行事件の記録は抗告裁判所に送付しない（抗告事件の記録のみを送付する）こととし（規7条2対照），せっかく原審却下をしても，それに対する執行抗告によって記録が執行裁判所の手元を離れ，事実上執行手続が止まってしまうことを避ける手当てがなされた（⇒41頁）。

1　強制執行の要件

①　執行手続の実体的要件——債務名義と執行文

　強制執行の制度が実体法上の請求権の実現のためにあること（⇒1頁以下）からすれば，その要件（強制執行が実体的に正当と認められるための要件）は，本来的には，実現すべき実体法上の請求権が存在し，即時に給付を請求できる状態にあり（151条の2はこの例外。⇒180頁参照），債権者がこの請求権を行使でき，債務者がこの請求権に対して履行の責任を負う地位にあること，ということになる。しかし，執行手続の効率化のために権利判定機関から分離された執行機関が（⇒27頁），直接に上述のような要件を判断するのは適切でないため，法は，執行機関は文書の存在を通じて形式的・間接的にこの要件を確認すべきものとした。この文書が，給付請求権の存在を示す**債務名義**（⇒50頁以下）と，債務名義の執行力の存在・範

47

囲を公証し，場合により（執行当事者適格や条件の成就の点で）債務名義の内容を補充する機能を果たす**執行文**（⇒65 頁以下）とである。

執行機関は債務名義および執行文を基準として執行手続を行う義務を負うが，これらの文書の表示内容と，実体法上の権利関係とが食い違っており，強制執行をすることが実体法上正当ではない，という場面もありうる。しかし，執行機関としては，直接にこのような事情を考慮することはできず，権利判定機関が訴訟手続によってこの点を審査し，その判断を執行手続に反映させる構造となっている。このような機能を果たすのが，**請求異議訴訟，執行文付与をめぐる訴訟，第三者異議訴訟**などであり，これらを総称して**執行関係訴訟**という（⇒77 頁以下）。

ただし，強制執行の実体的要件の中でも，執行手続の開始にあたって執行機関自らが判断することとされているものもある。①確定期限の到来（30 条 1 項），②担保を立てることを強制執行の実施の条件とする場合に債権者が担保を立てたこと（30 条 2 項），③債務者の給付が反対給付と引換えにすべき場合（同時履行の抗弁権や留置権が認められている場合）に反対給付またはその提供があったこと（31 条 1 項），④いわゆる代償請求の執行において債権者が他の給付につき強制執行を試みたが目的を達することができなかったこと（執行不能。31 条 2 項）である。これらは，その調査・判断が比較的容易であり，またその要件の性質からいって要件が具備すれば直ちに執行を許すのが債権者の利益にかなう。そこで，実体的要件ではあるが，執行機関が，債権者の文書提出による証明を手がかりとして，直接に判断するものとされている（なお，登記の申請などの意思表示をする義務が反対給付と引換えとなっている場合は，現実の執行行為がないので，債権者は執行文の付与を受ける段階で反対給付の履行または

提供の証明をしなければならない。177 条 2 項⇒239 頁）。これらを執行文付与の要件と区別する意味で，**執行開始の要件**と呼ぶことがある。

Column⑧ 相殺による反対給付の履行 ～～～～～～～～～～～

　　債権者が債務者に対する（債務名義に表示された請求権とは）別口の債権をもって反対給付義務と相殺することで，上述の執行開始の要件を満たせるか，問題となる。実体法上は，このような相殺は特別の場合を除き有効であり，また，民事執行法 31 条 1 項は反対給付の履行についての証明方法を特に限定していない（同条 2 項と対照）。しかし，相殺については，自働債権の存否，相殺適状の有無，相殺の意思表示の存否・効力といった実体法上の問題についての判断が必要であり，執行機関はこのような点につき調査・判断する能力や体制を備えていない。また，もし執行機関が相殺による反対給付の履行の証明を認めて執行手続を開始すると，債務者は執行異議により相殺の無効を主張するしかなく，重要な実体法上の問題を訴訟手続によって確定してもらうことができないという不利益を被る。したがって，債務者が相殺の有効性を認める書面や反対給付義務の不存在を確認する判決が提出されるなど，執行機関が実体法上の問題につき判断する必要がない場合を除き，執行手続を開始することはできないと解すべきである（東京高決昭和 54・12・25 判時 958 号 73 頁／百選 11）。

～～～～～～～～～～～～～～～～～～～～～～～～～～～～

② 強制執行の手続的要件

　強制執行の要件としては，上述の実体的要件のほかに，**手続的要件**として，①有効な執行申立てがあること（2 条，規 1 条・21 条），②当事者・対象財産に対して日本の民事執行権が及ぶこと，③執行機関が管轄を有すること，④執行当事者能力（⇒23 頁）があること，⑤債務名義等が強制執行に先立ってまたは同時に債務者に送達され

ていること（29条），⑥執行障害事由が存在しないこと（主に，倒産処理手続の開始または開始前の包括的禁止命令による強制執行の禁止。破42条1項・25条，会社515条1項，会更50条1項・25条，民再39条・27条），⑦執行費用を予納したこと（14条，民訴費12条，執行官15条）などである。

2 債 務 名 義

① 債務名義の役割

債務名義とは，一定の給付請求権の存在と範囲とを表示した文書で法律により執行力が認められたものである。強制執行手続は，債務名義がなければ行うことができないし，債務名義に表示された内容を基準として進められる。債務名義に表示されるのは，①実現されるべき給付請求権，②当事者（債権者・債務者），③執行対象財産ないし責任の限度である。もっとも，金銭債権の場合は，原則として債務者の全財産が執行対象なので，有限責任の場合（ex. 限定承認の抗弁を認めて相続財産の限度で支払を命ずる判決，合資会社の有限責任社員に対して会社債務の支払を命ずる判決）を除き，③については表示されない。

② 種　　　類

どのような文書が債務名義となるかは，民事執行法22条の各号に定められている。そのうち実際の強制執行手続において利用が多いのは，判決（確定判決，仮執行宣言付判決），支払督促，和解調書である（平成30年度の強制執行既済事件総数122,061件のうち，判決に基づ

くものが 66,288 件，支払督促が 35,653 件，和解調書が 6,752 件，執行証書が 2,558 件，調停調書が 2,954 件）。執行証書に基づく執行事件が減少する傾向が続いている。消費貸借など与信を伴う取引における執行証書の作成が，以前に比べて減っていることを反映しているものと思われる。

> ### 確定判決（1 号）

日本の裁判所がした給付判決で——外国の裁判所がした判決の場合は 6 号による——，強制的に実現することが可能な特定の給付請求権を表示するものに限られる（給付判決の中には，強制的な実現ができず被告の任意の履行を期待するしかない給付を内容とするものも，稀にはある）。なお，確定判決に対して不服申立て（特別上告（民訴 327 条），再審（民訴 338 条））がなされても，確定判決に基づく執行は当然には妨げられないが，不服申立ての審理にあたる裁判所は一定の要件の下で強制執行の停止・取消し等の仮の措置をとることができる（民訴 403 条 1 項 1 号⇒106 頁）。

> ### 仮執行宣言付判決（2 号）

上述の給付判決は確定前でも，仮執行宣言が付された場合には，債務名義となる（なお，登記申請手続など意思表示を命ずる判決には，仮執行宣言を付することはできないと解される。大決昭和 10・9・27民集 14 巻 1650 頁，最判昭和 41・6・2 判時 464 号 25 頁）。仮執行宣言（民訴 259 条）は，敗訴者（執行債務者）に上訴による審級の利益を保障しつつ勝訴者（執行債権者）の早期の満足を図る制度である。仮執行宣言付判決に対して上訴が提起されても，その執行は当然には妨げられないが，上訴審は一定の要件の下で強制執行の停止・取消し等の仮の措置をとることができる（民訴 403 条 1 項 2 号〜5 号⇒106頁）。なお，免脱宣言（民訴 259 条 3 項）が付された仮執行宣言付判

決に対して，債務者が免脱担保を立てた場合には，強制執行をすることができない（39条1項5号・40条1項）。

　仮執行宣言付判決に基づく強制執行の種類・態様は，確定判決に基づく場合と異ならず，債権者の満足にまで進むことができる。しかし，上訴審で原判決（仮執行宣言付判決）が取消し・変更されたときには，債権者は，執行によって得たものを返還し，また執行による損害を賠償しなければならない（仮執行を受けた債務者は，上訴に伴って申立てをすることにより，上訴審の判決で，原判決の取消し・変更と同時にこの原状回復および損害賠償についても判断を受けることができる。民訴260条2項）。仮執行とは，勝訴の給付判決が確定するまでは，債権者の満足がこのように暫定的であるという意味である（*Column③*⇒17頁）。

抗告によらなければ不服を申し立てることができない裁判（3号）

決定または命令で，その性質上抗告ができるもの——裁判所法7条により抗告ができないことになる高等裁判所，最高裁判所の裁判を含む——，強制的実現になじむ給付請求権を表示しているものを指す。たとえば，費用額の償還を命ずる決定（民訴69条），猶予した費用の支払を命ずる決定（民訴83条〜85条），不動産執行における保全処分（55条・77条など），不動産引渡命令（83条），代替執行の費用前払決定や間接強制金の決定（171条4項・172条1項）などがこれにあたる。

仮執行宣言付損害賠償命令（3号の2）

損害賠償命令とは，刑事被告事件が係属する裁判所が，故意の犯罪行為により生命・身体に対する被害を受けるなどした被害者（またはその一般承継人）の損害賠償請求について，刑事訴訟での有罪判決に続けて決定手続で審理し，被告人に対して，被害者（また

はその一般承継人）への損害賠償を命ずるものである（犯罪被害保護23条以下）。損害賠償命令には，仮執行の宣言を付することができる（同32条2項）。損害賠償命令に対して被告人は異議を申し立てることができ（同33条1項），これにより民事訴訟手続による審理がなされることになるが（同34条），仮執行の宣言を付された損害賠償命令は，異議によっても効力を失わない（同33条4項）。仮執行宣言付支払督促（民執22条4号）と同様の手続構造である。なお，損害賠償命令に対して被告人の適法な異議の申立てがなかったときは，損害賠償命令は確定判決と同一の効力を有することになるから（犯罪被害保護33条5項），この場合は，民事執行法22条7号に定められた債務名義となる（⇒63頁）。以上のように，犯罪被害者およびその遺族は，刑事訴訟に付随する手続により，簡易・迅速に損害賠償請求権についての債務名義を取得することができるのである。

仮執行宣言付届出債権支払命令（3号の3）

「消費者の財産的被害の集団的な回復のための民事の裁判手続の特例に関する法律」に基づき，事業者が消費者に対して負う共通義務が確定したことを受けて，特定適格消費者団体の申立てにより，簡易確定手続が開始され（同法12条），個々の消費者からの授権を要件として，消費者の有する損害賠償等の金銭支払請求権を，特定適格消費者団体が債権届出団体として，この手続に届け出る（同30条・31条）。この債権届出を，事業者が争い，債権届出団体が事業者の認否内容をさらに争った場合は，裁判所が届出債権の存否・額につき決定手続で判断する（簡易確定決定）。裁判所は，届出債権を認める場合には，事業者に支払を命ずる決定をする（「届出債権支払命令」）。届出債権支払命令には，仮執行宣言を付することができ（同44条4項），仮執行宣言の付された届出債権支払命令は，

債務名義となる（民執22条3号の3）。なお，届出債権支払命令に対して適法な異議の申立てがないときは，届出債権支払命令は確定判決と同一の効力を有することになり（消費者被害回復46条6項），やはり債務名義となる（民執22条7号）。また，事業者が届出債権の内容を全部認めた場合，または事業者が届出債権の一部を認め，それを債権届出団体が争わない場合には，その旨が記載された届出消費者表の記載が確定判決と同一の効力を有し，強制執行ができるものとされている（消費者被害回復42条5項・47条2項）ので，債務名義となる（民執22条7号）。これらの債務名義に基づく執行手続の当事者については，*Column④*（⇒24頁）。

仮執行宣言付支払督促（4号）
支払督促は，金銭その他の代替物または有価証券の一定の数量の給付を目的とする請求につき，債権者の申立てに基づいて，簡易裁判所の裁判所書記官が発する。債務者が支払督促の送達から2週間以内に督促異議を申し立てない場合には，債権者の申立てに基づいて仮執行宣言が付され（民訴391条），本号の債務名義となる。仮執行宣言付支払督促に対して督促異議が申し立てられた場合，強制執行は当然には妨げられないが（民訴390条対照），異議により訴えが提起されたものとみなされ（民訴395条），訴訟事件が係属する裁判所は，一定の要件の下で強制執行の停止・取消し等の仮の措置をとることができる（民訴403条1項3号⇒106頁）。債務者が仮執行宣言付支払督促の送達後2週間以内に督促異議を申し立てない場合，または異議を申し立てたがそれを却下する決定が確定した場合は，支払督促は，確定判決と同一の効力（民訴396条）を有するものとされ，民事執行法22条7号の債務名義に該当することになる。

訴訟費用・和解の費用の負担の額を定める
裁判所書記官の処分（民訴71条・72条）や，
債務者が負担すべき執行費用のうち金銭執

行の手続で同時に取り立てられなかったものおよび民事執行法42
条3項により債権者が債務者に返還すべき金銭の額を定める裁判所
書記官の確定した処分（42条4項）が，これに相当する。

執行証書（5号）

一般に，公証人が公証人法その他の法令に
従い法律行為その他私権に関する事項につ
いて作成する文書を公正証書というが（公証1条・27条以下），執行
証書とは，公正証書のうちで民事執行法22条5号の要件を備えた
ものをいう。執行証書は，債務不履行の場合に訴訟手続を経ること
なく直ちに強制執行をすることができるように，債権者があらかじ
め債務名義を得ておく手段として広く活用されてきたが，近時は，
貸付け等の与信行為の形態の変化などから，作成数は減少傾向にあ
る。執行証書作成過程には，問題が多く，それをめぐる紛争も少な
くない。代理人を通じて債務者本人が実質的に関与せずに公証人に
作成嘱託がなされたり，また公証人の審査にも制約が多いことなど
から，債務者の意思を正確に反映していない証書や債権者に一方的
に有利な内容の証書が作成される等の問題がある。なお，このよう
な問題の発生を防止するために，貸金業者は，執行証書の作成嘱託
にあたり，債務者から代理人選任の委任状を取得することや，債務
者の代理人選任につき推薦等の行為をすることを禁じられている
（貸金業20条）。

執行証書の要件は，①公証人がその権限の範囲内で適式に作成し
た**公正証書**で，②金銭の一定の額の支払またはその他の代替物もし
くは有価証券の**一定の数量の給付**を目的とする請求を内容とし，③

債務者が直ちに強制執行に服する旨の陳述（**執行受諾の意思表示**）が記載されていることである。

(1) **適式に作成された公正証書**　　公証人は，法令に違反した事項，無効の法律行為および無能力により取り消しうる法律行為につき公正証書を作成してはならない（公証26条）。しかしこの規定は，公証人が公正証書作成にあたってこれらの点につき疑いを抱いた場合に，関係人に注意し必要な説明を求めなければならない（公証則13条）という職務規律にすぎず，それ以上に実体的審査をする権限や義務を公証人に与えるものではないと解されている。したがって，このような瑕疵ある法律行為につき作成された公正証書が当然に無効となるわけではない（公正証書の内容である実体上の法律行為の無効，取消しを主張して，請求異議の訴えを提起できるにすぎない。⇒80頁）。

公証人は，当事者（債権者・債務者）本人または代理人の作成嘱託に基づいて公正証書を作成するが，この関係で，代理人が本人と称して（代理人であることを明らかにせずに）作成嘱託や署名をすることで作成された証書の効力が問題となる。判例（債務者の代理人につき最判昭和51・10・12民集30巻9号889頁／百選2①，債権者の代理人につき最判昭和56・3・24民集35巻2号254頁／百選2②）は，代理人による嘱託の場合の法定の証書作成手続（公証32条・39条，公証則13条の2参照）を遵守することの重要性を根拠に，このような執行証書を無効とする。これに対し学説では，現実に代理権を有する者の嘱託により作成された以上は本人の意思に反しないこと，実体法上は署名代理による法律行為は一般に有効とされていることなどを根拠に，有効とする見解が多い。

(2) **一定の数量の給付**　　まず請求権が公正証書に特定表示されていることが必要である。証書上の表示と請求権の実体法的内容と

の間に食い違いがあっても，債務名義としては有効であるが，その執行力（の範囲）は，請求異議の訴えを通じて実体法上の請求権に合わせて修正される。判例は，事実と一致しない（表示された請求権が当事者間に存在する請求権と同一性を欠く）公正証書は「債務名義としての効力を有しない」と述べる（最判平成6・4・5判時1558号29頁など）が，その趣旨は請求異議訴訟を通じて執行力が排除されることをいうものと理解すべきである。

　次に，金銭債権につき金額の一定性が要件として重要であり，公正証書に金額を明記してあるか，または証書自体によりその金額を算出できる場合でなければならない（大決昭和5・7・17新聞3151号12頁）。金額の一定性がある限りは，期限や条件が付されていたり，反対給付に係っている請求権であっても執行証書と認められる。将来の請求権でもよいが，金額の一定性が問題となる場合が多い。この点で，委託を受けた保証人の**求償権**（事前求償権については問題が少ないが，事後求償権は弁済額に応じて具体的に発生するので，議論がある。大阪高決昭和60・8・30判タ569号84頁／百選3①，福岡高判平成2・4・26判時1394号90頁／百選3②など），割賦販売契約の解除に伴う原状回復・損害賠償請求権（たとえば，自動車の割賦販売で既弁済額や返還した自動車の査定額を控除した金額が問題となる場合。最判昭和46・7・23判時643号37頁参照），一定の限度額を定めてなされる与信契約（当座貸越契約，根抵当権設定金銭消費貸借契約など）上の請求権（名古屋高決昭和30・5・7判時58号14頁）などにつき見解が分かれている。

　(3)　**執行受諾の意思表示**　　執行受諾の意思表示は，作成にあたって裁判所が関与せずその内容の実体的正当性が審査されない文書であるにもかかわらず，公正証書に債務名義としての効力を認める

重要な根拠である。その性質は，執行法上の効果を直接発生させる行為として，公証人に対する単独の訴訟行為である。

意思表示の瑕疵に関する民法の適用の有無が問題となる。錯誤に関する民法 95 条が適用されることについてはほとんど異論がない（最判昭和 44・9・18 民集 23 巻 9 号 1675 頁／重判昭 44 民訴 4）。表見代理に関する民法 109 条・110 条の適用については，判例は繰り返し否定している（最判昭和 33・5・23 民集 12 巻 8 号 1105 頁，最判昭和 42・7・13 判時 495 号 50 頁，最判昭和 44・10・31 判時 576 号 53 頁など）。しかし，学説上は，これらの規定の適用を肯定する見解が有力である。執行受諾の意思表示は訴訟行為といっても取引行為の一環として私法行為とともになされるので，私法行為に表見法理を適用すべき（実体法上の請求権の存在を肯定すべき）場面で，執行受諾の意思表示の取消しを許して執行証書を無効としてみても，債務者の保護になるわけではない，というのである。

公正証書がこれらの要件を満たしていない場合の救済手続としては，**執行文付与に対する異議**（32 条）と**請求異議の訴え**（35 条 1 項後段）とが考えられる。両者の振り分けについては，たとえば公証人の署名や執行受諾の意思表示の記載がないなど，記録によって容易に認定できる要件の欠缺を主張する場合は，執行文付与に対する異議により，それ以外の，その認定に口頭弁論での審理が必要な要件の欠缺を主張する場合は，請求異議の訴えによるものと解する。

Column⑨ **瑕疵ある公正証書に基づいてなされた執行手続の効力** ••••

瑕疵ある公正証書に基づく執行手続は，上述のように，執行文付与に対する異議や請求異議の訴えによって排除することができるが，それをしないまま，執行手続が終了してしまった場合の効力については議論がある（なお，債務者が債権者に対して，不法行為を理由

に損害賠償を請求したり，不当利得の返還請求をすることは，執行手続の効力とは別の問題である）。

判例によれば，債務者の無権代理人が公正証書作成を嘱託し，かつ，執行受諾の意思表示をした場合には，公正証書は債務者に対する関係で債務名義としての効力がないので，それに基づく不動産の強制競売手続は，債務者に対する関係においては債務名義なしにされたものというべきであるから無効であり，競売手続が終了しても競落人は競落により不動産の所有権を取得することができない（最判昭和50・7・25民集29巻6号1170頁，最判昭和52・4・26金法835号35頁）。しかし，このように債務名義の当然無効を認める見解に対しては，反対も多い。なお，判例も，公正証書に表示された権利義務関係に実体上の無効原因があっても，それに基づく強制競売手続が，請求異議の訴えその他法定の方法によって排除されずに，完結したときは，実体上の無効を理由として競落人による不動産の所有権取得の効果を覆すことはできない，とする（最判昭和54・2・22民集33巻1号79頁／百選20）。

確定した執行判決のある外国裁判所の判決（6号）　外国裁判所の判決（外国判決）のうち一定の要件を備えているものは，日本においても効力を認められる（民訴118条。外国判決の承認）。しかし，強制執行をするには，この要件の存在をあらかじめ通常の訴訟手続で確定し強制執行を許す旨の判決（**執行判決**）が必要である。この点の判断を執行機関（または執行文付与機関）に任せるのは妥当でないからである。外国判決と執行判決とが合体して一つの債務名義となる。

執行判決を求める訴えは，債権者が債務者の普通裁判籍の所在地を管轄する地方裁判所（これがないときは，請求の目的または差し押さ

えることができる債務者の財産の所在地を管轄する地方裁判所）に提起することを要する（24条1項）。この訴訟では，外国判決が確定し民事訴訟法118条の要件を備えているか否かが調査される（最判平成10・4・28民集52巻3号853頁／百選4は民事訴訟法118条各号につき，最判平成26・4・24民集68巻4号329頁／重判平26民訴7・国私2は同条1号につき，最判平成31・1・18民集73巻1号1頁は同条3号につき，それぞれ判断を示している）。裁判の当否（訴訟手続の適式性・有効性や事実認定および法規の解釈適用の正当性）は，この要件に関わらない限り審査されない（24条4項。なお，外国の訴訟手続の経過は，民事訴訟法118条3号にいう**手続的公序**が問題となる限りでは，審査の対象となる）。裁判所は，外国判決の承認の要件がないものと判断する場合は請求を棄却する（24条5項は「却下」と規定するが，内容的には棄却である。なお確定した外国判決がない場合は訴えを却下すべきである）。承認の要件があると判断する場合は，判決主文において外国判決による強制執行を許す旨を宣言する（24条6項）。

　被告である債務者が，外国判決の表示する請求権につき，判決の基準時後に生じた消滅・変更等の実体的変動事由を，この訴訟の中で，抗弁として主張できるか，議論がある。執行判決を求める訴えの性質論とも密接に関連する問題であるが，抗弁としての主張を許さずに，執行判決確定後に請求異議訴訟で主張させるのは，訴訟経済上妥当でないので，これを許すべきである。そして，抗弁としての主張を許す以上は，執行判決確定後に請求異議訴訟において右事由を主張することは，その既判力により妨げられる，と解する（以上の問題は，執行文付与の訴えにおいて請求異議事由を抗弁として主張できるか，という問題とも類似する。⇒90頁）。

*Column*⑩　懲罰的損害賠償を命ずる外国判決の執行 ～～～～～

　米国や英国では，不法行為訴訟を中心に，特に悪性の高い加害行為の場合に，加害者の懲罰や一般的な抑止効果を目的として，現実の損害額を超えて高額の損害賠償を命ずる判決が出されることがある。被告（債務者）が外国（このような制度をもたない大陸法系の諸国）に財産を有する場合にこのような判決に基づいて強制執行することができるか，問題となる。最判平成 9・7・11 民集 51 巻 6 号 2573 頁／国私百選 111 は，カリフォルニア州裁判所の判決の中の同州法に基づいて懲罰的損害賠償を命じた部分について，執行判決の請求を棄却すべきものと判断した。日本における不法行為に基づく損害賠償制度の基本原則ないし基本理念と相いれないものであり，日本の公の秩序に反することを理由とする。

*Column*⑪　執行判決を求める訴えの性質 ～～～～～

　執行判決を求める訴えの性質をめぐる議論は，外国判決の承認・執行制度の性質をどのように理解するかに関連している。外国判決が内国でも当然に有する既判力・執行力の存在を確認するのがこの制度の役割であると理解するならば，この訴訟は外国判決の執行力の存在を確認する訴訟ということになり，この点で執行文付与の訴え（33 条）に類似するものということになる（⇒88 頁）。外国判決は当然には内国では執行力を有せず，外国判決の執行は外国判決に内国での執行力を新たに付与する制度であると考えるならば，この訴訟は，訴訟上の形成訴訟ということになる。また，前述のように外国判決と執行判決とが合体して一つの債務名義となる，という見方も形成訴訟とする見解につながる。このほか，確認と形成の両機能を有するとする救済訴訟説や，命令訴訟説も唱えられている（*Column*⑮⇒85 頁）。

訴訟に代わる紛争解決手段である仲裁手続でなされた**仲裁判断**も，仲裁地が日本国内にあるか否かを問わず，確定判決と同一の効力を有するが，強制執行をするためには，執行決定が必要である（仲裁45条1項）。仲裁判断は，法定の事由があるときは当事者の申立てに基づいて裁判所の決定により取り消されるので（仲裁44条1項），強制執行の前提として，あらかじめ取消事由がないことを決定手続で確定しておくべきものとしているのである（仲裁45条2項）。なお，仲裁判断につきその取消しまたは効力の停止を求める申立てが，仲裁地が属する国（仲裁手続に適用された法令が仲裁地が属する国以外の国の法令である場合にあっては，当該国）の裁判所に対してなされたときは，執行決定の申立てについての審理は，その申立てが係属している裁判所の判断により中止されることがありうる（仲裁46条3項）。取消事由に関する判断が，二つの裁判所で矛盾することを避ける趣旨である。逆に，執行決定が確定した後は，仲裁判断の取消しの申立てをすることができない（仲裁44条2項）。

外国仲裁判断（仲裁地が外国である場合，または仲裁手続に適用された法令が外国法である場合）の承認・執行については，多くの場合は，日本が加盟・締結した多国間または二国間条約，たとえば外国仲裁判断の承認及び執行に関する条約（いわゆるニューヨーク条約，1958年締結），外国仲裁判断の執行に関する条約（いわゆるジュネーブ条約，1927年署名），日米友好通商航海条約（4条2）などによって規律される（大阪地決平成23・3・25判時2122号106頁／百選5は，中国国際経済貿易仲裁委員会による仲裁判断の執行の要件につき，ニューヨーク条約および日中貿易協定の定めに従い，日本の仲裁法を適用して判断した）。条約の適用がない外国仲裁判断の執行決定については，仲裁法の手続

による（仲裁 45 条 1 項かっこ書）。

> ### 確定判決と同一の効力
> ### を有するもの（7 号）

裁判上の和解調書（民訴 267 条・275 条），
請求認諾調書（民訴 267 条），調停調書（民
調 16 条，家事 268 条），調停に代わる決定・
審判（民調 17 条・18 条 5 項，家事 281 条・287 条），民事上の争いにつ
いての刑事訴訟手続における和解の内容を記載した公判調書（犯罪
被害保護 19 条 4 項），適法な異議の申立てがなかった損害賠償命令
（同 33 条 5 項。なお，仮執行宣言付損害賠償命令は民事執行法 22 条 3 号の
2 の債務名義に該当する）および労働審判（労審 21 条 4 項），倒産手続
における債権者表への記載（破 221 条 1 項，会更 206 条 2 項・235 条 1
項・240 条，民再 180 条 2 項・3 項・185 条），法人の役員責任査定決定
（破 181 条，会更 102 条 5 項・103 条，民再 146 条 4 項・147 条，会社 858
条 5 項・899 条 5 項），否認の請求を認容する決定（破 175 条 4 項，会
更 97 条 4 項，民再 137 条 4 項）などがある（中には，「裁判上の和解と同
一の効力を有する」とか，「給付を命ずる判決と同一の効力を有する」と規
定されるものもある）。なお，不当労働行為事件で労働委員会が金銭
の支払等の合意を内容とする和解につき作成した和解調書は，22
条 5 号の債務名義とみなされる（労組 27 条の 14 第 5 項）。

> ### *Column⑫*　執行力のある債務名義と同一の効力をもつもの　••••
>
> 　民事執行法 22 条とは別に，法律で「執行力のある債務名義と同
> 一の効力を有する」ものと規定されて債務名義となる文書がある。
> 民事訴訟等の手続での国庫の立替費用・猶予費用の取立てについて
> の決定（民訴費 15 条〜17 条），金銭の支払，物の引渡し，登記義
> 務の履行その他の給付を命ずる審判（家事 75 条），過料の裁判につ
> いての裁判官または検察官の執行命令（民訴 189 条，民調 36 条 1
> 項，家事 291 条 1 項，非訟 121 条 1 項），罰金等の裁判についての

検察官の執行命令（刑訴490条），特許無効等の審判に関する費用の額についての特許庁の決定（特許170条）などである。これらの文書については，執行文は原則的に不要と考えられる（⇒66頁）。

③　債務名義の執行力の主観的範囲

　強制執行の手続が誰と誰との間で行われるか（換言すれば，誰が執行当事者適格をもつか）は，債務名義の執行力の主観的範囲によって定まる。債務名義の執行力が及ぶのは，執行証書以外の債務名義（判決その他）の場合は，①債務名義に表示された当事者（23条1項1号），②債務名義に表示された当事者が他人のために当事者となった場合のその他人（23条1項2号。訴訟担当の場合の実体法上の権利義務帰属主体がこれにあたる），③これらの者の債務名義成立後（判決の場合は口頭弁論終結後）の承継人（23条1項3号），④これらの者のために請求の目的物を所持する者（23条3項）である。執行証書の場合は，上記の①および③とされている（23条2項）。債務名義に表示された当事者以外の者が執行手続の当事者となる場合は，執行文に執行手続の当事者を記載することによって，執行機関に対して執行当事者適格の存在を明らかにする仕組みとなっている（⇒65頁）。

Column⑬　**既判力の拡張と執行力の拡張**

　執行力が及ぶ当事者等の承継人（23条1項3号）の範囲については，判決の既判力が及ぶ承継人（民訴115条1項3号）についてと同様，議論が多い。当事者以外の者が承継人として債務名義の執行力を及ぼされることは，簡易な手続による承継執行文の付与を前提とする限り，訴訟の場での十分な手続保障を与えられることなしに，自己の財産に対して強制執行を受けることを意味する。この点

で，既判力の拡張を受ける場合には後の訴訟で前訴の当事者間の法律関係を争えなくなるにすぎないのと異なり，執行力の拡張を受ける承継人は直接的にその権利を侵害される危険が大きい。したがって，執行力の拡張は，既判力の拡張と比べて，限定的に考える必要がある。既判力の及ぶ承継人の範囲をめぐって形式説・実質説の対立があるが，執行力の主観的範囲については，実質説によらざるをえず，第三者にいわゆる固有の防御方法（善意取得，登記の欠缺を主張する正当な利益を有する第三者や通謀虚偽表示による無効を対抗できない第三者であるとの主張など）が認められる可能性がある以上，承継人にはあたらないと解すべきである（最判昭和48・6・21民集27巻6号712頁／百選6参照）。

3 執 行 文

① 執行文の役割

　執行文は，強制執行の実体的要件のうち，有効な債務名義の存在，執行当事者適格，条件付請求権についての条件の成就といった事項について，執行機関以外のより適切な機関（裁判所書記官，公証人）に審査させ，その結果を債務名義の正本の末尾に付記して（26条2項）執行機関に伝達させることとして，執行機関の負担を軽減するために編み出された法技術である。執行文には，債務名義の内容そのままの執行力を公証する**単純執行文**，停止条件の成就や不確定期限の到来を確認した**条件成就執行文**（27条1項），債務名義に表示された者以外の者を債権者または債務者とする執行を許す**承継執行文**（27条2項）がある。

執行文の付与は強制執行の要件である（25条本文）が，簡易・迅速な執行を重視して，例外的に執行文が不要とされる場合がある。たとえば，法律の規定により，特定の文書が「執行力のある債務名義と同一の効力」とされている場合（民訴費15条1項，家事291条1項，民調36条1項，非訟121条1項，刑訴490条など）がこれにあたる（多数説。*Column⑫*⇒63頁）。また，少額訴訟の判決（確定判決，仮執行宣言付判決），仮執行宣言付支払督促（25条但書），保全命令（民保43条1項但書）については，これに表示された当事者間で強制執行をする場合には執行文は不要であり，これらの裁判の正本に基づいて執行ができる（承継執行の場合には執行文が必要である）。

② 執行文付与の要件

執行文の付与のためには，一般に，債務名義が存在し強制執行になじむ請求権が表示されていること，および債務名義の執行力がすでに発生し存続していること（ex. 判決が確定し，再審や上訴によって取り消されておらず，また請求異議訴訟による執行力の排除がなされていないこと）が必要である（**一般要件**）。

さらに，「請求が**債権者の証明すべき事実の到来**」に係っているときは，債権者がその事実の到来を証明する文書を提出した場合に限り，執行文が付与される（27条1項。**条件成就執行文**）。債権者の証明すべき事実とは，停止条件，不確定期限のほか，債権者の先履行給付，催告，解除権の行使などを含む。請求権にこのような条件・期限等が付いていることが債務名義上の記載から明らかでないときは，条件成就執行文付与の問題とはならず，債務者の方で**請求異議の訴え**を提起して条件の不成就等を主張する必要がある。

これに対して，確定期限の到来，立担保，反対給付の提供は，執

行開始の要件とされている（30条・31条⇒48頁）。これらの事実は単純であって執行機関が判断することが容易であり，また，執行機関に判断させることによって，当該事実の到来と執行の開始との間の時間的間隔をできる限り少なくできるからである（もし反対給付の提供を執行文付与の条件とすると，実体法上は同時履行の関係にあるのに，債権者に先履行を強いることになって妥当でない）。

　債務名義に表示された者以外の者を債権者または債務者とする執行を許す内容の承継執行文は，そのような承継の事実が裁判所書記官または公証人に明白であるか，債権者がその事実を証明する文書を提出した場合に限り，付与される（27条2項）。なお，承継執行文には新たな債権者または債務者を特定表示するのが原則であるが，不動産の明渡しの請求権についての債務名義を本案とする占有移転禁止の仮処分（民保25条の2参照⇒334頁以下）が執行されている場合，または不動産引渡命令の引渡義務者に対して競売手続上の占有移転禁止・公示保全処分（55条1項3号・77条1項3号・187条1項⇒126頁以下）が執行されている場合において，これらの債務名義に基づく強制執行をする前に不動産の占有者を特定することを困難とする特別の事情があるときは，債務者を特定せずに承継執行文を付与することができる（27条3項）。占有者が頻繁に交代するなどのやり方での執行妨害への対策である。この場合，明渡執行を受けた者が事後的に債務者として特定される（27条4項・5項）。

　以上の場合に，債権者は文書以外の証拠方法を用いることはできず，文書により証明ができないときは，執行文の付与は拒絶される。このときは債権者は，**執行文付与の訴え**（⇒87頁）を提起し，訴訟手続において他の証拠方法を利用して条件成就等の事実を証明し，執行文の付与を得るしかない。

　債務名義に，いわゆる過怠約款（失権約款），たとえば割賦金の
支払を2回怠った場合には期限の利益を失い残債務を直ちに支払う
旨の条項が記載されている場合は，民事執行法27条1項は適用さ
れない。債務者が割賦金の支払について証明責任を負っているから
である（民事執行法27条1項は，明文の規定がなかった旧法下で
の最判昭和41・12・15民集20巻10号2089頁／百選10に代表さ
れる判例法理を取り入れたものである）。しかし，このような債務
名義に基づき，債権者が直ちに強制執行を開始できるとするのは，
債務者の利益保護のうえで問題である。そこで単純執行文の付与に
際して裁判所書記官は，債務者に催告して，債務の履行（無懈怠）
の事実を証明する文書の提出を促し，債務者に証明の機会を与える
べきである（177条3項の類推適用）。なお，このこととは別に債
務者は，請求異議の訴え（35条）を提起して過怠約款（失権約款）
に該当する事実の不発生（たとえば割賦金の履行）を主張すること
ができる（前掲最判昭和41・12・15）。

━━━━━━━━━━━━━━━━━━━━━━━━━━━━━━━━━

③　執行文付与の手続

　執行文は，執行証書以外の債務名義については事件の記録の存在
する裁判所の書記官が，執行証書についてはその原本を保存する公
証人が，書面による申立て（規16条1項）に基づいて付与する（26
条1項。なお，不当労働行為事件で労働委員会が作成した和解調書につい
ての執行文は，労働委員会の会長が付与する。労組27条の14第6項）。執
行文は債務名義の正本の末尾に付記される（26条2項）。債権者は，
執行債権の完全な弁済を受けるために同時に複数の財産（動産と不
動産，異なった場所にある複数の不動産など）に対して強制執行をする

必要がある場合には，複数の債務名義の正本のそれぞれに執行文の付与を受けることができる（28条1項。**数通付与**）。また，執行文の付された債務名義の正本が滅失した場合には，債権者は再びその付与を受けることができる（28条1項。**再度付与**）。

　なお，執行文を付与した裁判所書記官または公証人は，債務名義の原本に付与の事実その他所定の事項を記載し（規18条），数通付与・再度付与の場合には，その旨および執行文の通数を債務者に通知することを要する（規19条）。過剰な強制執行が行われる危険を防ぐ趣旨の規律である。執行文が不要とされている少額訴訟の判決または仮執行宣言付支払督促の正本を再度交付する場合も，同様である（28条2項，規18条2項・19条2項）。

④　執行文の付与等に関する異議

　執行文の付与が拒絶された場合には申立債権者が，執行文が付与された場合には債務者が，付与機関のこれらの処分に対して異議の申立てをすることが許される（32条）。異議は，裁判所書記官の処分に対してはその所属する地方裁判所に，公証人の処分に対しては，その公証人の役場の所在地を管轄する地方裁判所に申し立てる。申立ては，書面または口頭による（規15条の2，民訴規1条）。

　異議の事由となるのは，執行文付与の一般要件（⇒66頁）および条件成就執行文または承継執行文の付与のための特別要件の存否である。裁判以外の債務名義（和解調書，執行証書など）の成立についての異議は，内容的には一般要件に関するものではあるが，請求異議の訴えによって主張すべきものとされているので（35条1項後段），執行文付与に対する異議の理由とすることはできない。前述の特別要件の存否は，執行文付与の訴えまたは執行文付与に対する異議の

訴えの事由としても主張できるが，ここでの異議申立ての理由とすることも，これらの訴えについての確定判決の既判力に抵触しない限りは許される（たとえば，執行文付与の訴えによって執行文が付与された場合またはその請求が棄却されたときは，異議申立てにより基準時前の事実を主張することができない）。

異議申立てについては，口頭弁論を経ることを要せず，決定で裁判する（32条3項）。執行文付与に対する異議を認容する場合は，執行文付与を取り消して，当該債務名義の正本に基づく執行を許さない旨を宣言する。付与拒絶処分に対する異議を認容する場合は，拒絶処分を取り消す旨を宣言する（この場合，付与機関は執行文を付与しなければならない）。異議申立てについての裁判に対しては不服申立てをすることができない（32条4項）。しかし，異議申立てについての裁判には既判力はないから，執行文付与の特別要件については，執行文付与の訴えまたは執行文付与に対する異議の訴えの提起を妨げない。

執行文の付与に対して異議の申立てがあっても，当該債務名義の正本に基づく強制執行は当然には影響を受けないが，異議の申立てを受けた裁判所は（急迫の事情があるときは裁判長も），異議についての裁判をするまでの間，職権で，強制執行の停止（担保を立てさせる場合と立てさせない場合とがありうる）または担保を立てさせて強制執行の続行を命ずることができる（32条2項）。この仮の処分も口頭弁論を経ることを要せず，これに対する不服申立てはできない（32条3項・4項）。

4 執行の対象

① 責 任 財 産

強制執行の対象として請求権の満足に用いられるべき財産を責任財産という。財産を対象としない強制執行（作為・不作為の執行）については，責任財産は観念できない（もっとも，代替執行の費用や間接強制金の取立てとの関係では，金銭執行と同様に責任財産を観念する余地はある）。また，物の引渡請求権の実現のための執行においては，当該請求権の目的物のみが責任財産であるから，これを論ずる実益に乏しい。なお，担保権実行手続でも責任財産を考えることができるが，債務者の総財産を対象とする一般の先取特権の実行の場合を除き，責任財産は担保権の目的である特定財産に限定されるので，やはり議論の意味は小さい。

金銭執行の場合，原則として債務者の総財産が責任財産となる。ただし，動産および債権については，民事執行法（131条・152条）またはその他の法令の定めにより差押えが禁止され，責任財産から除外されるものがある。また，特定の請求権について，責任財産が一定の範囲に限定される場合があり，（物的）**有限責任**と呼ばれる（民922条，商804条，船主責任制限33条，油賠38条など）。有限責任は請求権の属性つまり実体法上の問題であるので，債務名義に有限責任の事実が表示されていない限り，執行機関はその事実を考慮する必要はない。この場合，債務者は，請求異議の訴えによって有限責任を主張して執行の不許・制限を求める必要がある（⇒80頁）。有限責任が債務名義に表示されている場合に，執行機関がこれを無視

して他の財産を差し押さえたときは，債務者は，**執行異議**（11条）または**第三者異議の訴え**（38条）によって執行の排除を求めることができる（⇒92頁）。

責任財産を構成するのは，強制執行開始（差押え）当時に債務者に属する財産である。強制執行の開始前に責任財産を保全する手続として，民事保全（仮差押え，仮処分）の手続があり，また，差押え前に処分されて債務者に帰属しなくなった財産を回復する手段として**詐害行為取消権**の制度（民424条以下）がある。

② 執行対象財産の選択と責任財産帰属性の判断

金銭執行の場合に（一般の先取特権の実行の場合も同様），債務者のどの財産を執行の対象とするかは，債権者の自由な選択に任されている。この場合，債権者は執行の申立て（差押え）にあたって対象財産を特定する。ただし，動産を対象とする場合は，申立てには対象の特定は必要でなく，差押えは，執行官の選択により，債権額と執行費用に満つるまでなされる（規99条・100条⇒167頁）。

強制執行の実体的な正当性が認められるためには，債権者が執行対象として選択した財産が責任財産に含まれていることが必要である。しかし，執行手続の効率性の要請から，この点についての執行機関による判断は，外形的事実によることとされている。不動産については債務者名義の登記があれば（規23条），動産については債務者の占有があれば（123条1項），それぞれ債務者の責任財産に属するものとして執行手続が開始され，さらに債権については，債権者が申立てにより特定した債権の存否や帰属を審査せずに（145条2項）手続が開始される。債務者や第三者が執行対象財産が責任財産に属さないことを主張して，強制執行を排除するには，**第三者異議**

の訴え（38条）によらなければならない。

③　債務者の財産状況の調査

　金銭執行の手続では，債権者は，原則として，執行の対象となる債務者の財産を特定して，手続の開始（差押え）を申し立てることを要する。しかし，債権者が債務者の財産を探索することは容易ではなく，債務名義を取得しても，執行手続を開始することが困難な場合が多い。そこで平成15年の法改正により，債権者の申立てに基づいて，裁判所（債務者の普通裁判籍所在地の地方裁判所）が債務者に対し財産の開示を命ずる手続が創設されたが（196条〜203条），利用実績は年間1,000件程度と低調であった。令和元年の法改正は，財産開示手続の実効性を高めるために，基本となる債務名義の限定を撤廃し，開示義務違反に対する罰則を強化した。また，債務者以外の第三者（金融機関，登記所，市町村，日本年金機構，債務者の勤務先等）から債務者財産に関する情報を取得する手続を新設し，財産開示手続と併せて，表題を「第4章　債務者の財産状況の調査」とした。

財産開示手続　　財産開示手続の申立ては，執行力のある債務名義（金銭の仮払を命ずる仮処分命令もこれに該当する）の正本を有する金銭債権の債権者が，債務者の普通裁判籍所在地を管轄する地方裁判所に申し立てることにより開始される（196条・197条）。申立てをした債権者が過去6か月以内になされた強制執行（もしくは担保権実行）での配当手続で完全な弁済を得られなかったとき，または知れている財産に対する強制執行をしても完全な弁済を得られないことの疎明があったとき，に実施決定が出される（197条1項）。債務者の財産について一般の先取特権を有

することを証する文書を提出した債権者も同様の要件の下で，財産開示手続を利用できる（197条2項）。

実施決定を受けた債務者は，執行裁判所が定めた期限までに**財産目録**を提出したうえで（規183条），執行裁判所で開かれる開示期日に出頭し，宣誓のうえで自己の財産につき陳述し，また，裁判所または申立人の質問に答える義務を負う。債務者は，自己が開示期日に有する財産——差押えが禁止されている生活必需品（131条1号・2号）を除く——を明らかにしなければならない。明らかにすべき事項は，申立債権者が強制執行または担保権の実行の申立てをするのに必要となる事項である（199条2項）。動産については，その所在場所ごとに主要な品目・数量・価格を明らかにすれば足りる（規184条3号）。正当な理由のない不出頭，宣誓拒否，陳述拒否または虚偽の陳述に対しては，刑罰（6月以下の懲役または50万円以下の罰金）が科せられる（213条1項5号・6号）。

財産開示手続の導入にあたっては，債務者のプライバシーの侵害，濫用や債務者に不当な圧力を加えるおそれなどが問題とされた。この点の配慮から，いったん開示がなされると，原則として3年間はその債務者に対して開示を命ずることはできないものとされている（197条3項）。また，開示期日は非公開であり，開示事件の記録中，開示期日に関する部分（上述の財産目録も含む）の閲覧・謄写等は申立人，他の債権者で，金銭債権について執行力のある債務名義の正本を有するもの，一般の先取特権を有することを証する文書を提出したもの，債務者等に限って許される（201条）。申立人および記録の閲覧等をした者が得た情報を債務者に対する債権をその本旨に従って行使する目的以外の目的のために利用したり提供することは禁じられる（202条。違反に対しては過料の制裁がある。214条1項）。

執行力のある債務名義の正本を有する金銭債権の債権者が，財産開示手続の実施決定を得ることができる要件（197条1項各号）を備えているときは，その申立てに基づいて，執行裁判所は，法務省令に定める登記所に対し，債務者が所有権の登記名義人である不動産について，強制執行の申立てをするのに必要な事項（規189条）につき情報の提供をすべき旨を命じなければならない（205条1項1号）。ただし，この手続の利用には，すでに財産開示手続が実施され，その開示期日から3年以内に債権者が申立てをすることが必要である（205条2項。財産開示手続の前置）。申立てを認容する決定は，債務者に送達され，債務者には執行抗告の機会が与えられ，認容決定は確定しなければ効力を生じない（205条3項～5項）。申立てが却下された場合は，申立人が執行抗告をすることができる（205条4項）。債務者の財産について一般の先取特権を有する債権者も，先取特権を証明する文書を提出して，同様の要件の下に，この手続を利用できる（205条1項2号）。

　扶養義務等に係る金銭請求権（151条の2第1項各号）または人の生命もしくは身体の侵害による損害賠償請求権について執行力のある債務名義の正本を有する債権者は，債務者が支払を受ける給与に係る債権についての情報を市町村から，債務者が支払を受ける報酬または賞与に係る債権についての情報を日本年金機構，公務員の共済組合等から取得することができる（206条1項。申立ての要件および決定に対する不服申立ての手続等は，登記情報の取得の場合と同様である。同条2項による205条2項～5項の準用）。これらの機関は住民税や年金保険料の徴収手続との関係で債務者の勤務先についての情報を把握しており，執行債権の性質上特に保護すべき債権者のために

（⇒181頁），この情報の活用を認める趣旨である。

　このほか，執行力のある債務名義の正本を有する金銭債権の債権者が，財産開示手続の実施決定を得ることができる要件（197条1項各号）を備えているときは，債務者の預貯金債権についての情報を銀行等から，債務者の保有する振替社債等についての情報を振替機関等から，取得することもできる（207条1項）。債務者の財産について一般の先取特権を有する債権者も，先取特権を証明する文書を提出して，同様の要件の下に，この手続を利用できる（207条2項）。預貯金債権や振替社債等の情報を取得する手続においては，登記情報や給与等の情報を取得する手続とは異なり，債権者の申立てを認容する決定は直ちに効力を生じ，また，認容決定に対する債務者の執行抗告は許されていない（却下決定に対して申立人は執行抗告をすることができる。207条3項）。預貯金債権や振替社債等は，債務者が処分・隠匿しやすい財産であることが考慮され，情報の取得手続が迅速かつ実効的に行われるよう配慮されている。

　情報提供を命ぜられた第三者は，執行裁判所に対して書面で情報を提供しなければならず，執行裁判所は，その書面の写しを申立てをした債権者に送付し，かつ，債務者に対し，その財産に関する情報の提供がされた旨を通知する（208条）。第三者からの情報取得手続に係る事件の記録中，第三者からの情報提供に関する部分についての閲覧請求は，申立人，申立人と同等の資格のある他の債権者，債務者，当該情報の提供をした者に限って認められる（209条）。申立人および記録の閲覧をした者は，これにより得た情報を当該債務者に対する債権をその本旨に従って行使する目的以外の目的のために利用したり提供することは禁じられる（210条。違反に対しては過料の制裁がある。214条2項）。

5 執行関係訴訟

執行関係訴訟とは，執行手続の迅速性・効率性のために権利判定機関から分離された執行機関が，債務名義，執行文などを基礎として形式的・外形的基準によって手続を進める構造の中で（⇒18頁），執行手続の実体法的基礎につき紛争が生じた場合に，その点の解決を権利判定機関に再び委ね，その判断結果を執行手続に反映させることによって，執行手続の実体的正当性を確保するための制度である。執行関係訴訟としては，**請求異議の訴え**，**執行文付与に対する異議の訴え**，**第三者異議の訴え**がその典型として論じられるが，近時は，**執行文付与の訴え**も含めて議論され，さらに学説によっては（命令訴訟説⇒85頁〜86頁），**執行判決を求める訴え**（24条）や**配当異議の訴え**（90条）も含めて論じられる。

1 請求異議の訴え

制度の趣旨，当事者等

請求異議の訴えは，第一に，債務名義上は存在するものとして表示されている実体権の存否・内容を訴訟手続によって審理し，その結果実体権の不存在が明らかになった場合には，判決により債務名義の執行力を排除し，執行手続を中止・防止することを目的とする。第二に，裁判以外の債務名義（執行証書，和解調書，調停調書等）については，その成立の有効性を訴訟手続によって審理する目的でも，請求異議の訴えの利用が許されている（35条1項後段）。請求異議の訴えは，第一の点では，債務名義そのものの取消しを目的とする上訴や再審の訴えと

区別されるが，第二の点では，その成立過程において裁判所による
チェックが（十分には）なされない裁判以外の債務名義について，
再審に準じた機能をもつものといえる。

　請求異議の訴えは，債務名義自体の執行力の排除を目的とするも
のであるから，債務名義成立後であれば，強制執行手続の開始前で
あっても提起できる。また，いったん強制執行手続が終了しても，
債権者が債務名義に表示された請求権全額の満足を受けていない限
りは，この訴えを提起することができる。

　請求異議の訴えの原告となるのは，その者に対して債務名義の執
行力が及ぶ者（債務名義に表示された債務者およびその承継人等），被告
となるのは，その者のために債務名義の執行力が及ぶ者（債務名義
に表示された債権者およびその承継人等）である。いずれも，債務名義
の執行力が及ぶ者（23条）であれば足り，まだ債務名義ないし執行
文に表示されていない段階でもこの訴えの当事者となることができ
る（大判昭和7・11・30民集11巻2216頁。執行文付与に対する異議の訴
えとの関係につき，⇒89頁）。さらに，債務名義に表示された債務者
およびその承継人等の債権者が債権者代位権（民423条）に基づい
て，あるいはこれらの者の破産管財人がその管理・処分権に基づい
て，この訴えを提起することも許される。

> **本訴の対象**

　請求異議の訴えは，債務名義の存在を前提
とするが，原則として債務名義の種類は問
わない。しかし，仮執行宣言付判決および確定前の仮執行宣言付支
払督促については，それぞれ上訴，異議により債務名義自体の効力
を失わせることができるので，請求異議の訴えを提起することはで
きない（35条1項かっこ書）。なお，物の給付その他の作為または不
作為を命ずる仮処分の執行については仮処分命令が債務名義とみな

される（民保 52 条 2 項）が，保全手続内での救済（保全異議，事情変更による取消し，特別事情による取消し。民保 26 条・38 条・39 条）が整備されているので，請求異議の訴えの対象とはならない。

　債務名義とされているものでも，**基本たる債務名義の執行方法として付随的に発せられる決定**（22 条 3 号参照），たとえば，不動産引渡命令（83 条），代替執行の授権決定・費用前払決定（171 条），間接強制決定（172 条）などを対象として請求異議の訴えを提起できるか，問題がある。異議の事由が，付随的な決定が命じている給付義務に関するもの（ex. 間接強制金を支払った旨の主張）でない限りは，否定すべきであり，基本たる債務名義を対象として訴えを提起すべきものと解する（旧法下で，最判昭和 38・3・29 民集 17 巻 2 号 426 頁は不動産引渡命令につき否定，大阪高判昭和 54・7・20 判時 949 号 123 頁は間接強制決定につき肯定）。

　すでに執行手続が開始されている場合に，その**具体的な執行行為**（特定の財産に対する差押えなど）**の排除**のみを目的として請求異議の訴えを提起することができるか，問題がある。判例は古くからこれを許している（大判大正 3・5・14 民録 20 輯 531 頁）。理論的には疑問であるが，高額の債務名義に基づいて少額の財産が差し押さえられた場合に，このような訴えを許すことで，提訴手数料や執行停止のための担保（36 条 1 項）の額が低く抑えられる（大判大正 6・11・5 民録 23 輯 1724 頁，東京高決昭和 30・3・23 東高民時報 6 巻 3 号 45 頁）。この利益は，債務者にとって重要であり，無視できないから，そのような必要性がある限り，許してよいものと解する（東京地判平成 6・1・26 判タ 853 号 273 頁，東京高判平成 7・5・29 判時 1535 号 85 頁）。

　担保権実行手続は債務名義を前提としていないので，請求異議の訴えは提起できない（広く強制執行の規定を準用する民事執行法 194 条

は，35条を除外している。旧法下の判例として最判昭和40・7・8民集19巻5号1170頁参照）。担保権実行手続では，執行異議または執行抗告によって担保権の存否・被担保債権の額などを争うことができるが（182条・189条・191条・193条），これは決定手続であり，口頭弁論による審理を経て実体権の存否を既判力をもって確定してもらうには，担保権不存在確認の訴えによるほかない（183条1項1号参照）。民事執行法のこのような規律には，立法論としては問題が残ろう。

異議の事由① 請求異議の訴えで原告が請求原因として主張できるのは，第一に，**請求権の存在・内容に関する異議**である。**請求権の不発生**（契約の不成立，意思表示の瑕疵による無効，過怠約款に該当する事実の不発生など），**請求権の消滅**（弁済，相殺，更改，免除，時効消滅，解除，取消し，解除条件の成就など），**請求権ないし責任の態様の変更**（期限の猶予，履行条件の変更，債務名義に表示されていない有限責任の事実など。船主責任制限法35条が規定する「強制執行に対する異議の訴え」は，責任制限手続が開始された場合に基金以外の財産に対する強制執行の不許を求めるための訴えであり，請求異議訴訟の一種と考えられる。同条2項は，請求異議の訴えに関する民事執行法の規定を準用している），**請求権ないし給付義務の主体の変動**（債権譲渡，免責的債務引受けなど）などが考えられる。

債務名義に表示された請求権の差押え・仮差押えは，請求異議事由とならず，その請求権（被差押債権）の執行に対して，債務者は差押え・仮差押えの事実を理由に執行異議または執行抗告を提起し，執行手続が満足的段階に進むことを阻止できるにすぎない，というのが通説・判例（最判昭和48・3・13民集27巻2号344頁／百選53⇒187頁）である。しかし，債務者（第三債務者）の利益保護の見地から疑問がある（かつて大判昭和15・12・27民集19巻2368頁は請求異議事由

となるものとしていた）。

不執行の合意や執行制限契約の存在も，異議の事由となるものと
解される。これらは強制執行によって請求権の内容を実現できる効
力（いわゆる強制執行力）を排除・制限する行為であって，これが存
在するときには強制執行は実体法上不当なものとなると評価される
からである（最決平成 18・9・11 民集 60 巻 7 号 2622 頁／百選 1。旧法下
において，異なる考え方を示していた大判大正 15・2・24 民集 5 巻 235 頁
および大判昭和 2・3・16 民集 6 巻 187 頁は，この最高裁決定により変更さ
れた）。

特定の債務名義に基づく強制執行が**権利濫用**または**信義則違反**に
あたる場合には，このことは異議の事由となる（最判昭和 37・5・24
民集 16 巻 5 号 1157 頁，最判昭和 43・9・6 民集 22 巻 9 号 1862 頁，東京高
判平成 17・11・30 判時 1935 号 61 頁）。確定判決の騙取など，**債務名義
の不当取得**を異議の事由とできるか，問題であるが，既判力を有す
る債務名義の場合には，再審によらずにその既判力を排除すること
になるので，否定すべきである（最判昭和 40・12・21 民集 19 巻 9 号
2270 頁／百選 [初版] 17）。なお，既判力をもたない債務名義の場合
は，直接に請求権の不存在等を異議の事由とすることができるし，
また，不当取得を債務名義の成立に関する異議（35 条 1 項後段）の
事由として主張することもできる。

| **異議の事由②** | 裁判以外の債務名義については，**債務名義
の成立に関する異議**も主張することができ

る（35 条 1 項後段）。執行証書につき作成嘱託や執行受諾の意思表示
の瑕疵（代理権欠缺，錯誤など），和解調書・調停調書につき基礎に
ある合意の瑕疵（錯誤，虚偽表示，詐欺など）が，請求異議事由とな
る。これに対して，執行証書の要件である金額の一定性（⇒57 頁）

の欠如，公証人・作成嘱託人の署名捺印の欠缺などの形式的事項で記録から容易に判断できる事由は，執行文付与に対する異議の申立てで主張すべきであって，請求異議の訴えの事由とはならないと解される。

異議の事由の時期的制限

確定判決を対象とする請求異議の事由は，**口頭弁論の終結後**に生じたものに限られる（35条2項）。確定判決の基準時前の事由は，**既判力**に抵触するので，主張できないのである（なお，仮執行宣言付支払督促が確定すると確定判決と同一の効力（民訴396条）を有するが，これは裁判所書記官が原告の申立ての当否を審査せずに発したものなので既判力をもたず，これに対する請求異議の事由に時間的制限はない。和解調書，調停調書についても同様である）。したがって，たとえば，確定判決の基準時前に存在した取消事由について基準時後に取消権を行使して請求異議の訴えを提起することはできない（最判昭和55・10・23民集34巻5号747頁）。しかし，相殺（最判昭和40・4・2民集19巻3号539頁）や建物買取請求権（最判平成7・12・15民集49巻10号3051頁／百選16）などの形成権については，既判力の対象である訴訟物自体に関連する形成権ではないので，たとえ基準時前に存在していた場合でも，基準時後に形成権を行使したことを異議事由とすることが許される。

基準時前に存在した有限責任（限定承認など）については，議論があるが，請求権の属性に関する問題であるので，既判力によって遮断されると解する（大判昭和15・2・3民集19巻110頁。なお，最判昭和49・4・26民集28巻3号503頁参照）。これに対して，不執行の合意は，請求権の実体的効力に関連するが（最判平成5・11・11民集47巻9号5255頁／百選［初版］4），執行手続において初めて問題となる

事項であるから，無条件の給付判決が確定しても，基準時前に存在した不執行の合意を理由に請求異議の訴えを提起することができるものと解する。

　なお，外国判決に基づく強制執行の場合（22条6号）には，執行判決の基準時前に存在した請求権の存在・内容に関する異議の事由は，執行判決を求める訴えに対して抗弁として主張すべきであるから，執行判決確定後に請求異議訴訟において主張することは，執行判決の既判力により妨げられる，と解する（⇒60頁）。

異議の事由の同時主張　　異議の事由が複数あるときは，原告は「同時に」主張しなければならない（35条3項・34条2項）。この規律は，請求異議訴訟の繰り返しによる執行の遅延を防止するためのものである。「同時に」とは同一訴訟内でという意味であり，請求異議訴訟の事実審の口頭弁論終結時までは，原告は別の異議の事由を追加主張することができる。

　ここでいう「異議の事由」とは何を意味するか，この訴えの訴訟物の構成とも関連する難しい問題である。訴訟物を請求権の債務名義上の表示と実体との不一致の態様（⇒80頁）ごとに区分する見解がある（たとえば，請求権の消滅・不発生，効力の停止・限定，主体の変動という区分が主張されているが，論者によって分類に違いがある。なお，この立場では，裁判以外の債務名義の成立に関する異議については，さらに別個の訴訟物を構成することとなる）。この見解を前提として，①「異議の事由」は民事執行法35条2項と同じく，請求原因事実として主張すべき弁済，免除などの具体的事実を意味するとの考え方と，②「異議の事由」とは訴訟物となる異議態様を意味するとの考え方とがある。これに対して，③一つの債務名義を対象とする限り請求異議訴訟の訴訟物は，その理由を問わずに——請求権の存在・内容

に関する異議だけでなく，債務名義の成立に関する異議も含めて――同一と考える見解もある。異議の事由の同時主張は，①によれば，既判力との関係で当然の規律ということになるのに対し，②によれば，訴訟物を超えた特別の失権効を意味することになり，さらに③によれば，広く訴訟物をとらえる結果，請求異議訴訟の枠内ではやはり当然のこととなる。そこで，③を前提として，民事執行法35条3項は，同法34条2項と相まって，請求異議の訴えと執行文付与に対する異議の訴えとの間で，別訴禁止（人訴25条参照）を定めたものと理解する考え方もみられる。

訴訟手続・判決　請求異議の訴えは，対象とする債務名義の種類に応じて定まる裁判所の専属管轄とされている（35条3項・33条2項）。具体的には，①確定判決，仮執行宣言付判決，抗告によらなければ不服を申し立てることができない裁判，執行判決のある外国判決，執行決定のある仲裁判断および確定判決と同一の効力を有するもののうち⑤に該当しないものについては，第一審裁判所，②仮執行宣言付支払督促については，それを発した裁判所書記官が所属する簡易裁判所，③費用額確定処分については，その処分をした裁判所書記官が所属する裁判所，④執行証書については，債務者の普通裁判籍の所在地を管轄する裁判所，普通裁判籍がないときは請求の目的または差押えの対象となりうる債務者の財産の所在地を管轄する裁判所，⑤和解調書および調停調書については，和解・調停が成立した簡易裁判所・地方裁判所・家庭裁判所（上級裁判所で成立した場合は①による），などとなっている。

　審理は通常の訴訟手続でなされる。審理の結果，異議を理由ありとする場合は，裁判所は，その債務名義に基づく強制執行を許さない旨を判決主文で宣言する（具体的な執行行為の排除を目的とする訴え

を許す立場では，当該執行行為を許さない旨を宣言する。⇒79頁）。この請求認容判決が確定した場合または仮執行宣言が付された場合は，債務名義は執行力を失い，債権者は債務名義につき執行文の付与を受けることができなくなる。すでに執行手続が開始されているときは，債務者は，この判決の正本を執行機関に提出して，執行の停止および取消しを求めることができる（39条1項1号・40条1項⇒105頁以下）。なお，訴えの提起に伴う執行の停止等の仮の措置については，101頁以下参照。

Column⑮ 請求異議の訴えの性質・訴訟物・判決効

請求異議の訴えの性質については，古くから，①特定の債務名義に基づく強制執行の不許を宣言し債務名義の執行力の排除を目的とする形成訴訟とする見解（**形成訴訟説**），②債務名義に表示された実体法上の請求権の不存在確認訴訟であり，この結果として債務名義に基づく執行が許されなくなるのは確認判決の執行機関に対する反射効であるとみる見解（**確認訴訟説**），③執行避止という不作為を求めるもので（債務名義を作り出した）給付訴訟の反対形相であるとする見解（**給付訴訟説**。ほかに不当執行による不当利得の返還請求訴訟と位置づける考えもある）があった。近時は，④実体法上の請求権の不存在確認と執行の不許の双方を目的とする訴訟であり，制度的に私人の力では排除しえない拘束力ないし優越的地位が存在する場合にそれからの解放を求めるもので，上訴，再審，抗告訴訟などと共通の構造を有する特殊な訴訟であるとする見解（**救済訴訟説**），⑤執行関係訴訟の本質は，執行機関と判決機関の分離を前提として，執行機関が執行行為をなすにあたり本来自ら調査・判断すべき事項のうち，慎重な審理・判断を必要とするものを，判決裁判所が事前または事後に判決手続により判断し，その結果によって執行が適正に行われるようにコントロールすることを目的とする訴えであり，請求異議の訴えもこの一種として，実体法上の請求権の不

存在を確定し，その確定結果を執行関係のコントロールという目的にかなった形で執行機関に宣言する訴訟である，とする見解（**命令訴訟説**）も有力に主張されている。

　訴訟物について，①形成訴訟説の多くは，実体上の法律関係と債務名義に表示された請求権との不一致から生じた異議権が訴訟物である，とするが，対象とする債務名義の執行力の排除を求める法律上の地位が（債務名義の成立についての異議を主張する場合も含めて）包括的に一つの訴訟物を構成するとの見解もある。これに対して，②確認訴訟説，④救済訴訟説，⑤命令訴訟説では，不存在確認を求められている実体上の請求権が訴訟物（の一つ）とされる。しかし，同一の債務名義を対象とする訴えであっても，請求権の債務名義上の表示と実体との不一致の態様（異議態様）ごとに訴訟物を細分する見解もある。③給付訴訟説では，訴訟物は不作為請求権ないし不当利得返還請求権ということになろう。

　請求異議の訴えについての判決が債務名義に表示された請求権の存否につき既判力を生ずるか，についても，議論がある。①形成訴訟説によれば，この点は訴訟物となっていないので，既判力を生じないことになり，このことが他説から批判の対象となる。もっとも，形成訴訟説の中には，判決理由中の請求権の存否の判断に既判力ないし類似の拘束力を認めたり，請求異議の訴えを棄却した判決（執行力の排除を求める法的地位の不存在を確定）の既判力の内容を再検討することで，不当な結果を避けられると反論する見解もある。これに対して②確認訴訟説，④救済訴訟説，⑤命令訴訟説では，請求権の存否につき既判力を認めるが，その範囲については異議の態様（⇒80頁，83頁）との関係で見解が分かれる。③給付訴訟説では，請求権の存否自体については既判力は生じないこととなろう。

② 執行文付与をめぐる訴訟

> **執行文付与の訴え**

執行文付与の訴えは，条件成就や承継を証明する文書の提出ができないために，執行文の付与を受けられない債権者を救済する訴訟手続である（33条1項）。もっとも，債権者は，文書による証明が可能なときに，文書の提出により簡易に執行文の付与を受ける手続をとらずに，直ちにこの訴えを提起することができると解される。条件成就や承継の事実を既判力をもって確定し，簡易な手続による執行文の付与に対して債務者から異議や異議の訴えが提起されることを封ずる意義がある。なお，執行文付与の訴えが許される場面で，債権者の承継人が原告となって，あるいは債務者の承継人を被告として，通常の給付の訴えを提起できるか，問題であるが，どちらも通常の訴訟手続で承継の事実を審理することになるのであるから，肯定してよい（債権者側につき，大判昭和8・6・15民集12巻15号1498頁，債務者側につき，最判昭和54・1・30判時918号67頁）。

この訴えは，債権者（またはその承継人）が原告となり，債務者（またはその承継人）を被告として提起するものである。管轄裁判所については，請求異議の訴えと同様に規律されている（33条2項⇒84頁）。請求原因としては，条件成就または承継の事実（執行文付与の特別要件）を主張することが必要である（免責許可の決定が確定した債務者に対し確定した破産債権を有する債権者が，当該破産債権が非免責債権に該当することを理由として，当該破産債権が記載された破産債権者表について執行文付与の訴えを提起することは許されない。最判平成26・4・24民集68巻4号380頁／百選13）。これに対して被告は，執行文付与を阻止するためあらゆる事由（特別要件に関する事実だけでな

く一般要件に関する事実も含む）を主張できる。なお，被告が，債務名義に表示された請求権の存在・内容に関する事実（請求異議の事由）を抗弁として主張することが許されるかどうか，議論がある（⇒90頁）。

執行文付与の訴えの**法的性質**については，他の執行関係訴訟と同様に議論があるが，債務名義の執行力の現存または執行文付与の許容性を確認する訴訟と解する（確認訴訟説）。執行文は必ずしもこの訴えに基づいて付与されるわけではないし，この訴えについての請求認容判決は執行文に代わるものではなく，執行文付与の要件である事実の証明文書に代わるものであるにすぎないからである。

原告は，この訴えの請求を認容する確定判決または仮執行宣言付判決の正本を付与機関に提出して，執行文の付与を受けることができる。この場合は，付与機関は付与を拒絶できない。

執行文付与に対する異議の訴え

執行文付与に対する異議の訴えは，条件成就または承継を理由に執行文が付与された場合に，これらの事実を争う債務者に許される救済手続であり（34条），執行文が付与されなかった場合に債権者に許される執行文付与の訴えと対照をなす（執行文付与の訴えにつき請求認容判決が確定した場合は，その基準時前の事実に基づいて異議の訴えを提起できない）。執行文付与に対する異議によっても同じ事実を争うことができるが，この訴えは，この争いを既判力をもって確定することに意義がある（異議申立てが却下されてもこの訴えの提起を妨げない。逆にこの訴えにつき請求棄却判決が確定すれば，基準時前の事由に基づいて異議申立てをすることはできない）。執行文が付与されれば，執行手続が開始される前でも債務者はこの訴えを提起して，執行を防止することができる。さらに，条件の成就を主張する債権者

から履行を迫られている債務者や，債務者の承継人だとして履行を迫られている第三者が，執行文の付与以前に，先制的に本訴を提起することもできると解する（条件の成就や承継の事実を争う場合に限る。請求権の存在または内容を争う場合は請求異議の訴えによる。⇒80頁）。これに反し，執行文が付与された債務名義に基づく執行が完了した（債権者が執行債権全額の満足を受けた）ときは，この訴えを提起することはできない。

　この訴えの原告となるのは一般に債務者である。ただし，その債務者に対する他の債権者は，債権者代位権（民423条）に基づいて本訴を提起することができる。また，承継執行文の付与を受けた債権者との間で債権譲渡の事実を争う者（ex. 執行債権を譲り受けたのは自分であると主張する者）は，債権者および債務者を共同被告としてこの訴えを提起することができる（なお，この場合，第三者異議の訴えを提起することはできない）。管轄裁判所については，請求異議の訴えと同様に規律されている（33条2項⇒84頁）。

　執行文付与に対する異議の訴えの**請求原因**としては，条件成就または承継の事実（執行文付与の特別要件）を争うことが必要であるが，同時にそれ以外の一般要件（本来は執行文付与に対する異議によって主張すべき事実）に関する主張をすることも妨げられない（裁判所は，特別要件は備わっているが一般要件が欠けていると判断する場合も，請求を認容できる）。なお，請求原因として，債務名義に表示された請求権の存在・内容に関する事実（請求異議の事由）を主張することが許されるかどうか，議論がある（⇒90頁）。複数の異議の事由は，「同時に」主張しなければならない（34条2項）。この規律の意義については，請求異議の訴えとの関係ですでに述べた（⇒83頁）。また，執行文付与に対する異議の訴えの性質・訴訟物・判決効についても，

請求異議の訴えについて述べたのとほぼ同様の議論がある（**Column⑮**⇒85頁）。

　審理は通常の訴訟手続でなされる。執行文付与が正当かどうかの判断は，訴訟の事実審口頭弁論終結時を基準としてなされる。審理の結果，異議を理由ありとする場合は，裁判所は，その執行文の付された債務名義に基づく強制執行を許さない旨を判決主文で宣言する。この請求認容判決が確定した場合または仮執行宣言が付された場合は，執行文は効力を失う。すでに執行手続が開始されているときは，債務者は，この判決の正本を執行機関に提出して，執行の停止および取消しをしてもらうことができる（39条1項1号・40条1項）。なお，訴えの提起に伴う執行の停止等の措置については，後述する（⇒101頁以下）。

> **請求異議訴訟との関係**　執行文付与をめぐる訴訟と請求異議訴訟との関係については議論がある。

　(1)　執行文付与の訴えにおいて被告が抗弁として請求異議の事由（債務名義に表示された請求権の存在・内容に関する主張）を提出できるか，積極説と消極説（最判昭和52・11・24民集31巻6号943頁／百選14）とに分かれる。もっとも，消極説によっても，執行文付与の訴えに対して被告が反訴として請求異議の訴えを提起することは可能である（管轄も共通である）から，実際上の違いは少ない。

　積極説に立つ場合には，さらに，執行文付与の訴えにおいて敗訴した被告が，敗訴判決の基準時前に生じていた異議の事由を主張して請求異議の訴えを提起できるか，問題となる。請求異議の訴えは敗訴判決の既判力によって封ぜられるとする失権肯定説，封ぜられないとする失権否定説および折衷説（執行文付与の訴えにおいて一つでも請求異議の事由を主張していれば他の事由に基づく請求異議の訴えも

封ぜられるが，全く主張していなかった場合は訴えは封ぜられないとする見解）とに分かれている。これに対し，消極説によれば請求異議の訴えを提起できることに疑問はない。反訴を提起するかどうかは被告の自由だからである。

(2) 執行文付与に対する異議の訴えと請求異議の訴えとの関係も問題である。**訴権競合説**と呼ばれる見解は，執行文付与に対する異議の訴えは，執行力ある正本ないし執行文の効力の排除を目的とするのに対して，請求異議の訴えは債務名義自体の執行力の排除を目的としており，両者は目的を異にする訴えであるから，一方の訴えにおいて他方の異議の事由を主張することはできず（最判昭和41・12・15民集20巻10号2089頁／百選10，最判昭和55・5・1判時970号156頁／百選15），一方の訴えで敗訴した後に他方の訴えを提起することは妨げられず（大判昭和15・10・4民集19巻1764頁，最判昭和55・12・9判時992号49頁／重判昭55民訴5(2)），また，両方の異議の事由の主張は，訴えの併合（最判昭和43・2・20民集22巻2号236頁）あるいは訴えの変更にあたる，と述べる。これに対して**法条競合説**と呼ばれる見解は，両訴は，ともに債務名義の執行力がないことの確認を目的とする本質的に同一の訴えであるとし，一方の異議の事由を他方の訴えで主張することができるし，また主張しないまま一方の訴えで敗訴すれば，他方の訴えを提起することはできなくなる，とする。さらに，**折衷説**は，一方の訴えにおいて他方の異議の事由を主張することは許されるが，両者は本質的に別個の訴えであるから，原告は他方の異議の事由の主張を強制されるわけではなく，主張しないまま敗訴した場合には，他方の訴えの提起を妨げられない，とする。

制度の趣旨など

第三者異議の訴えは，債務名義の執行力の及ばない第三者の財産または債務名義に表示された責任財産以外の債務者の財産に対して執行がなされ，第三者または債務者の権利が侵害される場合に，これらの者が執行対象財産が責任財産に属さないことを主張して，訴訟手続によって執行を排除することを目的とするものである。執行手続においては，執行対象財産が責任財産に属するか否かの判断が外形的事実を基準になされることに対応し，対象財産の面で執行手続の実体的正当性を確保することを目的としている。この訴えの請求原因となる異議の事由について，民事執行法38条1項は，「所有権その他目的物の譲渡又は引渡しを妨げる権利」と規定するが，この規定は上述の制度目的に照らして解釈しなければならない。所有権等が常に異議の事由となるわけではなく，逆に，所有権等の権利以外の法的地位が異議の事由と認められる場合もある。

　第三者異議の訴えは，**特定の財産に対する執行を排除**するものである。この点で，請求異議の訴えや執行文付与に対する異議の訴えが，債務名義に基づく執行の可能性を一般的に排除するものであるのと異なる。

　第三者異議の訴えは，すべての民事執行に対して提起できる。金銭執行に限られず，非金銭執行，担保権実行手続（194条），保全執行（民保46条）も対象となる。この訴えを提起できる時期は，特定の財産に対する執行の排除を目的とすることから，執行手続の開始から終了までを原則とする。ただし，特定物の引渡し・明渡しの強制執行の場合は（168条・169条），すでに債務名義上で執行対象財

産が特定しており，また執行に着手されると直ちに完了してしまう執行手続の性格からいって，執行開始前でも，また執行文付与前でも，この訴えを提起できるものと解する。

この訴えは，執行裁判所が管轄する（38条3項）。

当事者

第三者異議の訴えの原告となることができるのは，執行対象財産が責任財産に属さないものと主張する者である。一般には第三者であるが，有限責任が債務名義に表示されているにもかかわらず，固有財産に対して差押えを受けた債務者も，原告となることができる。なお，上記の第三者の債権者も債権者代位権に基づいてこの訴えを提起できると解される。債務者が，その所有財産を他人の所有物と仮装し，この（仮装）所有者に対する債権者と共謀して差押えをさせて，自己に対する債権者からの執行を免れようとする場合（「**三者執行**」），債務者（所有者）の債権者が，第三者異議の訴えにより，この執行妨害行為（仮装所有者に対する差押え）を排除する必要があるからである。

被告となるのは，債権者である。債務者は被告となりえないが，第三者が本訴を提起する場合に，債務者が第三者の権利を争っているときには，第三者は，債務者を被告として目的財産に関する訴えを第三者異議の訴えに併合して提起することができる（38条2項）。もっとも，この債務者に対する訴えは，通常の確認または給付の訴えであり，第三者異議の訴えとは通常共同訴訟の関係にあるにすぎない。

本訴の性質・訴訟物・判決効

第三者異議の訴えの性質・訴訟物・判決効についても，請求異議の訴えとほぼ同様に，形成訴訟説，確認訴訟説，給付訴訟説，救済訴訟説，命令訴訟説が対立している（*Column*⑮⇒85頁）。執行手

続の進行上，第三者異議の訴えでは，問題とされる対象財産の責任財産帰属性について，原則として債務名義はなんらの基準をも提供していないため，対象財産をめぐる実体権の確定が直接的に執行手続に反映する構造となっていることが特徴であり，それだけに実体権の確定に既判力を及ぼす必要がより大きいといえよう。この点で請求異議の訴えが，債務名義および執行文が第一次的基準を提供する執行債権をめぐる問題を扱うのと異なる。

異議の事由①：所有権その他の物権

所有権は一般に第三者異議の事由となるが，所有権に対抗できる利用権（地上権，賃借権など）に基づく引渡し・明渡しの強制執行（168条）のように，強制執行がなんら所有権の侵害にならない場合には，異議の事由とならない。所有権は執行債権者に対抗できるものであることを要する（この点は，以下に述べる他の物権についても同様）。この関係で所有権の移転につき**仮登記**（不登105条）を有するにすぎない者の地位が問題となる。仮登記には対抗力がないので，本訴を提起することはできないものと解する。仮登記権利者としては，執行債権者に対して本登記承諾請求の訴えを提起し，これを本案とする仮処分によって執行を停止し，本登記を得た後に第三者異議の訴えを提起するしかない。なお，債権その他の財産権に対する執行の場合に，第三者がその目的財産が自己に帰属する旨主張する場合も，所有権を主張する場合と同様に，第三者異議の訴えが許される。

共有権も異議の事由となる。共有者の一人に対する債務名義によって共有物全体に対して執行してきた場合，他の共有者は単独で本訴を提起できる。

占有権が異議の事由となりうるのは，執行機関またはその補助者

が目的物を占有することが執行の内容となっている場合である（大判昭和6・3・31民集10巻150頁は間接占有につき，最判昭和47・3・24判時665号56頁は直接占有につき，肯定）。動産の競売，不動産の強制管理，不動産引渡命令がこれにあたる（不動産の競売手続に対しては本訴を提起できない）。もっとも，占有権に基づく第三者異議の訴えを許すことは，執行妨害に格好の手段を与えるものであり，異議の事由と認めるべきでないとの見解も有力である。占有権に基づく第三者異議の訴えに対して，被告（債権者）は，本権に関する事由により（民202条対照）第三者が執行を受忍すべき理由があることを抗弁として主張することができるとする見解もある（占有権に基づく第三者異議の訴えを結論として認めなかった最判昭和38・11・28民集17巻11号1554頁は，このような趣旨に理解できる）。

　用益権（地上権，永小作権，対抗力を備えた賃借権）で債権者に対抗できるものは，異議の事由となる。**担保物権**のうち，占有を伴うもの，つまり留置権，動産質権，不動産質権についても同様である。

　占有を伴わない担保物権，つまり先取特権および抵当権は，目的物の換価代金から優先的に弁済を受ける権利にすぎず，その権利は執行手続（配当手続）の中で保護されているので（⇒157頁），原則として異議の事由とはならない。しかし，執行により目的物の担保価値が減少せしめられる場合には，これらの権利も異議の事由と認められる。たとえば，抵当権の効力が及ぶ動産（民法370条にいう付加物や従物）につき他の債権者が差押えや引渡しの執行をしたとき，工場抵当権の目的となっている財団（工抵8条以下）を構成する個々の財産に対して執行がされたときである。

異議の事由②：非典型担保権

譲渡担保，所有権留保，仮登記担保など民法典に規定のない非典型担保権は，法形式的には所有権の形をとるが，設定者の一般債権者のする執行を担保権者が第三者異議の訴えで排除できるか，議論が多い。所有権という形式ではなく，担保という実質を重視してそれにふさわしい保護を与えれば足りるとの有力な見解（**担保的構成**）によれば，原則として，第三者異議の訴えは認められない。

不動産の譲渡担保の場合，登記名義が担保権者に移っているため設定者の一般債権者からの執行が困難であるから，問題は実際にはほとんど生じない（逆に，担保権者の一般債権者からの執行がありうる。設定者は被担保債権を弁済して目的不動産を受け戻し，第三者異議の訴えを提起する可能性を有するが，それがいつまで可能か問題である。最判平成 18・10・20 民集 60 巻 8 号 3098 頁／重判平 18 民 6）。

動産の譲渡担保については，前述の担保的構成によれば，目的動産が被担保債権に満つる価額で売却ができない（無剰余）場合や，ある工場の機械一式といった集合物について譲渡担保が設定されている状況で，その一部に対する執行によって集合物として有する高い交換価値が破壊される場合を除き，譲渡担保権者は第三者異議の訴えを提起できず，優先的な配当を求めうるにすぎない。問題は，譲渡担保権者が配当を受けるための手続である。旧法時は，**優先弁済請求の訴え**（民事執行法制定前の旧民訴 565 条）によることが可能であった。しかし，民事執行法ではこの手続は廃止されたので，**配当要求**の方法（133 条の類推適用）を認める必要がある。この見解に対しては，民事執行法の下では譲渡担保権者の配当要求を認めることは困難である（133 条参照）し，また物上保証の場合には設定者との関係では被担保債権がないので配当要求の余地がないことを根拠に，

譲渡担保権者への優先弁済を確保するためには，第三者異議の訴え
を許さざるをえないとする反論も見られる。もっとも，この説も，
予想売得金の額が被担保債権額を上回り，他に一般債権者が満足を
受けるべき債務者の財産がないために，剰余価値を譲渡担保権者に
独占させるのは公平でない場合には，第三者異議の訴えの一部認容
として，執行不許に代えて，優先弁済を受けうる旨の判決をすべき
である，とする。これに対し，近時の判例は特段の事情がない限り
広く第三者異議の訴えを許している（最判昭和 56・12・17 民集 35 巻 9
号 1328 頁，最判昭和 58・2・24 判時 1078 号 76 頁／百選［2 版］16，最判
昭和 62・11・10 民集 41 巻 8 号 1559 頁／百選 17）。

　所有権留保について，問題状況は譲渡担保の場合とほぼ同様であ
り，主に動産の割賦売買で目的物が代金完済前に買主に引き渡され
た場合が問題となる。第三者異議の事由と認めるかどうか，同様に
見解が分かれている（最判昭和 49・7・18 民集 28 巻 5 号 743 頁は肯定説
をとる）。ただし，①留保売主は目的物につき専門知識および販売
ルートをもち目的物を執行による売却よりもはるかに有利に処分で
きるので，第三者異議の訴えによる執行の排除に特別の利益を有し，
また②被担保債権は売買代金債権であり目的物の価格との均衡がと
れているので，第三者異議の訴えを認めても買主の一般債権者の不
利益は小さい，という特徴がある。反面，留保売主は通常，同時に
動産売買の先取特権（民 321 条）を有するので，その資格に基づいて
買主の一般債権者の執行手続において配当要求ができる（133 条）
という違いもある。

　不動産の**仮登記担保**（代物弁済予約，停止条件付代物弁済，売買予約）
については，かつては譲渡担保と同様の問題があったが，判例法の
積み重ね（最大判昭和 49・10・23 民集 28 巻 7 号 1473 頁）の後，「仮登

記担保契約に関する法律」（昭和 53 年法律 78 号）によって解決された。同法によると，仮登記担保権者が第三者異議の訴えにより一般債権者の執行を排除できるかどうかは，仮登記担保権者の清算金支払（清算金がないときは清算期間の経過）と，他の債権者の競売申立てとの先後で決定される（同法 15 条。**先着手主義**）。すなわち，仮登記担保権者の清算金支払等が早ければ，仮登記担保権者は仮登記のままで所有権の取得を債権者に対抗でき（同 15 条 2 項），これに基づき第三者異議の訴えを提起できる。他の債権者の競売申立てが早ければ，仮登記担保権者は権利を届け出て（同 17 条），（抵当権と同様に）優先的に配当を受けられるにすぎず（同 13 条），権利を届け出ずに売却許可決定が確定したときは，仮登記担保権は消滅する（同 16 条 1 項）。

Column⑯ ファイナンス・リースと強制執行 ●━●━●━●━●━●━

　ファイナンス・リース契約の対象物件がユーザーの下でその一般債権者により差し押さえられた場合に，リース業者がその所有権に基づいて第三者異議の訴えを提起できるか。ファイナンス・リースが，特にフルペイアウト方式の場合には，その経済的実質は，所有権留保付の割賦売買に近く，金融機能を果たしていることから，問題となる。しかし，リース業者の地位を法的に担保権者と同一であると割り切ることはできないであろう。リース業者は，法的には本来の所有者であり，その所有権に基づいて第三者異議の訴えを提起できるものと解する。なお，ユーザーの債権者が対象物件についてのユーザーの使用収益権を差し押さえることができるか，また，ユーザーが強制執行を受けたことを理由としてリース業者はリース契約を解除できるか，などの問題がある。

●━●

第三者の有する権利が**債権的請求権**であっても，目的物が債務者の責任財産に属していないときは，異議の事由と認められる。たとえば，転貸借の目的物が転借人の債権者によって差し押さえられた場合に，転貸人は第三者異議の訴えを提起できる。

執行目的物につき**処分禁止の仮処分**を得ている債権者がそのことだけに基づいて第三者異議の訴えを提起できるか，問題であるが，否定すべきものと解する。強制執行の手続が進行して売却がされても，仮処分の効力は失われず，買受人は強制執行手続による権利取得を仮処分債権者に対抗できないと考えられ，仮処分債権者は強制執行によってその権利を侵害されるとはいえないからである。

第三者異議の訴えの被告（債権者）は，原告の異議の事由にもかかわらずその執行を実体的に正当化するすべての事実を抗弁として主張できる。被告は，異議の事由の主張が信義則に違反するとの抗弁も提出できる。たとえば，原告（第三者）が実体法上，当該執行によって実現される給付（債務名義に表示された給付）と同一内容の給付義務を負担する場合がこれにあたる。

法人格否認を抗弁とできるか，議論がある。たとえば，個人を債務者とする建物収去土地明渡しの債務名義に基づく執行に対して，会社が債務者から建物を賃借したと主張して第三者異議の訴えを提起したのに対して，この会社は債務者が法人成りしただけで法人格は全くの形骸にすぎない，と主張してこの訴えを排斥できるか。法人格否認の法理は判決の既判力・執行力の範囲を拡張するものではない，とする最高裁判例（最判昭和 53・9・14 判時 906 号 88 頁／百選 9）との関係で疑問もあったが，以前から第三者異議の訴えに対し

て法人格否認を理由とする抗弁を認める有力学説および下級審判例があり（鹿児島地判昭和46・6・17判時652号80頁。反対，東京地判昭和55・12・24判時1006号70頁），動産差押えの事案で最高裁もこれを認めた（最判平成17・7・15民集59巻6号1742頁／百選18）。

　所有権に基づく第三者異議の訴えに対して，被告は，原告の所有権の取得行為を詐害行為として取り消す旨の主張ができるか。抗弁として**詐害行為取消し**の主張ができるとする見解もあるが，民法424条の文言との関係で疑問も残る（もっとも，同じ沿革をもつ，倒産法上の否認権の行使は，抗弁でも可とされている。破173条，会更95条，民再135条）。もっとも，被告が反訴として詐害行為取消しの訴えを提起することは，反訴の要件（民訴146条・300条）を具備する限りは，可能である。この場合，併合審理の結果，口頭弁論終結時において詐害行為の取消しの要件が存在すると判断されるときは，第三者異議の訴えは棄却すべきである（最判昭和40・3・26民集19巻2号508頁／百選［初版］23）。しかし，別個に両訴が提起されたときは，弁論の併合なき限り，詐害行為取消判決の確定なしには，第三者異議の訴えを棄却できないとするのが判例である（最判昭和43・11・15民集22巻12号2659頁）。

> **判　決**
> 裁判所は，審理の結果，異議の事由があると判断する場合は，特定の財産に対する被告の執行を許さない旨を判決主文で宣言する。この請求認容判決が確定した場合または仮執行宣言が付された場合は，原告はこの判決の正本を執行機関に提出して，執行の停止および取消しをしてもらうことができる（39条1項1号・40条1項）。

④ 執行関係訴訟と執行手続との関係

仮 の 処 分

執行手続の迅速性を確保するため，各種の異議訴訟（請求異議の訴え，執行文付与に対する異議の訴え，第三者異議の訴え）が提起されても，執行手続の開始またはその続行は当然には影響を受けないものとされている。しかし，執行手続が完了してしまうと，執行手続の実体的正当性の確保という訴訟の目的が達成できなくなる危険がある。そこで，民事執行法36条（38条4項）は，終局判決がなされるまでの間，裁判所が仮の処分によって執行の停止等の措置をとれるものとし，その要件の判断および立担保の制度を通じて，債権者と債務者ないし第三者との利益調整を図っている。

各種の異議訴訟が提起された場合，**受訴裁判所**は，異議のため主張した事情が法律上理由があるとみえ，かつ，事実上の点について疎明があったときは，原告の申立てに基づいて，仮の処分を命ずることができる（36条1項）。その内容は，①担保を立てさせてもしくは立てさせないで強制執行の停止を命ずること，または②①とともに債権者に担保を立てさせて強制執行の続行を命じ，もしくは担保を立てさせてすでにした執行処分の取消しを命ずること，である。急迫の事情があるときは**裁判長**もこれらの処分を命ずることができる。この仮の処分は決定により行い，不服申立ては許されない（36条2項・5項）。急迫の事情があるときは，**執行裁判所**に同様の仮の処分を命じてもらうこともでき，この場合には，各種の異議訴訟の提起前でもよい（36条3項）。しかし執行裁判所による仮の処分は，受訴裁判所による仮の処分を得るまでの間の暫定的措置であり，執行裁判所が定めた期間内に受訴裁判所の裁判を得てその正本を執行

機関に提出する必要がある（36条4項。期間の徒過により仮の処分は失効する。受訴裁判所の裁判の正本が提出されれば，以後はその効力として執行停止が続く）。原告はこれらの仮の処分を命ずる決定の正本を執行機関に提出して，強制執行を停止または取り消してもらうことができる（39条1項7号）。

終局判決における裁判　各種の異議訴訟において終局判決をするときは，受訴裁判所は，本案についての判断の結果に応じて，すでにした仮の処分の取消し，変更もしくは認可をすることを要し，または新たに仮の処分をすることができる（37条1項）。これらの裁判は終局判決中でするので，必ず仮執行宣言を付して，即座に停止等の効力（広義の執行力。*Column①*⇒5頁）を発生させるようにしなければならない。これらの裁判に対しても，不服申立てはできない（37条2項）。

6 執行手続の進行

① 執行手続の開始

執行開始の要件　執行手続は，債権者の申立てに基づいて実施されるが，執行機関が執行を開始するには以下の要件を満たす必要がある。

(1) 債務名義等の送達（29条）　これは，債務者にどのような執行債権について執行手続が開始されるのかを知らせて，債務者に防御の機会を与える趣旨である。送達を要するのは，まず，債務名義または確定により債務名義となるべき裁判の正本または謄本である（後者は，確定の前提として，裁判手続の過程において債務者に送達さ

れているので，強制執行のために改めて送達する必要はない）。また，条件成就執行文または承継執行文が付与された場合は，その執行文の謄本および付与の手続で債権者が提出した文書の謄本も送達しなければならない。しかし，執行文付与の訴えに基づいてこれらの執行文が付与されたときは，その審理の中で債務者に付与の要件を争う機会が保障されているので，上記の文書の謄本の送達は不要と解される。送達は「あらかじめ，又は同時に」する必要があるが，執行の種類によって異なる。動産執行や引渡し・明渡しの執行では，執行の開始と同時に執行官が執行の現場で送達をすることで足りる。債権執行や不動産執行の場合には，執行裁判所による差押命令や開始決定の裁判の前提として，あらかじめ送達が必要である。

　以上の原則に対して，執行手続の簡易・迅速な実施のために，送達前に執行手続を開始できるものとされている場合がある。執行手続内での付随的な保全処分（55条9項・68条の2第4項・77条2項・115条7項・121条・127条4項・187条5項），過料の裁判（民訴189条2項但書，非訟121条2項但書，民調36条2項など），民事保全法上の保全命令（民保43条3項）などである。

　必要な事前の送達なしに行われた執行行為の効力については，議論があるが，執行抗告や執行異議によって取り消されない限り有効であり，その後になされた送達により瑕疵は治癒するものと解する（東京高決昭和45・5・14判タ253号273頁など）。

(2)　**執行機関が判断すべきものとされている強制執行の実体的要件**　期限の到来（30条1項），担保の提供（30条2項），反対給付の提供（31条1項），代償請求の執行の場合の本来的給付についての執行不能（31条2項）である（⇒48頁）。

執行障害とは，当該債務名義に基づく執行が全体として許されなくなる事由で，執行機関が職権で調査すべきものをいう。債務者についての倒産処理手続の開始（破42条1項，会社512条・515条1項・516条，会更50条1項，民再39条），手続開始前の包括的禁止命令（破25条，会更25条，民再27条），企業担保権の実行手続の開始（企業担保28条）などである。なお，担保権は倒産処理手続においてもその優先弁済機能を保障される場合が多いことから，担保権実行手続における執行障害事由は，強制執行の場合に比べて狭い（手続の開始が当然に執行障害事由となるのは会社更生の場合に限る。特別清算，民事再生では，中止命令が出された場合に限る）。

　債務名義に表示された請求権の差押え・仮差押えは，実体権に関する問題であり，執行機関の調査事項ではないから執行障害ではない。また，請求異議の事由でもなく，債務者が執行異議または執行抗告を提起し，執行手続が満足的段階に進むことを阻止できる事由にすぎないとするのが，通説・判例である（最判昭和48・3・13民集27巻2号344頁／百選53⇒80頁，187頁）。

② 執行手続の停止・取消し

停止・取消しの意味・手続

執行の停止とは，広く，法律上の事由により執行機関が執行を開始・続行しないことをいうが，それは，特定の債務名義に基づく執行全部または個々の執行手続全体の停止（全部停止）と，複数の債権者，債務者または執行対象の一部に限定した停止（一部停止）とに分けられる。停止には，また，終局的停止（39条1項1号～6号・40条）と将来の続行の可能性のある一時的停止（39条1項7号・

8号）とがある。終局的停止の場合には，すでになされた執行処分の取消しが併せてなされるので，これを執行の取消しともいう。

執行の停止・取消しは，原則として債務者または第三者が所定の文書（後述）を執行機関に提出してその申立てをした場合に初めてなされる（39条・40条。執行手続の開始が債権者の申立てに基づくことと対応する）。債権者が執行申立てを取り下げた場合や，執行機関が執行を当然に無効とするような事由を知った場合は，職権で停止・取消しの措置がなされる。

執行の停止の根拠となった文書が効力を失った場合や停止の期間が経過した場合には，執行機関は停止した執行手続を続行しなければならない。これに対して，執行の取消しがなされた場合は，たとえそれが仮の処分としての取消しの裁判に基づくものであっても，取り消された執行処分は終局的にその効力を失い（40条2項），その後に取消しの裁判が取り消されても，元の執行処分は復活しない。債権者は改めて執行の申立てをする必要がある。なお，執行処分が取り消されても，その執行処分によってすでに発生した実体上の効果は，遡及的に消滅するわけではない。たとえば，不動産の競売手続において買受人の代金納付後に執行取消文書が提出されても，買受人の所有権取得の効果（79条）は覆らない。債権の差押債権者による取立て後に債権差押命令が取り消されても，第三債務者のした弁済は効力を失わない。

執行取消文書・執行停止文書

執行取消文書は，執行を終局的に停止する内容（将来に向けての停止およびすでになされた執行処分の取消し）の文書をいう。具体的には，①債務名義（執行証書を除く）もしくは仮執行の宣言を取り消す旨または強制執行を許さない旨を記載した執行力のある裁判

（ex. 各種の異議訴訟での請求認容判決）の正本（39条1項1号），②債務名義に係る和解，認諾または調停の効力がないことを宣言する確定判決の正本（39条1項2号。和解等の無効確認訴訟を前提とする規定である），③民事執行法22条2号から4号の2までに掲げる債務名義が訴えの取下げその他の事由により効力を失ったことを証する調書の正本その他の裁判所書記官の作成した文書（39条1項3号），④強制執行をしない旨またはその申立てを取り下げる旨を記載した裁判上の和解または調停の調書の正本（39条1項4号），⑤強制執行を免れるための担保（民訴259条3項）を立てたことを証する文書（39条1項5号），⑥強制執行の停止および執行処分の取消しを命ずる旨を記載した裁判の正本（39条1項6号。たとえば，上訴・再審等の不服申立てや各種の異議訴訟に伴う仮の処分）である。

　執行停止文書は，執行の一時的停止を命ずる内容の文書であり，⑦強制執行の一時の停止を命ずる旨を記載した裁判の正本（39条1項7号。併せて取消しを命じていない点で前述⑥の文書と区別される）と，⑧債権者が，債務名義の成立後に，弁済を受け，または弁済の猶予を承諾した旨を記載した文書（39条1項8号。多くは私文書）とがある。ただし，弁済を受けた旨を記載した文書の提出による執行の停止は，4週間に限られ（39条2項），弁済の猶予を承諾した旨を記載した文書の提出による執行の停止は，回数にして2回，期間にして通算6月までに制限される（39条3項）。債務者は，請求異議の訴えを提起して，弁済や弁済の猶予の事実を主張することができ，それに伴い執行の停止を求めることができるが（39条1項6号または7号），すぐに訴えを提起できないような場合には，これらの文書の提出によって訴え提起までの時間的猶予を得ることができるのである。なお，「弁済を受けた旨を記載した文書」には，本来の弁済の

ほか，代物弁済，相殺，免除，転付命令，他の執行手続による配当受領などによる執行債権の消滅を明らかにする文書も含まれる（弁済受領が拒絶されたために供託する旨の記載がある供託書は，これにあたらない。広島高決昭和39・1・10下民15巻1号1頁）。

> **執行対象財産による特則**

前述⑦または⑧の文書の提出による執行の停止は，特定の執行対象財産ないし手続段階との関係で，その効力を制限される場合がある。不動産に対する強制競売では，売却終了後は，前述⑧の文書を提出しても原則として停止の効力がなく，売却許可決定の取消し・失効または売却不許可決定の確定の場合にのみ停止の効力が認められる（72条3項。船舶，航空機，自動車，建設機械，小型船舶についても同様。121条，規84条・97条〜98条の2。不動産等を目的とする担保権実行手続において，183条1項3号の文書が売却終了後に提出された場合の扱いも，ほぼ同様である。188条・189条，規174条〜177条の2）。売却決定期日の終了後に，前述⑦の文書を提出した場合も同様の制限を受ける（72条2項など）。不動産の強制管理手続は，前述⑦または⑧の文書が提出されても，その時の態様で続行されうる（104条1項。ただし，⑦の文書が提出された場合は配当額は供託される。108条）。

　不動産に対する強制競売において，代金の納付による買受人への所有権の移転後は，前述①〜⑥の文書が提出されても，当該債権者以外に売却代金の配当等を受けるべき債権者があれば，配当等の実施は妨げられない（84条3項。船舶，航空機，自動車，建設機械，小型船舶についても同様。121条，規84条・97条〜98条の2）。

　動産執行では，前述⑦または⑧の文書が提出されても，差押物について著しい価額の減少を生ずるおそれがあるとき，またはその保管のために不相応な費用を要するときは，売却を実施することがで

きる（137条。売得金は供託することができる）。

転付命令に対しては，前述⑦または⑧の文書の提出を理由に執行抗告を提起して，転付命令の確定を阻止できる（159条7項⇒40頁，198頁）。

③ 執行手続の終了

強制執行手続は，全体としては，債権者が特定の債務名義に表示された請求権（および執行費用）の完全な満足を得た時に終了する（満足を得ることが絶対的に不能になった場合も同様である）。また，個々の執行手続は，その最終段階にあたる行為が完結した時（不動産や動産の競売では，弁済金の交付または配当の終了時，強制管理では取消決定確定時，債権執行では差押債権者による取立て終了時または転付命令確定時），執行の申立てが取り下げられた時，執行取消文書に基づき執行処分が取り消された時，またはその他の事由で執行手続が取り消された時などに，終了する。

なお，執行費用は，執行申立てにあたって債権者に予納が命ぜられるものもあるが，最終的にはすべて債務者の負担とされる。金銭の支払を目的とする債権についての強制執行においては，その執行手続の中で目的財産の換価代金から債務名義を要せずに直接に支払われるが，それ以外の強制執行においては，執行手続終了後に，執行裁判所の裁判所書記官の費用額確定処分を得たうえで債務者から取り立てることになる（42条1項・4項）。

第4章 金銭債権の実現──金銭執行

1 不動産に対する強制執行

　日本では不動産の価格が一般に高く，個人の資産に占める割合も大きい。その結果，責任財産としても不動産に対する期待が高く，執行制度との関係でも**不動産執行**が重要な役割を果たす。しかし，強制執行との関係では，現実には不動産には担保権（主に抵当権）が不動産価値いっぱいに設定されており，無担保債権者による執行の実効性は低い。平成30年度で，配当まで至った事件の割合は既済事件全体の約26％にすぎない（約54％が取下げ，約19％が手続取消しにより終了している）。ただ，新受件数は全体で4,900件に及んでいるが，これには債務者の任意弁済を期待した申立てが相当数含まれているものとみられることに注意を要する。ただし，民事執行法は不動産執行について詳細な規定を置き，それらの規定を他の強制執行や担保権実行の手続に準用する形式をとっているため，不動

産執行手続を理解する必要性は大きい。不動産執行には，不動産を換価してその換価代金から債権を回収する強制競売（①〜⑤）と不動産を賃貸等に付してその収益金から債権を回収する強制管理（⑥）の手続がある（43条1項）。債権者はいずれかの手続を選択できるし，両手続を併用することもできる。

　不動産執行の対象となる不動産は，①民法上の不動産（民86条1項）のうち，登記することができない土地の定着物を除いたもの（43条1項），②不動産の共有持分や登記された地上権等（43条2項），③その他特別法上不動産とみなされるもの（鉱業権，漁業権等）である。不動産執行手続は，不動産の所在地を管轄する地方裁判所（不動産とみなされるものについては，その登記をすべき地を管轄する地方裁判所）の専属管轄に属する（44条1項・19条）。

① 強制競売の開始——差押え

競売申立て

　強制競売は債権者の申立てによって開始する（2条）。**申立書**には，債権者，債務者，債務名義および対象不動産等を表示する（規21条）。申立てに際しては，申立書に，執行力のある債務名義の正本，対象不動産の登記事項証明書，公課証明書などの書面を添付して執行裁判所に提出しなければならない（規23条。なお，権利能力のない社団を債務者とする場合において，当該社団のために第三者が登記名義人となっているときは，当該不動産が社団構成員の総有に属することを証する確定判決等の文書を添付して申立てができる。最判平成22・6・29民集64巻4号1235頁／百選7）。申立てについては，執行費用をまかなうに足りる予納金の納付が求められる（14条）。強制競売申立てを却下する決定に対しては，執行抗告が可能である（45条3項）。

図　不動産強制競売手続

```
競売の申立て
    ↓── 却下 ─→ 執行抗告(45③)
競売の開始決定 (45①)
二重開始決定(47)
差押えの登記の嘱託(48)
    ↓ 滅失等による競売手続の取消し(53)
配当要求の終期の決定(49)
    ↓
債権者への債権届出の催告・公告(49)
    ↓ 配当要求(その終期まで)(51)
現況調査命令 (57)
評価命令 (58)

売却条件を明確にするための審尋(5)
売却のための保全処分(55)
配当要求の終期の到来 ──────────── 配当要求の終期の変更 (52)
売却基準価額の決定(60)                              ↓
    (一括売却の決定)(61)
    ↓ 無剰余取消し(63)
物件明細書の作成,その写しの備置き等 (62)
    ↓
売却方法の指定, 売却日時等の指定(64)
    ↓
不動産の売却 (64)
    内覧 (64の2)
    ↓
売却決定期日(69)
    ↓
売却許可決定 売却不許可決定
    ↓ 執行抗告 (74)
売却許可決定の取消しの申立て (75)
買受人のための保全処分 (77)
    ↓
代金の納付(78) 代金の不納付(80) ────────┐
    ┌─買受人の不動産取得 (79)          │
    │    次順位買受申出人への売却許可(67) ←─┘
    権利移転登記等の嘱託 (82)
    ↓
引渡命令 (83)
配当等の実施 (84)
    ↓
配当期日
    ↓
配当表の作成 (85)
    ↓
配当異議の申出 (89)────┐
配当の実施(異議の申出のない部分) │
    ┌─配当異議の訴え─────┘
    │ 請求異議の訴え─────
    ↓ 配当表の変更・取消し (90④)
権利確定等に伴う配当等の実施 (92)
```

競売申立ては，開始決定後であっても，債権者が自由に取り下げることができるのが原則である。競売手続は，破産手続などとは異なり，基本的には差押債権者のための手続（包括執行に対する個別執行）だからである。申立ての取下げにより，競売手続の効果は遡及的に消滅する。差押債権者の申立取下げにより配当要求債権者などは配当を受けられなくなるが，それを避けたい債権者は自ら二重に差押えをすべきである（二重開始決定については，⇒116頁）。実際にも，強制競売の事件のうち，かなりの割合が取下げにより終了していることは，前記のとおりである（⇒109頁）。ただ，債権者・債務者以外に，買受人など第三者が手続に関与する局面に至ったときは，取下げを自由に認めることはできず，一定の制約が課されている（この点については，⇒146頁）。

> **競売開始決定**

執行裁判所は，適法な競売申立てがあったときは，**強制競売の開始決定**をし，その開始決定において，債権者のために不動産を差し押さえる旨を宣言しなければならない（45条1項）。開始決定は債務者に送達され（45条2項），申立債権者に告知される（規2条2項）。開始決定に対しては，執行異議が可能である。開始決定の付随処分として，裁判所書記官により，差押登記の嘱託（48条），配当要求の終期の決定（49条1項），開始決定および配当要求終期の公告（49条2項）がされる。また，担保権者・租税債権者などに対して，債権の存否・額等について，債権届出の催告がされる（49条2項）。催告を受けた上記債権者は債権の届出義務を負い，故意・過失により届出を懈怠したり不実の届出をした者は損害賠償義務を負うが（50条），当該強制競売手続で失権するわけではない（債権届出に時効完成猶予効がないことにつき，最判平成元・10・13民集43巻9号985頁参照）。

Column⑰　差押禁止不動産 ━━━━━━━━━━━━━━━

　動産や債権とは異なり，不動産については差押禁止の規定は存しない。したがって，いかに少額の債権に基づいてであれ，またその不動産が債務者の生活や事業にいかに不可欠なものであれ，それを差し押さえることができる。これは差押えによっても債務者の不動産の通常の利用が阻害されないことに基づくが，事情によっては競売申立権の濫用が認められる場合はあろう。さらに，特別法が不動産の差押えを禁止している場合として，宗教法人法 83 条の規定がある。そこでは，宗教法人の「礼拝の用に供する建物及びその敷地」についてその旨の登記がある場合には，その登記後に発生した債権による差押えを禁じている。信仰の自由という憲法的価値を保障するための特殊な差押禁止の例である（また，航海中の船舶の差押禁止につき，商 689 条参照）。

━━━━━━━━━━━━━━━━━━━━━━━━━━━━━━━━━━

> **処分禁止の効力**

　差押えの効力は，強制競売開始決定が債務者に送達された時または差押えの登記がされた時のいずれか早い時点で生ずる（46 条 1 項）。ただ，登記前に債務者に差押えを知らせると，処分行為等執行を妨害する行為がされるおそれがあるので，まず登記をしてから開始決定を送達するのが実務の一般的な運用とされ，その結果として差押登記の時点で差押えの効力が発生するのが通例である。差押えには，執行債権の**時効**の完成を猶予する効果が認められる（民 148 条 1 項 1 号）。時効の完成猶予の効力が生ずるのは，債権者が競売申立てをした時である（物上保証の場合は，債務者に対する競売開始決定の送達時に時効完成猶予効が生じることにつき，最判平成 8・7・12 民集 50 巻 7 号 1901 頁）。

　差押えにより，債務者はその不動産を処分することが禁止される。執行売却の手続をしている最中に債務者が不動産を処分して売却が

できなくなるようでは債権者の権利保護は図られないので，まず所有者の処分権を剥奪して所有権に関する現状を固定することが爾後の売却の基礎となるからである。禁止される処分行為としては，不動産の譲渡（所有権の移転）が典型的であるが，担保権や用益権の設定なども含まれる。差押えの効力が及ぶ範囲は，抵当権の効力が及ぶ範囲に等しく，不動産の付加一体物，従物や従たる権利にも及ぶ。したがって，借地上の建物の差押えはその従たる権利である土地賃借権に及ぶ（東京地判昭和 33・7・19 判時 164 号 31 頁）。

| 差押えの手続相対効 |

以上のような処分禁止は，あくまで当該強制競売手続との関係でのみ生じ，それに違反した処分は絶対的に無効となるものではない。その限度での効力を認めれば，差押えの趣旨としては十分だからである。つまり，差押えにかかわらず債務者が不動産を第三者に譲渡した場合，その譲渡は，差押債権者には対抗できないとしても，譲渡当事者の間では有効である（**差押えの相対効**）。したがって，差押えの登記後に，所有権の移転登記や抵当権の設定登記をすることも可能であり，手続が中途で終了した場合は，そのような処分行為も有効となる。

　問題は，当該強制競売手続の関係者との関係での効力である。たとえば，差押え後に債務者が不動産を譲渡したところ，その後に債権者が配当要求をしてきたとき，その配当要求は有効と認められるか，というような問題である。この点については，関係者ごとに有効性を考え，処分後に出現した第三者には処分行為の効力を主張できるとの考え方（**個別相対効説**）も旧法下では有力にあったが，民事執行法は，手続に関与する者すべてとの関係で処分行為の効力を主張できないとの考え方（**手続相対効説**）を採用している。個別相対効説では，具体的な処理が余りに複雑になってしまうおそれがあ

るからである。したがって，債務者の譲渡後の配当要求債権者にも配当がされるし（87条1項2号参照），差押え後に譲渡がされても手続全体の関係で無視され剰余金は債務者に引き渡され（84条2項参照），また差押え後に設定された抵当権は執行手続全体との関係で無視され配当の対象とはならない（87条1項4号参照）。

Column⑱ 個別相対効説による「グルグル回り」の問題 ◆◆◆◆◆◆

たとえば，一般債権者が不動産を差し押さえた後，抵当権が設定され，その後に一般先取特権者が配当要求をしてきたという場合を考えると，個別相対効説によれば，抵当権者は，差押債権者には劣後するが，配当要求債権者には優先するということになる。ところが，配当要求した一般先取特権者は，実体法上，一般債権者にすぎない差押債権者に優先するはずである。その結果，差押債権者＞抵当権者＞一般先取特権者（配当要求債権者）＞差押債権者となり，論理的に矛盾する結果となる。個別相対効説では，このような「グルグル回り」の問題が不可避的に発生してしまうところ，それを避け簡明な処理が可能な手続相対効説を民事執行法は採用したものである。

差押目的物の使用

以上のように，差押えにより処分禁止効が発生するが，それは債務者の不動産に対する利用を奪ってしまうわけではない。むしろ，差押えによっても，債務者が**通常の用法**に従って不動産を使用・収益することは妨げられないのが原則である（46条2項）。差押えの目的は，あくまで不動産の交換価値の把握・維持にあるので，それを害しない限り，債務者の使用・収益を排除する必要はないからである（これに対し，不動産の使用収益権に対する強制執行として，強制管理がある。⇒161頁）。したがって，賃貸中の不動産の差押えの場合に，賃借権譲渡の承諾

は，原則として交換価値の減少を来さないので，差押えによっても禁じられない（最判昭和53・6・29民集32巻4号762頁／百選27）。ただ，そのような使用・収益は，あくまで「通常の用法」によるものに限られ，債務者の使用・収益により不動産の価格が著しく減少するおそれがあるときは，保全処分による介入の余地が認められている（⇒124頁）。

二重開始決定 ┃ 強制競売または担保不動産競売の開始決定がすでにされている不動産について，さらに競売の申立てがあったときは，裁判所は二重に競売開始決定をする（47条1項）。申立債権者以外の一般債権者は配当要求（⇒154頁）によって配当に参加できるが，配当要求はあくまで競売手続の存在を前提にしているため，その手続が申立ての取下げや手続の取消しで終了した場合には，効力を失ってしまう。それに対し，二重開始決定をしておけば，仮に先行手続の取下げや取消しがあっても，競売手続は当然に続行される（47条2項）（先行手続が停止された場合にも，申立てによって続行決定がされうる（47条6項））。このようなメリットのために，配当要求に比べて費用の負担が大きいにもかかわらず，二重開始決定の申立てがされることがある。

競売手続の取消し ┃ 不動産の滅失その他売却による不動産の移転を妨げる事情が明らかになったときは，執行裁判所は職権で強制競売手続を取り消さなければならない（53条）。そのような手続を継続することは無駄であり，買受人の利益および執行手続に対する信頼を害するおそれが大きいからである。「売却による不動産の移転を妨げる事情」としては，物理的な建物の滅失のほか，対象不動産が特定できない場合や登記簿上買受人が所有権を取得できないことが明らかな場合（差押え前に所有権移転登

記がある場合など）も含まれる。取消決定に対しては執行抗告が可能であり（12条），手続の取消しが確定したときは差押登記の抹消の嘱託がされる（54条）。

② 売却の準備

不動産は執行目的物として重要な位置を占めており，その上の権利関係も複雑となりうるので，それを売却するに際しては，債務者の立場からも債権者の立場からもまた利害関係人の立場からも慎重な手続が必要とされる。そのため，不動産競売においては，他の競売以上に，売却準備の手続が重要な役割を果たすことになる。売却の準備として，一方では，不動産の現況を確認・評価する手続として，現況調査と評価の手続がとられ，それに基づき，売却基準価額の決定・無剰余の措置と物件明細書の作成がなされる。他方では，執行妨害の防止等との関係で，不動産価値を維持するための様々な処分が可能とされる。

現況調査 開始決定の後，執行裁判所は，執行官に対し，不動産の形状，占有関係その他の現況について調査を命じなければならない（57条1項）。この**不動産の現況調査**により，不動産の権利関係・事実関係を正確に把握することができ，適正な売却基準価額の設定・物件明細書の作成を可能にする趣旨である。現況調査を行うにあたり，執行官は不動産に対する強制立入権・強制開扉権を有し，債務者・占有者に対し質問をし，文書の提示を求めることができる（57条2項・3項）。正当な理由がなく陳述を拒否したり，虚偽の陳述や文書提示をしたり，文書の提示に応じない債務者または不動産占有者は6月以下の懲役または50万円以下の罰金に処される（213条1項2号。平成15年改正により，

従来の過料から刑罰に罰則が強化された）。さらに，市町村等が固定資産税に関して保有する図面その他の資料の写しの交付や電気・ガス会社等に対して必要な事項の報告を求めることも認められる（57条4項・5項。このような権限は平成10年改正によって付加されたものである）。これらの情報に基づき，特に不動産の占有関係を明らかにし，執行妨害行為を排除することを目的とする。

現況調査をした執行官は，**現況調査報告書**を作成して執行裁判所に提出する。現況調査報告書の記載事項（規29条1項）として，特に占有者の特定，占有開始時期，占有権原の有無・内容の細目についての関係人の陳述・提示文書の要旨の記載が重要である。また，現況調査報告書には，対象不動産の見取図や写真が添付され（規29条2項），買受希望者にとって貴重な情報源となる。現況調査報告書の写しは，評価書や物件明細書とともに裁判所に備置きまたはインターネットの利用により一般の閲覧に供される（規31条3項）。現況調査の違法に対しては執行異議が可能であり，執行官の調査・判断過程が合理性を欠き，その結果，現況調査報告書の記載内容と実際の状況との間に看過し難い相違が生じたようなときは，国家賠償が認められる場合もある（最判平成9・7・15民集51巻6号2645頁／百選28）。

不動産評価　不動産の適正な価格による売却の前提として，適正な評価を行うことが不可欠である。そこで，執行裁判所は，評価人を選任し，**不動産の評価**を命じなければならない（58条1項）。評価人の資格は特に制限がなく，裁判所の自由な選任に委ねられているが，不動産鑑定士の中から選任されるのが通例である。評価に際しては，現況調査の場合と同様，不動産への立入り，債務者・占有者に対する質問・文書提示要求，市

町村等や公益事業法人に対する報告請求等が可能とされる（58条4項による57条2項・4項・5項の準用）。評価人が職務執行に際して抵抗を受けるときは、裁判所の許可を得て、執行官に援助を求めることができる（58条3項）。評価人は、執行官との間で相互に必要な協力をすべき義務を負う（規30条の2）。評価人は、特段の事情のない限り、不動産の現地調査を行う義務を負う（福岡高決平成元・2・14高民42巻1号25頁／百選29。ただし、立入調査義務を否定する裁判例として、東京高決平成8・11・1判時1593号69頁）。

　不動産の評価をした評価人は、**評価書**を作成して執行裁判所に提出し（記載事項および添付図面について、規30条参照）、その写しは備置きまたはインターネットの利用により一般の閲覧に供される（規31条3項）。評価に際しては、不動産鑑定の手法が用いられるが、評価が売却基準価額の基礎となることや競売市場の特殊性が考慮される必要がある。したがって、評価人は、近傍同種の不動産の取引価格、不動産から生ずべき収益、不動産の原価その他の事情を適切に勘案して評価しなければならず、この場合に強制競売の手続において不動産の売却を実施するための評価であることを考慮しなければならない（58条2項）。この点は平成10年改正で規則に明定されたものが、平成16年改正によりさらに法律事項とされたものである（規則ではさらに、取引事例比較法、収益還元法、原価法という具体的な評価手法が例示されている。規29条の2）。特に賃貸マンションなど収益物件では、収益還元法による評価も有用であろう。また、不動産内部の実見ができないこと、占有を直ちに取得できない場合があること、アフターサービスがないことなどから、最終消費者が通常の市場で購入する価格よりは安いものにならざるをえず、入札による競争原理が働くことを前提に、いわゆる卸売価額が基準とされる。

| 売却基準価額 |

執行裁判所は，評価人の評価に基づいて**売却基準価額**を定めなければならない（60条1項）。従来は，それより安い値段では売却しないという最低ラインとして，最低売却価額を定めるものとされていた。しかし，これに対しては，自由競争を重視する観点から，その制度の存在が売却を困難にし，遅延させる原因になっているとの批判が生じていた。そこで，平成16年改正では，最低売却価額の制度を廃止し，それに代えて，売却の額の基準となるべき価額（売却基準価額）の制度を設け，この売却基準価額から2割を控除した価額（買受可能価額）以上でなければ，買受申出ができないこととした（60条3項）。実質的には，売却基準価額が従来の最低売却価額に相当するとすれば，買受可能価額がその8割となるため，最低売却価額を20％引き下げたのと同様の効果が生じる。これは，不動産の評価には幅があり，2割程度の上下はありうることから，従来の運用でも，物件が売却できない場合には再評価をすることなく2割程度最低売却価額を引き下げていたため，その実質が大幅に変わることはないとされる。これに応じて，無剰余措置等については，買受可能価額を基準とするものとされている（63条1項参照）。売却基準価額の決定またはその手続に重大な誤りがあるときは，売却不許可事由となる（71条7号）。

執行裁判所は，必要があると認めるときは，売却基準価額を変更できる（60条2項）。変更は裁判所の裁量によるが，不動産市場の変動のほか，当初の価額が高すぎた場合にも可能とされる。**売却基準価額の変更**のためには，原則として評価人の評価（机上の補充評価または実際の再評価）を経るが，不動産価格の変動が著しい場合などに適時かつ柔軟な変更を可能とするため，評価に基づかない売却基

準価額の変更も認められる。すなわち，執行裁判所は，売却におい
て適法な買受申出がなかった場合に，不動産の現況・利用状況や手
続の経過等諸般の事情を考慮してその価額では売却の見込みがない
と認めるときは，評価書の記載を参考にして売却基準価額を変更で
きるが，その場合には（裁判所書記官等を通じて）評価人の意見を聴
くことができる（規30条の3）。

　売却基準価額の決定に際しては，執行裁判所は，利害関係人その
他の参考人を審尋でき（5条），この審尋期日に正当な理由なく出頭
せず，または陳述拒否・虚偽陳述をした者は，6月以下の懲役また
は50万円以下の罰金に処される（213条1項1号）。

| 無剰余措置 | 執行裁判所は，不動産の買受可能価額で手続費用および差押債権者に優先する債権を |

弁済して剰余を生ずる見込みがないときは，その旨を差押債権者に
通知しなければならない（63条1項）。差押債権者が手続の続行を
望む場合には，その通知から1週間以内に，剰余の見込みがあるこ
とを証明するか，手続費用と優先債権の合計見込額以上の額で自ら
買い受ける旨の申出をして，上記申出額に相当する保証を提供しな
ければならず，そのような証明や申出・保証提供がされないときは，
強制競売手続は取り消されるのが原則である（63条2項）。このよ
うな制度を剰余主義という。これは，無益な換価を防止するととも
に，優先債権者の換価時期の選択権を保障する趣旨である。ただし，
前記の保証が提供されれば，それは配当対象となるので（86条1項
2号），優先債権者は害されることがないため，手続の続行が許され
る（逆に，売却基準価額が低すぎると判断する差押債権者には，売却の実
施によって市場の声を聴く機会が与えられる）。保証の提供の方法は，
金銭，執行裁判所の相当と認める有価証券（国債等），金融機関によ

る支払保証委託契約による（63条4項，規32条）。実際には，強制
競売事件の多くは，不動産に担保価値いっぱいの担保権が設定され
ているため，この制度により取り消されるか，それを見越したうえ
で取り下げられる結果となっている。

　なお，平成16年改正では，不動産の売却を容易にするため，買
受可能価額が優先債権と手続費用の合計見込額を下回る場合であっ
ても，手続費用の見込額を超えていれば，優先債権者（買受可能価
額で全額弁済を受けられない者に限る）の同意を得て，競売手続を続行
できることとされた（63条2項但書）。売却により権利を害される可
能性のある優先債権者が売却に同意しているのであれば，手続を取
り消す必要はないからである。

　手続費用（執行費用のうち共益費用であるもの）としては差押えの登
録免許税や現況調査・評価の費用，優先債権としては差押債権者に
優先する抵当権等の被担保債権や交付要求をした租税債権者の債権
等が含まれる。共同担保の場合でも，各不動産の競売事件について
被担保債権の全額を優先債権としてカウントするのが実務の扱いで
あるが（東京高決昭和61・6・4判時1215号53頁），それらが同時に執
行の目的とされているときは，複数の不動産を合わせて剰余の有無
を判断する（東京高決平成9・3・14判時1604号72頁）。また，先行事
件が無剰余であっても，二重開始決定があって，後行事件によれば
剰余がある場合，あえて先行事件を取り消す必要はないと解される
（名古屋高決平成16・12・7判時1892号37頁／百選31）。

　　　　　　　　　　　　裁判所書記官は，所定の売却条件を記載し
　　　物件明細書　　　　た**物件明細書**を作成しなければならない
（62条1項）。そして，売却実施日の1週間前までに，その写しを執
行裁判所に備え置いて一般の閲覧に供するか，またはインターネッ

トを利用する方法によって，その内容の提供を受けることができるような措置をとらなければならない（62条2項，規31条1項・2項）。買受人が引き受けなければならない負担等をあらかじめ買受希望者に開示し，正しい情報に従った適切な買受申出の判断を可能にする趣旨である。しかし，権利関係についての物件明細書における判断は一応の判断にすぎず，実体法上の効力（公信力）はないので，そこに記載のない賃借権等の権利を主張される可能性は常に残り，物件明細書の記載を信頼した買受人も保護されない。ただ，その記載に重大な誤りがあれば，売却不許可事由となる（71条7号）。

　なお，物件明細書の作成は，従来は執行裁判所の権限とされていたが，執行手続における裁判所内部の職務分担の見直しの一環として，平成16年改正により，裁判所書記官の権限とされた（書記官の処分に対しては，執行裁判所に異議の申立てができる。62条3項）。ただそうすると，執行裁判所の定める売却基準価額の基礎となる事項と，裁判所書記官の定める物件明細書の記載事項の内容とが異なる場合が理論上ありうることになる（たとえば，売却基準価額決定の基礎としては，法定地上権の存在を前提にしながら，物件明細書には法定地上権の記載がないなど）。このような場合には，買受人の混乱・誤解を防止するため，売却基準価額の決定および物件明細書の記載・添付書面において，そのような相違を明らかにする措置を講じる必要があるものとされた（規30条の4）。

　物件明細書の法定の記載事項は，①不動産の表示，②不動産に関する権利や仮処分で売却により失効しない（買受人が引き受ける）もの，③法定地上権（⇒132頁）の概要である（62条1項）。そのほかの記載事項として，たとえば引渡命令（⇒150頁）の発令の可否などは買受希望者にとって重要な情報であるが，その記載の当否につ

いては意見が分かれる。一般には，売却についてローンの活用を認める（⇒149頁）など買受人を広く募る姿勢を制度がとっている以上，情報の開示には積極的でなければならないといえよう。その点で，たとえば，借地上の建物の売却について，借地契約の解除に伴う建物収去訴訟の係属を記載しなかった物件明細書に基づく売却許可決定の取消しを認めなかった裁判例もあるが（東京高決昭和59・10・16判タ545号129頁），事後の担保責任による救済があるとしても（最判平成8・1・26民集50巻1号155頁／百選34参照），それは必ずしも十分とはいえないので，そのような事実が判明した場合には，その事実を記載すべきものであろう（対象不動産が暴力団幹部の所有であること等の記載がなかったことを理由に，売却許可決定を取り消した例として，東京高決平成17・8・23判時1910号103頁）。

不動産価値の維持　差押えによっては不動産の使用・収益に影響を与えないのが原則であるが（46条2項⇒115頁），不動産を差し押さえられた債務者はその価値の維持に関心を失うのが通常であろう。逆に嫌がらせや執行妨害のために，不動産価値を積極的に損傷する行為に出るおそれすらある。そこで，売却まで不動産の価値を維持するため，法はいくつかの保全処分の制度と地代代払の制度を設けている（最高価買受申出人・買受人のための保全処分について⇒142頁，競売開始決定前の保全処分について⇒253頁）。

売却のための保全処分　債務者または不動産の占有者が不動産の価格を減少する行為またはそのおそれがある行為（**価格減少行為**）をするときは，執行裁判所は，差押債権者の申立てにより，買受人が代金を納付するまでの間，価格減少行為の禁止，執行官による保管，占有移転禁止，公示等の保全処分を命ず

ることができる（55条1項）。本条はその制定時には債務者だけを相手方としていたところ，第三者の執行妨害行為に対しても本条を活用する実務運用が広がった（東京高決平成4・12・28判時1445号150頁など⇒*Column⑲*）ものの，その要件等についての各裁判所の扱いが一致しなかったこと等を受けて，平成8年改正により第三者も対象となることを明確にし，さらに平成15年改正によってその要件を緩和するなど実効性を高めたものである。その結果，占有に基づく執行妨害行為を防止する中心的な手段として，**売却のための保全処分**の活用が図られた（立法・改正の経緯等について，「執行法上の保全処分」百選［2版］コラム参照）。

Column⑲ 「占有屋」対策の展開 •••••••••••••••••••••••••

民事執行法55条は，当初の政府案では第三者をも対象としていたが，争議中に工場等を占有する労働組合の排除等のために保全処分が濫用されるとの懸念から，国会において第三者を適用対象から排除する旨の修正がされた。ところが，その後，組織的暴力集団と関係することの多い占有屋と呼ばれる反社会的勢力による執行妨害が横行したため，その防遏が大きな課題となった。しかし，判例は抵当権者による直接の明渡請求を認めない立場をとっていた（最判平成3・3・22民集45巻3号268頁／重判平3民2）。そこで，東京地裁の執行部を中心に占有補助者論などによって55条を第三者にも適用する運用が積極的に展開されたが，それに対する他の裁判所の運用や上級審の判断は分かれていた。平成8年改正はいわゆる住専対策の一環であるが（*Column㊳*⇒246頁），第三者を対象にできるという点を明確化して債権回収の促進を図ったものである。その後，最高裁も前掲判例を明確に変更して抵当権者の明渡請求を認める大法廷判決を出すに至っており（最大判平成11・11・24民集53巻8号1899頁／重判平11民5。また，最判平成17・3・10民集59巻2号356頁／重判平17民4も参照），そのような実体的方法

と 55 条による手続的方法の双方が可能となっているが，いずれにしても，55 条の重要性は減じるものではない。

❖❖❖❖❖❖❖❖❖❖❖❖❖❖❖❖❖❖❖❖❖❖❖❖❖❖❖❖❖❖❖❖❖❖❖❖

　本条にいう**価格減少行為**としては，不動産の物理的な損傷行為のほか，不動産の競争売買を阻害することによってその交換価値を下落させる行為も含まれる（軽微なものは対象とならない。55 条 1 項但書）。たとえば，暴力団関係者等が執行妨害を目的として不動産を占有すること（東京地決平成 4・7・3 判時 1424 号 86 頁）や更地に建物を建築すること（東京高決平成 21・9・16 金法 1916 号 121 頁）も，それらが不動産価格の著しい下落に至るときは，保全処分の対象となる。命令できる保全処分の種類は，①価格減少行為の禁止または一定の行為の命令（必要があれば公示保全処分。55 条 1 項 1 号），②執行官保管命令（必要があれば公示保全処分。55 条 1 項 2 号），③執行官保管・占有者使用許可・占有移転禁止・公示保全処分（55 条 1 項 3 号）である。②および③の保全処分の相手方は，債務者のほか，自己の占有権原を執行手続に対抗できない占有者である（55 条 2 項）。**公示保全処分**とは，不動産の所在場所に当該保全処分の内容を公示書等により執行官に公示させることを内容とする保全処分である（公示保全処分の執行は，滅失・破損しにくい方法により標識を掲示してされなければならない。規 27 条の 3）。そして，③の保全処分がされたときは，民事保全法上の占有移転禁止保全処分と同様の当事者恒定効（⇒336 頁）が生じ，悪意の占有者や善意の承継人に対して，引渡命令の執行力を及ぼすことができる（83 条の 2。保全処分執行後の占有者は，悪意が推定される）。なお，①の場合の公示書その他の標識を損壊した者は，1 年以下の懲役または 100 万円以下の罰金に処されるし（212 条 1 号），②・③の場合の同様の行為は封印等破棄罪（刑

96 条）にあたる。

　売却のための保全処分の発令手続として，申立ては，手続開始申立てから代金納付時まですることができる。債務者以外の占有者に対して発令する場合に，裁判所が必要と認めるときは，その者を審尋しなければならない（55 条 3 項）。執行手続当事者以外の第三者に対する命令であるので，手続保障が担保される必要があるからである。ただし，他方では審尋により執行妨害を助長するおそれもあるので，審尋は義務的なものとはされていない。保全処分発令に際して担保は任意的であるが，②の保全処分は占有者に与える打撃の大きさに鑑み，担保を必要的としている（55 条 4 項）。保全処分は事情の変更があれば，変更・取消しができる（55 条 5 項）。保全処分決定・申立却下決定に対しては執行抗告が可能である（55 条 6 項）。保全処分の申立てや執行に要した費用，不動産保管のために要した費用は，債権者全体の利益のための支出であるので，共益費用として優先的に回収できる（55 条 10 項）。

　執行妨害のために占有者を転々と移転することが行われる場合，差押債権者としては，保全処分申立てのために占有者を特定できないことがある（なお，保全処分執行後の占有者特定困難の場合における債務者を特定しない承継執行文の付与については，27 条 3 項参照。⇒67 頁）。このような場合にも，保全処分を認めて執行妨害行為を防止するため，平成 15 年改正は，相手方を特定しないで発する売却のための保全処分を認めた（55 条の 2 第 1 項）。これは，前記②および③の保全処分について，その決定の執行前に相手方を特定することを困難とする特別の事情がある場合に認められる。たとえば，多数の占有者あるいは日本語が通じない占有者を次々と入れ替えているような場合がこれにあたる。この命令が出たときは，執行官が占有を解く

執行の際に占有者を特定し（執行時になお特定できないときは執行不能となる。55条の2第2項），その者が決定の相手方となり（55条の2第3項），決定の送達相手方や執行抗告の申立権者等となる。執行官は，その相手方となった者の氏名その他の当該者を特定するに足りる事項を執行裁判所に届け出る（規27条の4）。

買受申出をした差押債権者のための保全処分

売却を実施しても買受申出がなかった場合に，債務者・占有者（買受人に占有権原を対抗できない者）が売却を困難にする行為をし，またはその行為をするおそれがあるときは，執行裁判所は，差押債権者の申立てにより，買受人が代金を納付するまでの間，執行官または申立人に対する不動産の引渡しおよびそれらの者による不動産の保管を命ずることができる（68条の2第1項。必要があれば公示保全処分を含む）。これは，次回売却での差押債権者による買受けの保証を前提に，55条の保全処分よりも緩やかな要件で占有を排除し，執行官・差押債権者による占有を可能にしたものである。

　この保全処分の要件は，①少なくとも1回の入札等の売却が実施されて買受申出がなかったこと，②占有者の占有権原が売却により消滅するものであること（68条の2第4項・55条2項），③占有者が売却を困難にする行為をし，またはそのような行為をするおそれがあること，④差押債権者が買受可能価額以上の申出額での買受申出をし，保証を提供すること（68条の2第2項）である。④によって次回入札における確実な買受けを担保しながら，③のような形で（価格減少行為までは不要として）発令要件を緩和したものである。保全処分の効果としては，占有者の占有の排除と執行官・差押債権者による保管を認めるが，55条に比べて特に差押債権者による保管を認めている点が重要である。これにより，保管権限を取得した差

押債権者は，占有者を排除したり，買受希望者に自由に物件を内覧させたりすることなどにより，十分な情報の提供に基づく高価な売却を可能にする趣旨とされる。

地代等の代払の許可 建物に対する強制競売において，その建物の所有を目的とする借地権の地代・賃料を債務者が支払わないときは，執行裁判所は，申立てにより，差押債権者が債務者に代わって不払の地代・賃料を弁済することを許可できる（56条1項）。そして，その許可に基づいて弁済された地代等については，共益費用として扱われる（56条2項）。この制度は，建物に対する差押えにより債務者が地代の支払に一般に無関心となり，その結果として地代の不払により大きな価値を有する借地権が消滅する事態を防止する趣旨をもつ。ただ，すでに実体法上，差押債権者は地代等の代払自体は第三者弁済としてすることができ（民474条），その費用は共益費用の一般先取特権として保護される（民307条）が，債権者の配当要求なしに執行手続上優先的な扱いがされる点に本条の意義がある。

③ 売却の条件

引受主義と消除主義 不動産執行における売却は，債務者の意思に基づくものではないので，売却の条件を債務者（所有者）との合意により定めることはできず，法が定型的に定める必要がある。そのような条件の中で最も重要なものとして，不動産執行における不動産上の権利の処遇については，基本的に引受主義と消除主義という考え方の対立がある。**引受主義**とは，不動産上の権利を原則としてすべて買受人に引き受けさせる制度であり，逆に**消除主義**とは，不動産上の権利は原則としてすべて売却によっ

て消滅し，買受人は負担のない不動産を取得できるものとする制度である。その結果，売却価格は，引受主義では（買受人が負担を引き受ける分）相対的に安価となり，消除主義では高価となる。政策判断として，買受人の地位の安定・高価な売却を重視すれば消除主義によることになり，担保権者・用益権者等不動産上の権利者の地位の安定を重視すれば引受主義によることになる。現行法はそれぞれの権利の性質に応じてこの両者を使い分けているが，基本的には，可及的に高価な売却に配慮して消除主義の立場を採用しているといえる。

担保権・用益権等の処遇 まず，不動産上に存する担保権については，先取特権，抵当権および使用・収益をしない旨の定めのある質権は，売却により消滅するとされ（59条1項），消除主義がとられている（仮登記担保権も同様である。仮登記担保16条）。これに対し，留置権および使用・収益をしない旨の定めのない質権で，最先順位の抵当権等に対抗できるものは，売却により消滅せず，買受人が被担保債権の弁済の責任を負う（59条4項。対抗できない質権は消滅する）。優先債権者の保護は剰余主義（⇒121頁）の範囲で十分とし，後順位の担保権者には換価時期の選択権は与えず，高価な売却を可能とし，買受人の地位を安定化することで執行手続に対する信頼を確保する趣旨である。ただ，留置権については，競売により消滅させると，優先弁済権がないため実体法上の保護が無になるし，使用収益権のある最優先順位の質権も，使用・収益による債権回収という実体法上の地位を保護する必要があるため，消除主義の例外としたものである。引受主義がとられる場合には，買受人はその分安い価格で競落しているので，引き受けられた担保権の被担保債権について，債務者と連帯し

て支払義務を負うものとされている（買受人のみが支払義務を負うとの説もある）。

次に，用益権については，売却により消滅する担保権者，差押債権者または仮差押債権者に対抗できないものは，売却によりその権利の取得は効力を失うものとされ（59条2項），その限りで，消除主義がとられている（滞納処分としての差押えに後れる用益権も売却により消滅すると解される。大阪高判昭和59・12・26高民37巻3号256頁）。他方，これらの債権者に対抗できる用益権は引受けとなる。これは，不動産を住居や事業所等として利用する用益権者の地位を基本的には保護しながら，担保権者や差押債権者の交換価値の把握をも尊重するため，用益権と担保権・差押えとの対抗問題として処理することにしたものである。担保権設定後に賃借権が付けられ，それにより担保価値が下落するとすれば，担保権者の担保価値評価の予測が害され，円滑な信用供与を妨げるからである。用益権者がその権利取得の失効により損害を被る場合には，その損害賠償請求権について配当要求等をすることになる。

短期の賃借権については，従来は抵当権の設定後に契約されたものも保護される場合があったが（平成15年改正前民395条），その濫用が問題とされ，平成15年民法改正により，抵当権者が同意し，その同意の登記がある場合にのみ，抵当権設定後の賃借権が抵当権者に対抗できるものとされた（民387条）。したがって，抵当権設定後の賃借権は，そのような登記のあるもののみが引受けの対象となる（ただし，経過規定により，改正前に設定された短期賃借権で改正後に更新されたものは，なお引受けとなる。他方，このような賃借権につき，明渡猶予制度の適用がないことにつき，東京高決平成21・12・16判タ1324号274頁参照）。

なお，以上は法定の売却条件であり，利害関係者がそれとは異なる合意をしたときは，合意の方が優先されるが，売却条件は売却基準価額に影響するので，その合意は売却基準価額の決定前にしなければならない（59条5項）。

最後に，不動産上の民事保全処分については，仮差押執行は売却により効力を失う（59条3項）。仮差押債権者は，当然に，または配当要求により，配当に参加できるからである（⇒157頁）。また，仮処分執行は，売却により消滅する担保権者，差押債権者または仮差押債権者に対抗できない場合に限り，やはり効力を失う（59条3項）。仮処分債権者が背後に有する実体法上の権利は原則として保護に値するが，抵当権者等とは対抗関係に立つので，対抗問題としての処理を図ったものである（したがって，例外的に，対抗要件を要せず実体法上保護される権利を有する仮処分債権者は，抵当権等に後れるものでも，なお買受人に権利を主張できる）。

法定地上権 土地およびその上にある建物が債務者の所有である場合に，土地か建物の一方または双方に差押えがあり，売却の結果，土地と建物の所有者を異にするに至ったときには，その建物について地上権が設定されたものとみなされる（81条前段）。これを**法定地上権**という。抵当権についての同様の制度（民388条）を強制競売の場合にも拡張したもので，建物の存立を可及的に保護しようとしたものである。

法定地上権が成立する要件は，①差押え時点で土地上に建物が存すること，②差押え時点で土地と建物の所有者が同一（債務者）であったこと，③土地・建物のいずれかに差押えがあったこと（両者に対する差押えを含む），④売却により土地・建物の所有者が異になったことである。①について，差押えの時点で仮に建物建築の予定

があったとしても，実際に建築されたのが差押え後であるときは，法定地上権は発生しない。②については，土地または建物が共有の場合に複雑な問題を生じる。土地・建物の双方が共有である場合において，土地についての共有持分が売却されたときは，法定地上権は発生しない（最判平成6・4・7民集48巻3号889頁／百選35）。他の土地共有者の利益を保護する必要があるからである。また，建物の仮差押えがされた時点で所有者が同一であれば，その後の土地の譲渡の結果，建物の差押え時に所有者が異なっていても，法定地上権は成立する（最判平成28・12・1民集70巻8号1793頁／百選36）。③に関連して，土地・建物の双方が差し押さえられたときは，後述の一括売却がされることが通常であるが，その場合においても，売却代金の割付け（86条2項）との関係でなお法定地上権の存否が問題とされる。法定地上権が成立する場合の期間は30年（借地借家3条本文）とされ，その地代は，当事者の請求により，裁判所が定める（81条後段）。

Column㉑ 建物の再築と法定地上権 ◆━◆━◆━◆━◆━◆━◆━◆━◆

　　実際に法定地上権が問題となるのは，抵当権の実行の場合が大半である。この場合は民法の適用の問題となり，その解釈については全面的に担保法の教科書に譲るが（たとえば，道垣内弘人『担保物権法〔第4版〕』（有斐閣，2017年）215頁以下参照），執行実務との関係でかつて特に議論された問題として，土地建物への共同抵当権設定後の建物の滅失・再築と法定地上権の関係があった。この場合に，旧建物の範囲内で法定地上権の成立を認めるのがかつての判例であったが，そうすると，抵当権者が知らないうちに，建物が破壊等され，土地の価値の大半（都市部などでは地上権価格が土地価格の7～8割を占めることもある）が奪われることになりかねない。そこで，抵当権者が一体として把握している土地建物の価値を全体

として考慮すべきであるとする**全体価値考慮説**が有力となり，判例（最判平成9・2・14民集51巻2号375頁）も，新建物に土地抵当権と同順位の共同抵当権が設定されたなど特段の事情のない限り，法定地上権は成立しないものとした（さらに，新建物に優先する国税債権が存在するときも，法定地上権は認められないことにつき，最判平成9・6・5民集51巻5号2116頁参照）。

| 一括売却 | 執行裁判所が，相互の利用上，不動産を他の不動産と一括して同一の買受人に買い受

けさせることが相当であると認めるときは，これらの不動産を一括して売却することを定めることができる（61条本文）。不動産は各別に売却するのが原則であるが，一括して売却する方が高価に売却できるのであれば，それは債権者・債務者双方の利益となるし，利用上の牽連性があれば買受人の便宜にも資するため，例外的に一括売却を認めたものである。一括売却ができるのは，執行裁判所を同じくする複数の不動産であるが，差押債権者や債務者を異にする場合でもよい。典型的な例は，土地とその上の建物の場合であり，このような場合には，底地と建物を別々に売却すると，（前述の法定地上権の存在を前提としても）敷地付建物として売り出す場合に比べて，合計価格は大きく低下しよう。そのほかの場合として，宅地と私道や隣接地同士の場合などについて，一括売却が活用される（複数の土地の間に道路がある場合にも，一括売却が違法でないとされた事例として，東京高決昭和57・3・26判時1040号59頁参照）。一括売却の決定・手続に重大な誤りがあるときは，売却不許可事由となるし（71条7号），一括売却をするのが相当と認められる場合に，個別売却を実施したときは，売却手続に重大な誤りがあるとされ（71条8号），

売却不許可事由となる（東京高決平成 21・6・30 判タ 1311 号 307 頁／百選 30 参照）。

　上記の要件を満たす場合に一括売却に付するか否かは原則として裁判所の裁量によるが，ある不動産の買受可能価額で各債権者の債権と執行費用の全部を弁済できる見込みがある場合には，他の不動産と一括売却にするためには債務者の同意を要する（61 条但書）。不要の超過売却を防止しながら，資産価値の最大限の実現を債務者の意思に係らせる趣旨である。なお，一括売却によるときも，売却基準価額は各不動産ごとに定める必要があり，各不動産の負担の内容が異なるときは，売却代金を各不動産の売却基準価額で按分して配当がされる（86 条 2 項）。

④ 売却の手続・効果

売却方法

　以上のように，売却の準備作業が終了し，売却条件が定められると，いよいよ強制競売の本来の目的である売却の手続が行われることになる。売却の方法については裁判所書記官が定めるが（64 条 1 項），その種類として，期間入札，期日入札，競り売り，特別売却が法定されている（64 条 2 項，規 34 条・51 条）。期間入札とは入札期間内に入札をさせて開札期日に開札を行う方法であり，期日入札とは入札期日に入札をさせた後に開札を行う方法である。また，競り売りとは競り売り期日に買受申出の額を競り上げさせる方法で行う（規 50 条）。特別売却とは，以上のような方法で適法な買受申出や代金納付がなかった場合に執行官により実施されるものであり，実施方法等は裁判所書記官が適宜定めるものとされる（規 51 条）。民事執行法は，新たに期間入札の方法を定めたが，現在では，まず期間入札の方法で売

却を図り，売却できなかった場合に特別売却の方法によるという運用が定着しているので，以下ではその両者についてのみ説明する。

Column㉑ 競売ブローカーの暗躍とその排除 ◆◆◆◆◆◆◆◆◆◆◆◆◆

　　民事執行法制定前は，不動産の売却は主として競り売りによっていたが，競売場は悪質な競売ブローカーによって占拠され，公正な競売が大きく害されていた。すなわち，ブローカーの間であらかじめ談合がされ，各不動産について買い受ける業者が定められ，一般の買受希望者は様々な圧力を受けて事実上競りを入れることはできない状態にあったとされる。民事執行法は，このような状態を打破するため，買受希望者がお互いの顔を見ずに売却に参加できる期間入札の方法を開発したわけである（その他の入札妨害に対する方策として，民事執行法65条による売却場所の秩序維持（特に1号の談合排除の規定）等参照）。いくら悪質ブローカーでも日本全国のポストの前に立って買受希望者に圧力をかけることはできないからである。期間入札の一般化によって，ブローカーの談合は排除され，不動産執行売却の機能は大幅に改善されたものと評価されている。さらに，近時は，インターネットによる3点セットの閲覧（規31条1項2号。BITシステムと呼ばれる）なども行われ（⇒118頁，119頁，122頁），より広く買受希望者を募ることで，競売ブローカーの暗躍の余地はなくなっている。

◆◆

　期間入札においては，裁判所書記官が入札期間，開札期日，売却決定期日を定め（64条4項，規46条1項前段），執行官に売却の実施を命ずる（64条3項）。それを受けて，売却すべき不動産の表示，売却基準価額，買受可能価額，入札期間等が公告される（64条5項，規49条・36条1項）とともに，公告事項の要旨のほか，買受申出の参考となるべき事項を公示する（規49条・36条2項但書）。この公示

の方法としては，一般消費者の買受けを促進するため，新聞紙や住宅情報誌上の広告が利用されることが多い（次頁参照）。入札期間は1週間以上1月以内（通常は2週間），開札期日は入札期間の満了後1週間以内，売却決定期日は原則として開札期日から3週間以内とされ（規46条1項後段・2項），入札期間の開始から通常は1月ほどで売却決定期日に至る。入札は，入札書を入れて封をし，開札期日を記載した封筒を執行官に差し出すか郵便・信書便により執行官に送付する方法により行う（規47条）。開札期日の日時・場所は債務者・差押債権者等に通知され（規49条・37条），そこで最高価買受申出人（⇒142頁）等が決定される。

特別売却は，前述のとおり，期間入札等によっては適法な買受申出がなかった場合に行われる補充的な売却方法である。そのため，その実施前に差押債権者の意見を聴かなければならないが，強制競売申立て時の意見で足りるとされる（規51条2項）ので，実務上はあらかじめ承諾をとるのが通例とされる。どの時点でどのような方法による特別売却を命ずるかは裁判所書記官の裁量に委ねられるが，1回の期間入札により売れなかった場合には直ちに特別売却に付し，一定期間（規定上は3月以内であるが，近時は1月等より短い期間を指定する運用もあるという），買受可能価額を定価として最も早く申し出た者に売却するような運用が多いようである。買受申出があったときは，執行官は速やかに買受申出人・申出額を記載した調書を作成して執行裁判所に提出し（規51条6項），裁判所は遅滞なく売却決定期日を定めるものとされる（規51条7項）。

| 不動産の内覧 |

不動産の売却が困難であり，また売却価額が一般市場に比べて低額にとどまる1つの理由として，買受希望者が不動産の内部を直接見分することができ

期間入札における公示の例

＊ 実際に新聞紙上に掲載されているものを参考に作成。

今回の入札概要	
▲入札期間	令和○年7月1日～7月8日 （最終日は午後5時まで）
▲開札期日	令和○年7月15日午前9時30分
▲売却決定期日	令和○年7月21日午前11時
▲特別売却期間	令和○年7月16日～ 令和○年7月23日
▲閲覧開始日	令和○年7月16日より
▲入札場所	東京都目黒区××1-2-3 東京地方裁判所民事執行センター 執行官室 不動産部

東京地裁の競売物件

▲入札手続きの詳細は 東京地方裁判所執行官室・不動産部まで
03-57**-63**

インターネットによる3点セットの提供について
東京地方裁判所では、インターネットで「物件明細書」「現況調査報告書」「不動産評価書」（いわゆる3点セット）が見られるサービスを提供しています。
このインターネット以降、下記アドレスにアクセスすれば3点セットの内容を見ることができます。（ただし関係者の名前などは仮名処理されています。また本書面による3点セット以外の物件は見ることができません。）

ホームページアドレス：http://bit.sikkou.jp

《留意点》

1）競売物件を落札したとしても、明渡しがスムーズに行われないケースもあります。また、買受けする物件中の有者に占有物件の有者に占有者がいない場合でも、占有者が任意にいなくなるとは限りません。買受人が自ら立退交渉を行ったり、裁判所に法的な執行手続きをとらなければならないケースもあります。必ず3点セットをよく読み、現地や法務局等で物件の詳細について調査・確認をしてください。
2）基本掲載後、当事者間の和解等により買受けできない場合があります。

マンション	所在地	売却基準価額（万円） バルコニー面積（㎡）	専有面積（㎡）	間取り	総戸数/階/階建	築年月 構造	管理費等（月／円）	備考	事件番号
丸ノ内方南支線 中野富士見町 駅歩×分	中野区×× ×3	306	28.26 有	2K	32 6/6	S.46.6 RC	1万1000	修繕積立金の徴収は行われていない 〈管澄〉	R.2(ケ) 2** 号
日比谷線 三ノ輪 駅歩×分	荒川区×× ×3	368	77.87 有	4LDK	35 2/10	S.48.8 SRC	3万5547	借地権準共有持分権付 地代月額 5,440 円（滞納有） 〈管澄〉	R.1(ケ) 3*** 号
西武新宿線 井荻 駅歩×分	杉並区×× ×3	505	13.93 有	1R	43 3/4	S.63.3 RC	1万2060	第三者占有有	R.1(ケ) 3*** 号
小田急小田原線 経堂 駅歩×分	世田谷区×× ×3	813	47.06 有	2DK	54 3/9	S.49.9 RC	2万270	借地権設定有	R.1(ケ) 3*** 号
日暮里舎人ライナー 谷在家 駅歩×分	足立区×× ×2	1231	63.13 有	3LDK	54 1/5	H.11.2 RC	2万4240		R.2(ケ) 2** 号
都営三田線 神保町 駅歩×分	千代田区×× ×××1	1554	34.33 有	1LDK	50 11,12/12	H.16.9 RC	1万9965		R.2(ケ) 2** 号
丸ノ内線 新宿御苑前 駅歩×分	新宿区×× ×3	1906	75.14 有	事務所	13 7/8	S.59.6 RC	2万286	短期賃借権有 物件番号 1,2 〈管澄〉	R.1(ケ) 2*** 号
日比谷線 広尾 駅歩×分	渋谷区×× ×3	3225	61.74 8.99	2LDK	46 6/13	H.17.3 SRC	1万5850	第三者占有有	R.1(ケ) 3*** 号
丸ノ内線 中野坂上 駅歩×分	中野区×× ×3	5053	145.60 有		46 8,9/9	H.8.2 RC	5万7866		R.2(ケ) 2** 号

土地付建物	所在地	売却基準価額（万円）	土地面積（㎡）	建物延面積（㎡）	間取り	築年月 構造	備考	事件番号
東武東上線 上板橋 駅歩×分	板橋区×× ×3	860	177.52	126.67	6DK	S.37.3 木造 2 階建	未登記附属建物有 他に私道負担等有 建築基準法上の道路に接道していない	R.1(ケ) 3*** 号
東武伊勢崎線 竹ノ塚 駅歩×分	足立区×× ×3	2181	109.99	94.72	4DK	H.16.11 木造 2 階建	準防火地域 区画整理を施行すべき区域 地区計画有 周知の埋蔵文化財包蔵地	R.1(ケ) 3*** 号
東急多摩川線 矢口渡 駅歩×分	大田区×× ×3	4542	149.61	208.71	倉庫＋共同住宅	S.5.10 S 造 3 階建	第三者占有有 準防火地域 鉄塔に近接	R.2(ケ) 5* 号
山手線 高田馬場 駅歩×分	新宿区×× ×3	2 億 7355	508.86	1054.36	事務所＋共同住宅	S.62.3 RC 造	賃借権設定有 第三者占有有 準防火地域	R.1(ケ) 2** 号

土地	所在地	売却基準価額（万円）	土地面積（㎡）	建ぺい率（％） 容積率（％）	地目	用途地域	備考	事件番号
南北線 麻布十番 駅歩×分	港区×× ×3	1541	115.01	80 400	宅地	近隣商業地域	賃借権設定有 件外建物有 準防火地域	R.1(ヌ) 2*** 号
つくばエクスプレス 八潮 駅歩×分	足立区×× ×3	3998	482.78	60 200	雑種地	一種中高層住専	更地 地目現況宅地 準防火地域	R.2(ケ) 1** 号

借地権付建物	所在地	売却基準価額（万円）	土地面積（㎡）	建物延面積（㎡）	間取り	築年月 構造	備考	事件番号
常磐線 三河島 駅歩×分	荒川区×× ××6	6126	144.21	382.36	事務所	H.16.7 RC 造 8 階建	地代月額 73,423 円 準防火地域	R.1(ケ) 3*** 号
京浜東北・根岸線 蒲田 駅歩×分	大田区×× ×3	1 億 3807	154.05	662.84	店舗＋共同住宅	H.16.9 RC 造 8 階建	賃借権設定有 第三者占有有 地代月額 280,600 円 防火地域	R.1(ケ) 3*** 号

その他	所在地	売却基準価額（万円）	土地面積（㎡）	建物延面積（㎡）	間取り	築年月 構造	備考	事件番号
大島 元町港 駅歩×分	大島町×× ×3	82	面積 ―	113.02	店舗＋共同住宅	S.53.2 SRC 造 2 階建	第三者占有有 敷地は使用借権のため買 受人は敷地利用権の設定を要する	R.1(ケ) 4** 号

【略語凡例】 B は地下 〈管滞〉は管理費、管理費等の滞納有 【管理費等】は、修繕積立金・組合費を含む場合があります 築年数や事件番号のＳは昭和 Ｈは平成 Ｒは令和 構造の SRC は鉄骨鉄筋コンクリート RC は鉄筋コンクリート Ｓは鉄骨 Ｃブロックはコンクリート造

次回の掲載予定は 6 月 28 日（月）です。（変更となる場合があります）

ここに紹介する物件の入札は次のとおり行われます。

ここに紹介した物件の詳細を知りたい方は、東京地方裁判所民事執行センター1階の「物件明細書等閲覧室」に備え付けの「物件明細書等」、現況調査報告書」不動産評価書の写しを閲覧、コピー（有料）できます。

▲入札に参加しようと思われた方は、東京地方裁判所民事執行センター2階「執行官室不動産部」で入札に必要な書類を受け取り、入札方法説明（無料で配付します）を読んだ上でお申込み又は、裁判所は競売物件の閲覧についてはいたしておりませんからご注意ください。その際の閲覧のには10分刻みに1組当たりの閲覧人数制限を設け、入札10分前に1組当たりの相当数の組を抽選（買受可能者）以上の全員でなされる場合もあります。

▲売却手続金は売却許可決定確定日から約1ヶ月以内に、裁判所の定める日までに払い込むことになっています。これに応募された物件は、期間入札で過去に落札された物件です。

▲中間配分的な特別売却の物件で、左記記の特別売却期間のとおり特別売却となります。

▲特別売却物件の番号は「事件番号」と呼ばれ、各番号の頭に事件番号とついています。

▲中間配される物件があります。内覧実施物件かどうかは、物件の詳細をご確認ください。内覧を実施する物件は内覧実施物件の番号を「内覧」と記載しています（内覧が実施される場合の内覧申立の期間は令和○年6月16日から 6月22日までです。）

ないという点がある。特に一般個人にとってみれば，不動産の購入というのは通常一生に1回の買物であり，それに際して物件の内部を実見できないというのは買受申出を躊躇させる大きな要因となろう。確かに，前述のように，物件明細書等で一定の情報は提供されるし，特に現況調査報告書には建物内部の写真も添付されるが，それでも，実際に内部を見ることには到底比肩できない。そこで，不動産競売市場を一般の不動産市場に少しでも近づけるため，平成15年改正において導入されたのが，内覧の制度である。

内覧とは，「不動産の買受けを希望する者をこれに立ち入らせて見学させること」をいうが，執行裁判所は，差押債権者の申立てがあるときは，執行官に対し，この内覧の実施を命じなければならない（64条の2第1項本文）。内覧実施の申立ては，各回の売却実施処分の時までにされなければならない（64条の2第2項，規51条の2第2項）。内覧実施命令は原則として申立てにより当然になされるが，その不動産の占有者の占有権原が執行手続に対抗できるとき（売却により消滅しないとき）は，その占有者の同意がない限り，なされない（64条の2第1項但書）。執行手続に対抗できる占有者はその執行手続により影響されないのが原則であるから，その者の同意がない限り，重大なプライバシーの侵害を伴う内覧の対象とはしないこととしたものである。内覧実施命令の内容は，知れている占有者に対し，通知される（規51条の2第4項）。

内覧実施命令を受けた執行官は，売却実施時までに，参加申出期間・内覧実施日時等を公告し（規51条の3第1項），内覧への参加を申し出た者のために，内覧を実施しなければならない（64条の2第3項）。内覧はあくまで買受希望者のためにされるものであるから，内覧参加者は，買受資格を有する者に限定される。執行官は，内覧

実施に際して，占有者の意に反しても，自ら不動産に立ち入り，内覧参加者を不動産に立ち入らせることができる（64条の2第5項）。占有者が正当な理由なくこの立入りを拒否・妨害したときは，30万円以下の罰金に処せられる（213条2項）。ただし，この措置が占有者のプライバシーと鋭く対立するものであるから，占有者が強く立入りに抵抗する場合には，その抵抗を排除するため，執行官が威力を用いたり，警察上の援助を求めたりすることまでは認められていない（6条1項但書）。

　不動産の内覧は，第三者が占有する不動産に，関係のない多数の者が占有者の意に反しても立ち入ることになるし，買受希望者が一堂に会する機会ともなるため，不動産競売の円滑な実施を妨げる行為がそこでされるおそれがある。たとえば，不動産の内部にある動産が盗難・破壊されたり，売却のための談合・威圧が行われたりするおそれがある。また，そもそも内覧希望者の数が多数に上るときは，内覧自体を円滑に行えないおそれもある。そこで，内覧の円滑な実施を妨げる行為をする参加者があるときは，執行官が現場でその者の不動産への立入りを制限し，または不動産から退去させることができるし（64条の2第6項），内覧の円滑な実施が明らかに困難であるときは，執行裁判所は内覧実施命令自体を取り消すことができる（64条の2第4項）。なお，現段階では，内覧の実施された件数は少数にとどまっている。

買受けの申出　　買受けの申出の資格については一般に制限はないが，法令上取得が制限されている不動産については，執行裁判所が買受申出人を所定の資格を有する者に限ることができる（規33条。農地の場合には制限が付されるのが一般的であるし，病院の競売において医療法人等に買受資格を限定した例もあ

る）。また，債務者は買受けの申出をすることができない（68条）。債務者は不動産を買い受ける手元資金があるのであればまず債務を弁済すべきであり，買受けによる担保権等の消除の利益を享受できるのは相当でないとの判断に基づく（債務者による抵当権消滅請求の禁止を定める民法380条と同旨の規律である）。

買受けの申出をしようとする者は，執行裁判所が定める額および方法による保証を提供しなければならない（66条）。買受人となった場合に代金を納付しなかったときには保証を没取することで（80条1項後段），安易な買受申出を防止し，代金納付を確実にするための措置である。保証の額は売却基準価額の2割が原則であるが（規49条・39条），特別売却の場合は執行裁判所の裁量による（規51条3項）。保証の提供方法は，期間入札の場合は金融機関への振込みまたは支払保証委託契約の締結であり（規48条・40条1項4号），特別売却の場合は現金または執行裁判所が相当と認める有価証券（国債等）である（規51条4項）。

**買受申出のない場合
の措置**

売却を実施しても買受けの申出がない場合には，前述のようなローテーションに沿って売却手続が繰り返されることになる。しかし，市場価値の乏しい不動産については，売却を繰り返してみてもなお売れ残る公算が高い。そのような事件にまで執行裁判所や執行官の労力を費やすことは，制度の負担となるとともに，他の事件の進行の妨げともなる。そこで，買受申出がない場合には，そのような不動産を担保にとったり差し押さえたりした債権者に売却への努力を求めるとともに，それでもなお売却ができない場合には手続を終了することが考えられる。とりわけバブル期に担保に供された物件には市場価値の乏しいものが目立ち，執行事件の円滑な進行に

問題を生じていた事態に鑑み，平成10年改正において執行制度の実効化のために，いくつかの新たな措置が定められた（前述の売却基準価額の簡易な変更の制度も同様の趣旨である（⇒120頁））。

まず，売却を実施しても適法な買受申出がない場合には，執行裁判所は，差押債権者に対し，その意見を聴いて，一定の調査を求めることができる（規51条の5）。調査事項は，買受希望者の有無，売却を困難にしている事情（占有による執行妨害等），周辺地域の不動産価格の実勢等売却の円滑な実施に資する事項である。差押債権者は調査に協力する義務を負うが，執行裁判所の求めに応じなくとも直接の制裁はない。ただ，執行裁判所は，入札による売却を3回実施させても買受申出がなかった場合において，不動産の形状・用途等の諸事情を考慮して，さらに売却を実施させても売却の見込みがないと認めるときは，競売手続を停止できる（68条の3第1項）。そして，停止後3か月以内に，差押債権者から買受希望者があることを理由として売却実施の申出（方式につき，規51条の6参照）がされないときは，裁判所は強制競売手続を取り消すことができる（68条の3第2項・3項前段）。また，売却を実施したところ，実際には買受申出がなかった場合も同様である（68条の3第3項後段）。実質的には，長期売れ残り物件について差押債権者に対して買受人探索の義務を課したものであるが，執行妨害による売却困難の場合には適用されないし，売却基準価額の適正さにも配慮した慎重な運用が必要とされる。

最高価買受申出人および次順位買受申出　執行官は，開札期日における開札が終わったときは，**最高価買受申出人**を定め，その氏名・名称および入札価額を告げる（規49条・41条3項）。最高の価額で買受申出をした入札人が2人以上いる

ときは追加入札で決し，さらに同額であるか全員が追加入札をしないときは，くじで最高価買受申出人を決定する（規49条・42条）。最高価買受申出人は，代金相当額を納付したときは，不動産の価格を減少させ，引渡しを困難にする者に対してそのような行為の禁止・執行官保管等の保全処分を求めることができる（77条。引渡しを困難にするおそれがあるとして保全処分を命じた例として，東京地決平成4・3・19判時1421号102頁参照）。その内容は，売却のための保全処分と基本的に同じである（⇒124頁）。買受希望者も最高価買受申出人となった時点で，物件価格の維持に利害関係を有するに至るため，このような保全処分の申立適格が認められたものである。

最高価買受申出人に次いで高額の買受申出で，その額が買受可能価額以上で，かつ，最高価買受申出額から買受申出の保証額を控除した額以上の額で申出をした者は，売却実施の終了までに，執行官に対し**次順位買受けの申出**をすることができる（67条）。たとえば，買受可能価額が1億円，保証額が2500万円，最高価買受申出額が1億5000万円の場合，1億2500万円以上の額で買受申出をした次順位者は，次順位買受申出をすることができる。次順位買受申出をした者は，買受人が代金を納付せず売却許可決定が失効したときに，売却許可決定を受けうる地位に就く（80条2項）。最高価買受申出人の代金不納付の場合にも，配当財団を維持しながら，当該売却の実効性を確保して再売却を防止する趣旨である。次順位買受申出人の入札価額が前記のような条件を満たせば，代金不納付の買受人の保証は没取されて配当に回されるので，配当額は常に最高価買受申出額を上回ることになるからである。

売却決定　売却が実施されると，執行裁判所は売却決定期日を開き，売却の許可または不許可を

言い渡さなければならない（69条）。売却決定期日では，不動産の売却の許可または不許可に関し利害関係を有する者は，自己の権利に影響のある売却不許可事由について意見を陳述することができる（70条）。

　執行裁判所は，以下のような売却不許可事由のいずれかがあると認めるときは，売却不許可決定をしなければならない（71条）。**売却不許可事由**は，①競売手続の開始・続行をすべきでないこと（執行開始要件の欠缺等）（71条1号），②最高価買受申出人またはその代理人の無資格・無能力・無権代理があること（71条2号・3号），③売却秩序を乱した者またはその者の計算による買受申出であること（71条4号イ・ハ），④その競売手続における代金不納付者またはその者の計算による買受申出であること（71条4号ロ），⑤暴力団員等またはその者の計算による買受申出であること（71条5号。⇒147頁以下参照），⑥不動産の損傷により最高価買受申出人からの売却不許可の申出があること（71条6号），⑦売却基準価額の決定，一括売却決定，物件明細書の作成またはこれらの手続に重大な誤りがあること（71条7号），⑧売却手続に重大な誤りがあること（71条8号）である。

　このうち，⑥については，買受申出後の天災その他自己の責めに帰することができない事由により不動産が損傷した場合には（その損傷が軽微な場合を除き），最高価買受申出人は，執行裁判所に対し，売却不許可の申出をすることができるし，売却許可決定後であっても買受人は代金納付までの間はその取消しを求めることができる（75条）。不動産損傷の危険を代金納付前の最高価買受申出人・買受人に負担させることは相当でないからである。裁判例はその趣旨を拡大し，買受申出前にすでに存在した事由や物理的損傷以外の交換

価値減少事由についても，それが売却基準価額や物件明細書に反映されておらず，買受人等がそのような瑕疵に善意である場合には，売却不許可・取消しの申出を認めている（東京高決平成 22・4・9 金法 1904 号 122 頁／百選 33 など参照）。

　売却不許可決定に対しては，自己の権利を害されると主張する者（最高価買受申出人，配当を受けるべき債権者等）による執行抗告が可能であり（74 条 1 項），最高価で買受申出をしたにもかかわらず，入札を無効と判断されて買受人となることができなかった者も執行抗告をすることができるし（最決平成 22・8・25 民集 64 巻 5 号 1482 頁／重判平 22 民訴 7），最高価買受申出人の入札が無効であることを主張して，それに次ぐ入札をした者も執行抗告をすることができる（最決平成 26・11・4 判時 2253 号 23 頁／重判平 26 民訴 9）。売却不許可決定は確定しなければその効力を生じない（74 条 5 項）。

Column⑳　「競売で傷物をつかまされた！」

　本文でも記載したように，民事執行法 75 条および 71 条 6 号による売却の不許可・許可決定取消しは比較的緩やかに運用されている。たとえば，買受申出前に建物内で殺人事件があったことが判明した場合（仙台地決昭和 61・8・1 判時 1207 号 107 頁），競売対象建物内で自殺があったことが判明した場合（札幌地決平成 10・8・27 判タ 1009 号 272 頁），建物の競売手続において買受申出前に敷地利用権が消滅していた場合（前掲東京高決平成 22・4・9），建物にシロアリ被害が生じていた場合（東京高決平成 19・12・7 判タ 1302 号 293 頁）などにも，売却許可決定の取消しが認められている。このような場合は，本来は民法上の担保責任の追及によるべきものとも思われるが，目的物の種類・品質に関する不適合責任については明文で競売への適用が排除されていること（民 568 条 4 項），建物の敷地に関する借地権の瑕疵については債権者の担保責任の追及が可

能であるとしても（最判平成8・1・26民集50巻1号155頁／百選34），実際には訴訟による追及には時間・費用が多くかかること，現況調査の強化による対応には限界もあることなどから，競売制度への一般の信頼性を高めるため，このような運用には合理性があるものと考えられる。

売却不許可事由がない限り，執行裁判所は売却許可決定をしなければならない。ただし，複数の不動産を売却した場合において，あるものの買受申出額で各債権者の全債権額および執行費用を弁済できる見込みがあるときは，執行裁判所は他の不動産についての売却許可決定を留保しなければならない（73条）。超過売却による債務者の無用な負担を避ける趣旨である。

売却許可決定に対しては，自己の権利を害されると主張する者（差押債権者，債務者等）から執行抗告が可能であり（74条1項），当該決定は確定しなければその効力を生じない（74条5項）。許可決定に対する抗告理由は，売却不許可事由の存在，売却許可決定手続の重大な誤りおよび再審事由に限られる（74条2項・3項）。

売却の実施終了から売却決定期日までの間は，弁済受領・猶予文書（39条1項8号）による手続停止の効果は原則として排除され（72条3項），申立取下げも最高価買受申出人（売却許可決定後は買受人）・次順位買受申出人の同意を得なければその効果を生じない（76条1項。なお，39条1項4号・5号の取消文書の提出も申立取下げと同視される。76条2項）。また，執行停止を命ずる裁判（39条1項7号）が提出された場合は，執行停止効は認められるが，その地位が不安定となる最高価買受申出人・次順位買受申出人は買受申出を取り消すことができる（72条1項）。売却の実施により債権者・債務者以

外に最高価買受申出人等の新たな利害関係人が生じ，その地位の保護が問題となる時期に至ったことから，申立ての取下げ，手続の停止・取消し等の要件を厳格化する趣旨である。さらに，売却許可決定後代金納付前は買受人の地位を安定化する必要がより大きいので，執行停止を命ずる裁判の執行停止効も原則として排除される（72条2項。担保権実行においては，執行債権の弁済による担保権抹消登記事項証明書（183条1項4号）の提出も権利濫用として許されないとするのは，東京高決昭和62・10・27判時1254号72頁／百選32）。そして，代金納付後は買受人が所有権を取得するので，停止文書・取消文書・申立取下げは手続との関係では意味をもたない（当該債権者の配当を阻止しうる意味をもつにとどまる）。

暴力団の競売からの排除

近年，公共事業や企業活動等からの暴力団排除の取組が様々な分野で進められている。不動産取引の分野でも，民間の取引では暴力団排除は常識になっているが，不動産競売の分野については，かねてから反社会的集団の介入が指摘されてきた。この点で，バブル崩壊後の法改正の過程で執行妨害排除の観点から規定が整備され，反社会的集団の関与はほぼ根絶されたが，不動産買受けに関しては，暴力団員であることのみを理由として買受けを制限する規律は設けられてこなかった。その結果，不動産競売において，暴力団員が買い受けた建物を暴力団事務所として利用する事例やその転売により高額な利益を得た事例などがあるとされる。このような事態を防止するため，令和元年の民事執行法改正により，不動産競売において暴力団員等による買受けを防止する方策を定めた。

買受け防止の対象者は「暴力団員等」である。すなわち，「暴力団員による不当な行為の防止等に関する法律」2条6号の暴力団員

およびそれでなくなってから5年を経過しない者が買受けの申出を
する場合を対象としている。また，買受申出人が，暴力団員等が役
員をしている法人である場合を含む（65条の2第1号）。さらに，自
己の計算で買受申出をさせようとする者（またはその役員）が暴力団
員等であるものも規制の対象に含まれる（65条の2第2号）。暴力団
関係者の買受けによってこの規律が潜脱されることを防止するため，
買受資金の提供という経済的観点も規制に加えたものである。

　具体的な規制の手続はまず，買受申出人に自己が暴力団員等に該
当しない旨および自己の計算で買受申出をさせようとする者が暴力
団員等に該当しない旨の陳述を求めるものとする（65条の2）。そこ
で虚偽の陳述がされた場合は，刑罰の対象となる（213条1項3号）。
そして，最高価買受申出人については，裁判所は，原則として，警
察に暴力団員等に該当するかどうかにつき調査の嘱託をするものと
される（68条の4）。暴力団に関する情報を最も豊富に有する警察と
連携し，警察の情報を活用することで正確かつ迅速な判断を可能に
するものである。その結果，暴力団員等に該当すると認められると
きは，売却不許可事由となる（71条5号）。実効性のある暴力団排
除と迅速な競売手続とのバランスを図った規律といえる。

代金納付　売却許可決定が確定したときは，買受人は，
裁判所書記官の定める期限までに買受代金
を執行裁判所に納付しなければならない（78条1項）。その期限は，
売却許可決定の確定日から1月以内の日としなければならない（規
56条1項）。納付すべき額は買受申出額であるが，買受申出の際に
納付した保証金は代金に充当されるし（78条2項。金銭以外の保証の
場合につき，78条3項参照），配当を受けるべき債権者が買受人とな
ったときは，自らが受けるべき配当額を控除して代金を納付するこ

とができる（78条4項）。このような**差引納付**は，代金納付と配当受領の二重手間を防ぐために認められるものである。代金が納付された時に不動産の所有権は買受人に移転し（79条），裁判所書記官は登記所に嘱託し，買受人の費用負担により（82条4項），買受人への所有権移転登記や売却により消滅・失効する担保権・用益権・差押え・仮差押え・仮処分執行等の登記の抹消がされる（82条1項）。買受人が代金を納付しないときは，売却許可決定は失効し，買受申出の保証は没取され（80条1項），再度売却手続がされるが，次順位買受申出人がいるときは，その者について売却許否の決定をしなければならない（80条2項）。

代金の納付は常に一括納付により，分割納付は認められない。もちろん，買受人が買い受けた不動産を担保に銀行等との間で融資契約を結んで借り入れた金員で一括納付をし，銀行等に分割弁済をするような方法は可能である（住宅ローン方式）。ただ，この場合，銀行等は従来，まず現実の貸付けを実行し代金納付がされて，移転登記がされ，既存の登記がすべて嘱託抹消された後でなければ自己の抵当権を登記できず，その間に他の処分登記等がされてしまうおそれが常にあり，このような方法は余り利用されていなかった。しかし，住宅ローンの利用ができないことが，売却率が低く競売価格が廉価になる原因の1つであると批判され，その結果，ローンの活用を可能にする方策が平成10年改正でとられた。それによれば，買受人と抵当権設定を予定する者との共同の申出があったときは，代金納付による登記の嘱託は，申出人の指定する者に嘱託情報を提供して登記所に提供させる方法によってしなければならない（82条2項。申出書・添付書面等につき，規58条の2参照）。これにより，上記申出人は同時にその指定する者に抵当権設定登記をも委任すること

で，所有権移転登記と抵当権設定登記とを事実上連続して経由できることになり，銀行等の前記の懸念は払拭できる。ただ，この場合の嘱託登記が確実にされるよう，上記申出人の指定する者は「登記の申請の代理を業とすることができる者」（弁護士・司法書士）に限定され，被指定者は遅滞なく嘱託情報を登記所に提供しなければならないものとされている。

不動産引渡命令　買受人は，その占有権原が実体法上自己に対抗できない不動産占有者に対して当然に所有権に基づく引渡請求権を有するが，その実現に際して常に訴訟が必要であるとすれば，それに要する時間・費用・手間などから，実際上，買受希望者を広く募り，高価の売却を図ることは困難となる。また，占有者の占有権原の有無は，現況調査など執行手続中に相当程度明らかになっている。そこで，買受人の便宜のため，執行手続の一種のアフターサービスとして，簡易な決定手続により不動産引渡しの債務名義を買受人が取得することを可能としたのが，**不動産引渡命令**の制度である（83条。引渡命令制度の合憲性につき，最決昭和63・10・6判時1298号118頁）。

　引渡命令に関して最大の問題はその相手方の範囲の点であり，様々な経緯があったが（⇒*Column㉓*），平成8年改正により83条が改正され，一般に「債務者又は不動産の占有者」を対象とできることとしながら，「事件の記録上買受人に対抗することができる権原により占有していると認められる者」については例外とされた（83条1項）。この結果，仮に債務者との関係で正当な権原を有する占有者であっても，買受人に対抗できない者に対しては引渡命令の発令が可能となり，その実効性は大きく高まり（滞納処分による差押え後，競売開始決定前の賃借人について引渡命令の対象になるが（最決平成

12・3・16民集54巻3号1116頁),明渡猶予制度(民395条)の適用がある(最決平成30・4・17民集72巻2号59頁／百選38)),改正後,引渡命令の申立件数は増加した。ただ,短期賃借権の取扱いについてはなお問題が残っていたが,平成15年民法改正の結果,短期賃貸借制度自体が廃止された(⇒131頁)ために問題は解決されるに至った(最先順位の抵当権に対抗できる賃借権者が同時に抵当権の被担保債権の債務者である場合の扱いにつき,最決平成13・1・25民集55巻1号17頁／百選37参照)。また,平成15年改正により,占有移転禁止・公示保全処分(55条1項3号・77条1項3号)の当事者恒定効が認められ(⇒126頁),保全処分後の悪意の占有者や善意の承継人に対しても,引渡命令に基づく強制執行が可能とされている(83条の2)。

Column㉓ 引渡命令をめぐる「立法の過誤」 ⚫⚫⚫⚫⚫⚫⚫⚫⚫⚫⚫⚫⚫⚫

政府の提出した民事執行法案は,買受人に実体法上対抗できない占有者はすべて引渡命令の対象になるものとしていたが,国会審議において,それでは労働組合が生産管理等争議行為で工場を占拠している場合に,工場の競売が争議つぶしに利用されるおそれがあるとの批判がされ,規定が修正された(売却のための保全処分についても同様の経緯があったことにつき,*Column⑲*⇒125頁)。それによれば,差押えの前からの占有者については,権原により占有している者でないと認められるものに引渡命令の対象が限定された(これにより,正当な争議行為に基づく占有者は排除されないこととなった)。この規定は,素直に読む限り,債務者との関係で適法な占有権原がある占有者に対しては引渡命令を発令できないものと解された(対債務者適法権原説)。この点が執行妨害のために濫用され,いわゆる占有屋は債務者との合意により債務者との関係で適法な占有権原を創出して占有することで,引渡命令の対象にならないと主張するケースが多発した。学説・実務は様々な解釈に基づきこのような占有者を排除しようとしたが,その努力にはやはり限界があっ

たことは否定できない。このような帰結は，立法の段階で予測できたことであり，それにもかかわらずきわめて限定された場面を想定して一般的な形で政府案を修正した国会の責任は大変に重いものがあったといわざるをえない。

　引渡命令についての管轄は執行裁判所に専属し，申立権者は代金を納付した買受人である（83条1項本文。最高価買受申出人は，引渡請求権を保全するため，保全処分の申立てが可能とされる（77条⇒143頁））。買受人が第三者に所有権を譲渡した後であっても，買受人の申立適格は失われない（最判昭和63・2・25判時1284号66頁）。引渡命令の申立期間は，原則として代金納付から6月以内であるが，抵当建物について建物貸借人があり，6月の明渡猶予期間が適用される場合は（民395条），9月に延長される（83条2項。なお，明渡猶予制度が適用される賃借人から転借した者に対する引渡命令の可否については，東京高決平成20・4・25判時2032号50頁）。

　その審理手続は決定手続として任意的口頭弁論により，原則として事件記録を基礎に行われるが，占有侵奪という効果の重大性に鑑み，債務者以外の占有者については原則として審尋を必要的としている（83条3項本文）。ただし，その強制競売手続ですでに審尋されている者や記録上買受人に対抗できる権原により占有しているものでないことが明らかな者については，審尋は不要とされる（83条3項但書。後者の例外は，執行妨害の迅速な排除を目的として平成8年改正で導入されたものである）。引渡命令の許否の決定に対しては執行抗告が可能であり（83条4項），引渡命令は確定するまでその効力を生じない（83条5項）。引渡命令は債務名義となり（22条3号），それに対しては請求異議の訴えが可能である（前掲最判昭和63・2・25）。

以上のように，不動産が売却され，売却代金が納付されると，次にそれを債権者に分配する手続がとられる。

この点が不動産執行手続のまさに目的であり，これまでの手続はそれに向けたプロセスといえるものである。

　債権者に対する分配の基本的考え方として，優先主義と平等主義がある。前者は，差押えや執行手続への参加の前後によって債権者間の優先劣後を定める考え方であり，後者は，差押えや執行参加の前後にかかわらず，実体法上同等の地位にある債権者には債権額に応じた按分の平等弁済をする考え方である。いずれの考え方によるかは，諸外国でも様々に分かれている。一般的にいえば，優先主義は，先に執行手続を開始した勤勉な債権者に報奨を与えるもので，平等主義による破産手続（包括執行）と個別執行との棲み分けを明確にする。それに対し，平等主義は，実体法の定める優先順位を執行手続は忠実に実現すべきであり，破産手続が常に利用されるとは限らないとすれば，執行手続においても平等弁済の機能を担わせる必要があるとする。

　日本法は原則として平等主義により，先に執行手続に入った債権者に対して特段の優遇措置はとられていない。そのような政策決定の背後には，先に手続を開始した債権者は債務者の財務情報に早くアクセスできたものであり，必ずしも勤勉な債権者とは限らず，優先主義によると，結果としてはメインバンク等が優先され，取引債権者等が劣後化するなど弱肉強食の手続になりかねないこと，破産手続が従来十分に活用されてこなかった日本の状況では，競売手続に「ミニ破産」の機能を期待する必要があったことなどの事情があ

ると考えられる。ただ，執行手続への参加自体について，次に述べるように，配当要求の資格や時期を制限することで，実際上は差押債権者に一定のインセンティブが付与されていることには注意する必要がある。

> **配当要求**

執行力ある債務名義の正本を有する債権者，差押登記後に登記された仮差押債権者および民事執行法 181 条 1 項各号所定の文書により一般の先取特権を有することを証明した債権者は，**配当要求**をすることができる（51 条 1 項）。旧法は，債務名義を有しない一般債権者も自己の債権の存在を立証して配当要求をすることを認める徹底した平等主義を採用していたが，その結果，虚偽の配当要求が多発し手続の遅滞に陥ったことに鑑み，民事執行法は原則として債務名義の存在を配当要求の要件としている。ただし，執行開始時に債務名義を有していない債権者の権利保護のため，仮差押えを経由した配当要求を可能とするとともに，一般先取特権については，特に労働債権者など債務名義を求めるのが酷な債権者もあることから，例外的に私文書による立証（181 条 1 項 4 号参照）を認めることとしたものである。

また，配当要求の期間も，旧法では競落期日まで可能であったが，期間ギリギリの配当要求が多く手続を遅滞させていたことに鑑み，民事執行法では，裁判所書記官が開始決定の付随処分として，物件明細書の作成までの手続に要する期間を考慮して，配当要求の終期を定めなければならないものとしている（49 条 1 項）。そして，配当要求の終期までに配当要求をしなかった債権者は，配当を受けることができない（87 条 1 項 2 号参照）。ただし，配当要求の終期から 3 月以内に売却許可決定がされないとき等は，適時にされなかった配当要求も手続を遅滞させるおそれはないので，配当要求の終期は

元の終期から 3 月を経過した日に変更されたものとみなされる（52
条）。

　配当要求は，債権（利息その他の附帯の債権を含む）の原因および
額を記載した書面でしなければならない（規 26 条）。配当要求があ
ったときは，裁判所書記官は，その旨を差押債権者および債務者に
通知しなければならない（規 27 条）。なお，債権の一部に基づき配
当要求をした債権者は，残部についてさらに配当要求をすることが
できる（大阪高決昭和 62・10・22 判タ 657 号 247 頁）。不適法な配当要
求は却下されるが，配当要求の却下決定に対しては，執行抗告がで
きる（51 条 2 項）。配当要求は，差押えに準じるものとして対象債
権の消滅時効の完成を猶予する効力を有する（最判平成 11・4・27 民
集 53 巻 4 号 840 頁）。

　租税債権またはその例により徴収される公的債権が強制競売手続
において配当を受けるについては，**交付要求**が必要とされる場合が
ある。すなわち，滞納処分による差押えが強制競売に先行している
場合において続行決定がされたときに租税庁等が当該強制競売手続
で配当を受けるには交付要求が必要とされるし（滞納強制調整 10 条
3 項・17 条），滞納処分がまだされていない場合にも，租税庁は強制
競売手続に交付要求をすることができる（税徴 82 条 1 項など）。交付
要求の方法等については配当要求に関する規律が妥当するものと解
され，交付要求の終期も配当要求の終期による（最判平成 2・6・28
民集 44 巻 4 号 785 頁）。

> **Column㉔**　**民事執行手続における租税債権の扱い**　•◦••◦••◦••◦••
>
> 　本文で説明したように，民事執行手続の中では，租税債権であっ
> ても他の債権と同等の手続（交付要求）を踏まなければ配当に参加
> することはできない。しかし，いったん交付要求がされれば，実体

権としては，租税債権は他の債権，場合によっては抵当権等担保権にすら優先することが認められている。具体的には，国税には一般的な優先権が認められている（税徴8条）うえ，その租税債権の法定の納期限よりも後に設定登記がされた担保権には，租税債権が優先する（税徴15条・16条）。ただ，執行債務者が破産した場合に，抵当権者が別除権の行使として抵当権を実行したときには，やや困難な問題が生じる。この場合において，前述のような租税債権者が交付要求をしたときに，その優先順位や配当受領権者が問題となるが，判例は租税債権の優先性を認める一方，配当を受領する権限は破産管財人にあり，租税債権者は管財人に対し財団債権者として権利を行使すべきものとしている（最判平成9・11・28民集51巻10号4172頁）。

配当手続　執行裁判所は，売却による代金納付があった場合には，配当表に基づいて配当を実施しなければならない（84条1項）。ただし，債権者が1人である場合または債権者が2人以上であっても売却代金で各債権者の債権および執行費用の全部を弁済できる場合には，配当に代えて**弁済金交付**の手続がとられる（84条2項）。弁済金交付手続においては，執行裁判所は，売却代金の交付計算書を作成し，債権者に弁済金を交付し，剰余金を債務者に交付する。なお，弁済金交付の手続は裁判所書記官が行う（規61条）。

　配当の対象となるのは**売却代金**であり，それは，①不動産の代金，②無剰余の場合に提供された保証金（63条2項2号），③代金不納付のために没取された買受申出保証金である（86条1項）。なお，一括売却に付された場合において，配当を受けるべき債権者の範囲・順位等各不動産の負担が異なるときは，各不動産ごとに配当表が作

成される（⇒135頁）ので，売却代金をそれぞれの不動産の売却基準価額に応じて案分割付けした額が各不動産の売却代金額とされる（86条2項）。

配当を受けるべき債権者は，①差押債権者のうち配当要求の終期までに強制競売等の申立てをしたもの，②配当要求の終期までに配当要求をした債権者，③差押えの登記前に登記をした仮差押債権者，および④差押えの登記前に登記がされた担保権で売却により消滅するものを有する債権者である（87条1項）。差押債権者（二重開始決定を得た債権者）を配当要求終期までに申立てをした者に限定するのは，当該終期後の差押えを認めることで間接的に配当要求の終期が潜脱されることを防止する趣旨である（担保不動産競売の申立債権者が請求債権の拡張を目的に二重開始決定の申立てをした場合でも，この時期的制限が妥当する。名古屋高判平成20・12・19金法1867号46頁参照）。また，仮差押債権者は，差押登記前の者は当然に配当の対象となり（87条1項3号），差押登記後の者は配当要求をして（51条1項），配当に参加することになる（配当表による配当金は，弁済充当の特約があっても法定充当されることについては，最判昭和62・12・18民集41巻8号1592頁／百選39参照）。

不動産の代金が納付されたときは，執行裁判所は**配当期日**（または弁済金交付の日）を定めなければならない（規59条1項）。配当期日等は，原則として，代金納付の日から1月以内の日としなければならない（規59条2項）。配当期日等が定められたときは，裁判所書記官は，配当を受けるべき各債権者に対し，債権の元本・配当期日までの利息額等を記載した債権計算書を1週間以内に提出するよう催告しなければならない（規60条）。配当期日の時点での各債権者の正確な現存債権額を把握し，適正な配当を実施するためである

（抵当権実行手続における債権計算書により請求債権額を拡張することが原則として許されないことにつき，最判平成15・7・3判時1835号72頁／百選23参照）。

　配当期日には，配当を受けるべき債権者および債務者が呼び出される（85条3項）。配当期日において，執行裁判所は配当の順位および額を定めるが（85条1項本文），その際には，出頭した債権者・債務者を審尋し，即時に取り調べることのできる書証の取調べができる（85条4項）。執行裁判所の決定に基づき，裁判所書記官は配当表を作成する（85条5項）。**配当表**には，売却代金額のほか，各債権者の債権元本・利息・執行費用の額および配当の順位・額を記載する（85条6項）。配当の順位・額は，配当期日において全債権者の合意が成立した場合にはその合意により，その他の場合には民法・商法等実体法の定めによる（85条1項但書・2項）。実際には債権者間で合意が成立することはなく，実体法に従って裁判所書記官があらかじめ作成する配当表原案がそのまま配当表とされることが多い。なお，確定期限の到来していない債権は配当等においては期限が到来したものとみなされ，中間利息等の調整がされる（88条）。

　配当期日において，後述の配当異議の申出がない部分については，配当が実施され（89条2項），配当金交付の手続は裁判所書記官が行う（規61条）。配当の受領のため執行裁判所に出頭しなかった債権者に対する配当額に相当する金銭は供託され（91条2項），当該債権者による還付請求の対象となる。また，停止条件付・不確定期限付債権，仮差押債権者の債権，執行停止の仮処分等がされている債権，担保権実行禁止の仮処分等がされている担保権の被担保債権，仮登記・保全仮登記のされている担保権の被担保債権，配当異議訴訟の提起されている債権などについては，裁判所書記官は配当額に

相当する金銭を供託する（91条1項）。この供託金については，配当を留保する事由が消滅したとき，たとえば仮差押えの本案訴訟で債権者の勝訴判決が確定した場合や配当異議訴訟で異議者の敗訴判決が確定した場合などに，改めて配当を実施する（92条1項）。他方，供託されていた債権の配当からの排除が確定した場合は，執行裁判所が追加配当のために配当表を変更することになる（92条2項）。

不服申立手続 配当表に記載された各債権者の債権額・配当額について不服のある債権者および債務者は，配当期日において，**配当異議の申出**をすることができる（89条1項。競売申立債権者の被担保債権が配当期日までに消滅したときは，それを配当異議の原因とすることができる。最判平成元・6・1判時1321号126頁）。配当異議を申し出ることができるのは，配当期日に呼出しを受けた債権者および債務者であり，配当表に記載がない債権者はまず配当表に対する執行異議の申立てをすべきであり，直ちに配当異議を申し出ることはできないとされる（最判平成6・7・14民集48巻5号1109頁／百選41）。配当異議の申出は訴えによって完結されなければならず，配当期日から1週間以内（差引納付の場合は2週間以内）に執行裁判所に対する提訴の証明がされないときは，配当異議の申出は取り下げたものとみなされる（90条6項）。訴えは，債権者の異議または無名義債権者に対する債務者の異議の場合は配当異議の訴えであり（90条1項），有名義債権者に対する債務者の異議の場合は請求異議の訴え（35条）または確定判決変更の訴え（民訴117条）である（90条5項）。配当異議訴訟が提起された債権に対しては，前述のとおり，配当額は供託され（91条1項7号），当該訴訟の結果を待って配当実施または配当表の変更がされる。

配当異議の訴えは執行裁判所の管轄に専属する（90 条 2 項・19 条）。訴訟手続は原則として通常の民事訴訟と同様であるが，特則として，原告が第 1 回口頭弁論期日に出頭しないときは，訴えが却下される（90 条 3 項。ただし，原告の責めに帰することができない事由による不出頭の場合はこの限りでない）。原告の訴訟追行の意思を特に重視するものであり，濫用的な配当異議を防止して迅速な配当を実現する趣旨に出る。この訴訟の認容判決では，配当表を変更し，または新たな配当表の調製のために配当表を取り消さなければならない（90 条 4 項）。この場合に，原告が債権者であるときは，判決は当事者間で効力を有するにすぎず（最判昭和 40・4・30 民集 19 巻 3 号 782 頁／百選 42），係争部分を原告に配当し，残余があれば債務者に返還する旨の判決がされる。他方，債務者が原告である場合には，判決は全債権者のために効力を生じるので，執行裁判所は，配当異議を申し出なかった債権者のためにも配当表を変更しなければならない（92 条 2 項参照）。

配当異議を申し出ず，または異議を申し出ても配当異議の訴えを提起しなかった債権者が，配当実施後に，他の債権者に対して，その権利が存在しなかったこと等を理由に**不当利得**の返還請求権を行使できるかが問題とされる。配当実施に対する信頼の確保と実体権の貫徹の要請との比較衡量によることとなるが，判例は，抵当権者による不当利得返還請求を認め（最判平成 3・3・22 民集 45 巻 3 号 322 頁），一般債権者についてはその返還請求を認めない（最判平成 10・3・26 民集 52 巻 2 号 513 頁／百選 40）という立場をとっている。他方，異議等を述べなかった債務者による不当利得返還請求権については，争いなく認められている。

Column㉕　競売手続の迅速化　●━◦━◦━◦━◦━◦━◦━◦━◦━◦

　　競売手続のスピードについては，執行裁判所・執行官等の関係者
によって様々な努力の中で，近時相当に迅速化が進められている。た
だ，競売手続には，法令上一定の期間が設定されている局面も多く，
実務運用の努力による迅速化には限界もある。そのような中で近時
の運用として注目されているのが，**ファーストトラック事件**ないし
自用マンション事件などといわれるものである。これは，債務者等
が自ら利用するマンションの1室を対象とした競売事件において，
特別の取扱いをして迅速化を図る東京地裁や大阪地裁などの運用で
ある。このような事件は，権利関係や占有関係が比較的単純である
点に鑑み，現況調査，評価，物件明細書の作成等の処理期間を短縮
し，申立てから配当までの期間を平均6か月程度にすることを目標
とするものである。このような運用は相当の成果を上げており，こ
れをモデルにして他の事件の処理にも好影響を与えているとされる。

●━◦━◦━◦━◦━◦━◦━◦━◦━◦━◦━◦━◦━◦━◦━◦━◦━◦━◦━●

⑥　強　制　管　理

　強制管理は，執行対象不動産から生じる収益を債権者の配当財源
とする執行方法である。不動産の交換価値を把握する強制競売に対
して，不動産の使用価値を把握するものといえるが，実際の利用は
多くない。従来は，担保権の実行としては，不動産管理による方法
は認められていなかったが，平成15年改正により，担保不動産収
益執行制度が創設され，そこでは強制管理に関する条文が原則とし
て準用されている（188条。担保不動産収益執行については，⇒258頁）。
　強制管理には，強制競売に関する規定の多くが準用されている
（111条，規73条）が，おおむね以下のような手続による（強制管理
を強制競売と併用することもできる。43条1項後段）。まず，強制管理

開始決定では，強制競売の場合と同様の不動産の差押えに加え，債務者に対する収益の処分禁止および収益給付義務者に対する管理人への収益交付の命令を含む（93条1項）。対象となる「収益」は，後に収穫すべき天然果実および弁済期が到来し，または後に到来すべき法定果実（賃料等）である（93条2項）（ホテルの運営管理委託契約に基づく金銭引渡請求権も「収益」に含まれるとした例として，福岡高決平成17・1・12判タ1181号170頁）。収益処分禁止等の部分は一種の債権執行であるので，それは給付義務者にも送達されなければならず（93条3項），給付義務者に対する開始決定の効力はその者への送達の時点で生じ（93条4項），開始決定に対する執行抗告も認められる（93条5項）（また，給付義務者に対しては，競合する債権差押命令等の陳述催告がされる。93条の3）。したがって，開始決定の前提として，その不動産について債務者が収益権を有し，かつ，不動産が収益を生じる見込みのあるものでなければならない（札幌高決昭和57・12・7判タ486号92頁）。強制管理の申立人は給付義務者の特定・給付請求権の内容について情報収集に努め，それを申立書に記載する義務を負う（規63条）。なお，強制管理の対象となる収益給付請求権に対してすでに債権執行がされているときは，強制管理手続の方が優先し，債権差押命令・仮差押命令等は原則としてその効力を停止する（93条の4第1項・2項）。これは債権執行が物上代位に基づく場合でも同様である。

　執行裁判所は，開始決定と同時に**管理人**を選任する（94条1項）。通常は弁護士または執行官が選任されるが，法人も管理人となることができ（94条2項），申立債権者などが選任される例もある。管理人は，不動産の管理および収益の収取・換価の権限を有し（95条1項），不動産について債務者の占有を解いて自ら占有することがで

きる（96条1項。担保不動産収益執行に関し，管理人の権限と賃料債権の帰属について，最判平成21・7・3民集63巻6号1047頁／百選43参照）。なお，当該不動産に債務者が居住し，またはその収益で生活しているような場合に配慮し，期間を定めた債務者による建物の使用許可（97条）および債務者に対する収益等の分与（98条）の制度が設けられている。また，管理人は，執行裁判所の監督に服し（99条），職務の遂行にあたり善管注意義務を負う（100条）。

　強制管理において配当要求をすることができるのは，執行力のある債務名義を有する債権者および文書により証明された一般の先取特権者に限られる（105条1項）。また，配当を受けるべき債権者は，執行裁判所の定める配当実施期間内に強制管理の申立てをした差押債権者・仮差押債権者，同じ期間内に担保不動産収益執行の申立てをした担保権者（一般先取特権者を除き，強制管理開始決定の登記前に登記がされていた者に限る）および配当要求債権者に限られる（107条4項）。強制競売とは異なり，登記された担保権者も直ちに配当にあずかることはできず，収益執行の申立てをする必要がある点に注意を要する。ただ，強制管理開始前に当該収益について債権差押え・仮差押えをしていた債権者およびその債権執行手続において配当要求をしていた債権者は，強制管理手続で改めて配当要求等をしなくても，当然に配当を受領できる（93条の4第3項）。

　配当に充てるべき金額は，収益から不動産に対する租税や管理人の報酬その他の必要な費用を控除した額となり（106条1項），そのような金額を生じる見込みがないときは，手続は取り消される（106条2項）。その結果，管理人報酬をまかなうだけの収益が見込める不動産でなければ，強制管理の方法による意味はない。配当は，執行裁判所の定める期間ごとに，配当に充てるべき金額を計算して

管理人が実施する（107条1項）。ただし，配当について債権者間の協議が調わないときは，管理人が事情を執行裁判所に届け出て（107条3項・5項），執行裁判所が配当手続を実施する（109条）。そして，各債権者が配当により債権・執行費用の全額の弁済を受けたときは，強制管理の手続は取り消され（110条），管理人は執行裁判所に計算報告書を提出する（103条）。

2 船舶等に対する強制執行

　総トン数20トン以上の**船舶**は，民法上は動産であるが，それについて登記がされ（商686条），登記が所有権移転の対抗要件とされていること（商687条），また通常それがきわめて高価な資産であることから，民事執行法上は不動産に準じたものと扱われ，強制競売に近い執行手続がとられている（船舶に対する強制管理は認められていない）。そこでは，性質上船舶には関係しないような規定を除いて，おおむね強制競売に関する規定が準用されている（121条，規83条）。他方で，船舶は不動産とは異なり可動性を有するので，特則が必要であることも否定できず，民事執行法は船舶に対する強制執行の規定を置いている（112条以下）。また，同様の事情は，航空機，自動車，建設機械，小型船舶にも妥当するので，これらの物に対する強制執行についても，民事執行規則の中で特則が設けられている（規84条以下。軽自動車の執行方法につき，東京地判昭和62・4・24金判784号26頁参照）。この節では，主に船舶に対する強制執行について，簡単にその特則の内容を説明する。

　船舶執行については，強制競売開始決定時の船舶の所在地を管轄

する地方裁判所が執行裁判所となる（113条。なお，航海中の船舶に対しては差押えができないことにつき，商689条）。ただ，手続追行中に船舶が移動してしまうおそれもあるため，船舶が管轄区域外に所在することとなったときは，船舶所在地を管轄する地方裁判所に事件を移送できる（119条）。強制競売開始決定では，差押えとともに船舶の出航禁止が命じられ（114条2項），執行官に対し，**船舶国籍証書**等船舶の航行に必要な文書を取り上げて執行裁判所に提出すべきことを命じる（114条1項）。差押えの効力は上記文書の取上げによっても生じ（114条3項），開始決定後2週間以内に船舶国籍証書等の取上げができないときは，強制競売手続は取り消される（120条）。このような文書の取上げにより，船舶の可動性を奪い，差押えを実効化する趣旨である（なお，航空機については航空機登録証明書の取上げ，自動車・建設機械・小型船舶についてはその執行官に対する引渡しが同様の趣旨に基づき定められている）。緊急に船舶の可動性を奪う必要がある場合には，競売申立ての前であっても保全的措置として，債権者は，船籍所在地を管轄する地方裁判所等に対し，船舶国籍証書等の取上げを申し立てることができる（115条。このような措置の要件については，高松高決平成21・7・31判時2074号77頁／百選44参照）。さらに，債務者の占有を奪う必要があると認められるときは，執行裁判所は船舶の保管人を選任でき（116条1項），保管人は善管注意義務・報酬請求権など強制管理における管理人と同等の権利義務を有する（116条4項）。

　このような形で，開始決定により船舶の可動性が奪われるが，船舶の抑留はそれ自体で港湾使用料や積荷に関する損害賠償など債務者に多大な費用を負担させるおそれがある。そこで，民事執行法は債務者の側にも一定の救済手段を与えている（なお，自動車執行にお

いても，執行官の判断または裁判所の許可に基づき，債務者等による自動車の保管や運行を認めることができる。規91条)。まず，差押債権者の債権について執行停止文書が提出され，差押債権者・配当要求債権者の債権および執行費用の総額に相当する保証を債務者が提供したときは，執行裁判所は強制競売手続を取り消さなければならないものとするが，上記執行停止が失効したときには上記保証について配当が実施される（117条）。また，営業上の必要その他相当の事由があり，各債権者（すでに売却が実施されているときは最高価買受申出人・買受人等を含む）の同意があるときは，執行裁判所は船舶の航行を許可することができる（118条）（船舶航行仮処分の許される場合につき，東京高決昭和44・3・24判時562号43頁参照）。このように，船舶執行では，債権者の利益との慎重なバランスを図りながら，船舶抑留による債務者の損害を避ける方途が設けられている。

3 動産に対する強制執行

動産執行の意義 　動産執行の対象となる動産は，民法86条にいう動産（ただし，登記・登録制度のある船舶・航空機・自動車・建設機械を除く）のほか，登記することができない土地の定着物，土地から分離する前の天然果実で1月以内に収穫することが確実であるもの，および裏書の禁止されている有価証券以外の有価証券である。動産執行においては，執行官が執行機関となって，目的物を差し押さえ，売却し，配当等を実施する。

動産は，一般に不動産等と比較して経済的価値が低いうえに，わが国においては中古の家具類についての市場が開かれていないとい

った事情もある。そのため，動産の売得金から多くの配当を得ることは期待できない。動産執行の申立ては，債務者にとって使用価値の高い動産を差し押さえて，債務者に苦痛を与え，弁済を強制する目的でなされることが多い。こうした**動産執行の間接強制的機能**に対する評価は分かれている。

手続の開始——差押え

動産執行は，執行官の目的物に対する差押えによって開始する（122条1項）。執行申立書には，債権者，債務者，債務名義のほか，差し押さえるべき動産の所在場所を特定して記載する（規99条）。個々の動産のいずれを差し押さえるかは，執行官が，債権者の利益を害しない限りにおいて債務者の利益を考慮して決定する（規100条）。不動産執行等におけるのと異なり，債権者は，執行対象を個別に特定する必要がない。

差押えは，執行官が債務者，債権者または第三者の占有する動産を占有して行う（123条1項・124条）。債務者の占有する動産の差押えに際しては，執行官は，債務者の住居その他債務者の占有する場所に立ち入り，金庫その他の容器について目的物を捜索し，捜索のため必要があるときは，閉鎖した戸および金庫その他の容器を開くため必要な処分をすることができる（123条2項）。債権者または第三者が占有する動産については，これらの者が動産の提出を拒まない場合に限り，差し押さえることができる（124条）。債務者以外の者の権利（ex. 賃借権，質権，留置権等）を保護しなければならないからである。第三者が提出を拒んでいる場合には，債務者の有する動産引渡請求権を差し押さえて，取り立てる方法によらなければならない（⇒211頁以下）。

差し押さえた動産は，執行官が保管するが，相当であると認める

ときは，債務者，債権者または第三者に保管させることができる。この場合には，封印その他の方法で差押えの表示をしたときに限り，差押えの効力を有する（123条3項・124条）。さらに，相当であると認めるときは，執行官は，債務者，債権者または第三者に，その保管する差押物の使用を許可することができる（123条4項・124条）。

Column㉖ **執行官の占有の法的性質** ＊＊＊＊＊＊＊＊＊＊＊＊＊＊＊＊＊＊＊

　　差押物に対する執行官の占有の法的性質については，公法上の占有であるとする見解と私法上の占有であるとする見解が対立している。いずれの見解も，差押物の従前の占有者である債務者等の私法上の占有は，差押えによっても失われないと解しており，説明の点に違いがあるにすぎない（執行官の占有を私法上の占有だとする見解によれば，差押物を執行官が保管する場合は，執行官が直接占有者，債務者等が間接占有者であり，差押物を債務者等が保管する場合は，執行官が間接占有者，債務者等が直接占有者であると説明される）。債務者等の取得時効は，差押えによってもその完成は猶予されず，債務者等から第三者への差押物の占有の移転は，差押えの解除後であれば有効であることに争いはない（執行官の占有の法的性質を明らかにすることなく，債務者の保管する差押物について占有改定の方法による引渡しを認めた判例として，最判昭和34・8・28民集13巻10号1336頁／百選45がある）。

＊＊＊＊＊＊＊＊＊＊＊＊＊＊＊＊＊＊＊＊＊＊＊＊＊＊＊＊＊＊＊＊＊＊＊＊＊

差押えの効力

差押えによって，差押物についての債務者の処分は禁止される。処分禁止の効力は，強制執行の目的を達するのに必要な限度にとどまる相対的なものである。また，差押え後になされた処分行為の効力は，差押債権者のほか，その差押えに基づく執行手続に参加したすべての債権者に対して対抗することができない（**手続相対効**）。以上は，不動産執行の

場合と同様である（⇒114頁）。

　なお，差押えの効力は，差押物から生ずる天然の産出物にも及ぶ（126条）。

　執行官が保管していない差押物を執行官の措置によらずに第三者が占有することとなったときは，執行裁判所は，差押債権者の申立てにより，その第三者に対し，差押物を執行官に引き渡すべき旨の命令（**引渡命令**）を発することができる（127条1項）。引渡命令は，執行官が保管しない差押物が散逸することに備えて，差押物の簡易な取戻しを認めたものであり，一種の債務名義（22条3号）である。差押債権者の引渡命令の申立ては，差押物を第三者が占有していることを知った日から1週間以内にしなければならない（127条2項）。申立てについての裁判に対しては，執行抗告をすることができる（127条3項）。執行抗告の理由は，引渡命令の手続上の違法に限られる（差押物を占有する第三者は，引渡命令に対する執行抗告において即時取得を主張することができないとした判例として，東京高決昭和58・4・26下民34巻1〜4号178頁／百選46がある）。即時取得などの実体上の事由を第三者が主張するためには，第三者異議の訴えによらなければならない。

| 差押えの制限 |

　動産の差押えは，執行債権および執行費用の弁済に必要な限度を超えてはならない。限度を超えることが差押えの後に明らかになったときは，執行官は超過部分の差押えを取り消さなければならない（**超過差押えの禁止**。128条）。

　差し押さえるべき動産の売得金から手続費用を弁済して剰余を生ずる見込みがないときは，執行官は差押えをしてはならない。差押物の売得金から優先債権者の債権および手続費用を弁済して剰余を

生ずる見込みがないときは，執行官は差押えを取り消さなければならない（**無剰余差押えの禁止**。129条）。

債務者等の生活の保障，債務者等の個人的使用の保護，その他の政策的考慮に基づき，一定の範囲の動産については差押えが禁止されている（**差押禁止動産**。131条）。差押禁止動産の差押えに対しては，債務者は執行異議（11条）を申し立てることができる。

執行裁判所は，申立てにより，債務者および債権者の生活の状況その他の事情を考慮して，差押えの全部もしくは一部を取り消し，または差押禁止動産の差押えを許すことができる（132条1項）。これは，債務者および債権者の個別の事情に応じて，執行裁判所の裁判により，差押禁止動産の範囲を変更することを認めたものである。差押禁止動産の範囲の変更を求める申立てを却下する決定および差押禁止動産の差押えを許す決定に対しては，執行抗告をすることができる（132条4項）。

換　価　差押物の換価は，売却による。売却の方法は，入札，競り売りまたは特別売却である（134条，規121条・122条）。

競り売りの方法による動産の売却については，執行官が，競り売り期日を開く日時および場所を定め，所定の事項を公告し，各債権者および債務者に競り売り期日を開く日時および場所を通知する（規114条・115条）。競り売り期日においては，買受申出額を競り上げる方法で競り売りを行う（規116条3項・50条1項）。最高価申出額を3回呼び上げた後，その申出人に買受けを許す旨を告知する（規116条1項本文）。買受人は，原則として，競り売り期日において直ちに代金を支払わなければならない（規118条1項）。買受人が代金を支払ったときは，執行官は，売却した動産を買受人に引き渡さ

なければならない（規126条1項）。

入札は，期日入札の方法による（規120条1項）。

特別売却は，動産の種類，数量等を考慮して執行官が相当と認めるときに，執行裁判所の許可を得て実施される。執行官は，許可を受けようとするときは，あらかじめ差押債権者の意見を聴かなければならない（規121条1項・2項）。執行官は，執行裁判所の許可を受けて，執行官以外の者に売却を実施させることができる（委託売却。規122条1項）。

差押物について相当な方法による売却を実施してもなお売却の見込みがないときは，執行官は，差押えを取り消すことができる（130条）。

相場のある有価証券は，その日の相場以上の価額で売却しなければならない（規123条1項）。この場合には，執行裁判所の許可を受けずに，特別売却または委託売却を行うことができる（規123条2項）。執行官が有価証券を売却したときは，買受人のために，債務者に代わって裏書または名義書換えに必要な行為をすることができる（138条）。

債権者の競合　　（1）**事件の併合**　　執行官は，差押物または仮差押えの執行をした動産をさらに差し押さえることができない（**二重差押えの禁止**。125条1項）。差押えを受けた債務者に対し，その差押えの場所についてさらに動産執行の申立てがあった場合には，執行官は，まだ差し押さえていない動産があるときはこれを差し押さえ，差し押さえるべき動産がないときはその旨を明らかにして，その動産執行事件と先の動産執行事件とを併合する（125条2項前段）。仮差押えの執行を受けた債務者に対し，その執行の場所についてさらに動産執行の申立てがあったとき

も，同様に事件の併合がなされる（125条2項後段）。

　二個の動産執行事件が併合されたときは，後の事件において差し押さえられた動産は，併合の時に，先の事件において差し押さえられたものとみなされ，後の事件の申立ては，配当要求の効力を生ずる（125条3項前段）。先の事件について，動産執行の申立ての取下げまたは申立てに係る手続の停止・取消しがあったときは，先の事件において差し押さえられた動産は，併合の時に，後の事件のために差し押さえられたものとみなされる（125条3項後段）。

　仮差押執行事件と動産執行事件が併合されたときは，仮差押えの執行がされた動産は，併合の時に，動産執行事件において差し押さえられたものとみなされ，仮差押執行事件の申立ては，配当要求の効力を生ずる（125条4項前段）。動産執行の申立ての取下げまたは申立てに係る手続の停止・取消しがあったときは，動産執行事件において差し押さえられた動産は，併合の時に，仮差押執行事件において仮差押えの執行がされたものとみなされる（125条4項後段）。

　動産執行事件において差し押さえられた動産に対して仮差押えの執行の申立てまたは動産競売の申立てがされた場合にも，事件の併合がなされる（民保49条4項，民執192条）。

　(2)　配当要求　　先取特権者または質権者は，その権利を証する文書を提出して，配当要求をすることができる（133条）。**譲渡担保権者・所有権留保債権者が配当要求をなしうるかについては，争いがある**（⇒96頁）。積極説は，これらの者も，差押物に対して実体法上の優先権を有している点では先取特権者または質権者と異ならないとして，民事執行法133条の類推を認める。これに対して消極説は，これらの者に配当要求を認めると，執行機関たる執行官に複雑な実体関係の判断を強いることになり，実際的でないこと，先取特

権者については政策的な配慮から，質権者については目的物を占有していることから，配当要求という簡易な方法が認められているのであって，債務者との契約により目的物を債務者に占有させたままで信用を与えた譲渡担保権者・所有権留保債権者とは異なることを指摘している（消極説によれば，配当要求ではなく，第三者異議の訴えによるべきだとされる。⇒96頁〜97頁）。

配当要求の終期は，売得金については執行官がその交付を受ける時，差押金銭についてはその差押えの時，手形等の支払金についてはその支払を受ける時である（140条）。

配当要求をしなかった先取特権者・質権者は，配当等を受けた債権者に対して不当利得の返還を請求することができない。これらの者が動産執行の開始を知らされず，配当要求の機会を与えられなかった場合であっても，執行官の過失を理由として国家賠償を請求することは格別，不当利得の問題にはならないというべきであろう。

| 配当等の手続 |

配当等（売得金等の配当または弁済金の交付。139条・84条3項参照）を受けるべき債権者は，差押債権者のほか，事件の併合により配当要求の効力を認められる債権者および配当要求をした債権者である（140条）。

配当等を実施するのは，執行官または執行裁判所である。

(1) **執行官による配当等の実施**　債権者が1人である場合または債権者が2人以上であって売得金，差押金銭もしくは手形等の支払金（売得金等）で各債権者の債権および執行費用の全部を弁済することができる場合には，執行官が，債権者に弁済金を交付し，剰余金を債務者に交付する（139条1項）。これ以外の場合においては，売得金等の配当について債権者間に協議が調ったときは，執行官は，その協議に従って配当を実施する（139条2項）。

(2) 執行裁判所による配当等の実施　　売得金等の配当について債権者間に協議が調わないときは，執行官は，その事情を執行裁判所に届け出なければならない（139条3項）。執行官から事情の届出があった場合には直ちに，執行裁判所が配当等の手続を実施する（142条1項）。

配当等を受けるべき債権者の債権について所定の事由があるときは，執行官は，配当等の額に相当する金銭を供託し，その事情を執行裁判所に届け出なければならない（141条1項）。この場合は，供託の事由が消滅したときに，執行裁判所が配当等の手続を実施する（142条1項）。

執行裁判所が実施する配当等の手続については，不動産執行における配当等の手続の規定が準用される（142条2項）。

4 債権およびその他の財産権に対する強制執行

［1］　総説──執行の種類

これまでに述べた不動産に対する強制執行，船舶に対する強制執行，および動産に対する強制執行がいずれも有体物を対象とするのに対し，民事執行法第2章第2節第4款（143条〜167条の14）の規定する債権およびその他の財産権に対する強制執行は，無形の財産を対象とする。執行の対象が権利であることから，**権利執行**とも呼ばれている。

権利執行は，債権執行（143条〜166条），その他の財産権に対する強制執行（167条）および少額訴訟債権執行（167条の2〜167条の14）に区分される。債権執行はさらに，金銭債権に対する強制執行

```
┌─────────────────────────────────────────────────────────────┐
│  債権およびその他の財産権に対する強制執行                        │
│                                                             │
│ ┌債権執行（143 条〜166 条）──┬─金銭債権に対する強制執行         │
│ │                         └─船舶・動産等の引渡請求権に対する      │
│ │                           強制執行                          │
│ ├その他の財産権に対する強制執行（167 条）                        │
│ └少額訴訟債権執行（167 条の 2〜167 条の 14）                    │
└─────────────────────────────────────────────────────────────┘
```

と船舶・動産等の引渡請求権に対する強制執行に区分される。少額訴訟債権執行は，少額訴訟の判決等の債務名義に基づく金銭債権に対する強制執行である。

　これらの執行のうち，実際に行われることが最も多いのは，金銭債権に対する強制執行である。なかでも預金債権は，第三債務者の無資力の危険が比較的少ないため，執行の対象とされることが多い。第三債務者の法的地位に関しては，民事執行法の規定のほか，相殺（民 511 条），弁済供託（民 494 条），債権の準占有者（受領権者としての外観を有する者）に対する弁済（民 478 条）などの民法の規定が適用され，理論的にも重要な問題を数多く含んでいる。

　以下では，金銭債権に対する強制執行（②③），少額訴訟債権執行（④），船舶・動産等の引渡請求権に対する強制執行（⑤），その他の財産権に対する強制執行（⑥）の順序で解説する。

②　金銭債権に対する強制執行(1)──差押え・配当要求

差押命令の申立て
金銭債権に対する強制執行は，執行裁判所の差押命令によって開始される（143 条）。差押命令の申立ては，執行裁判所に申立書を提出して行う。この場合の執行裁判所は，原則として債務者の普通裁判籍の所在地を管轄する地方裁判所である（144 条 1 項）。

申立書の記載事項は，①債権者，債務者および第三債務者の表示，②債務名義の表示，③差し押さえるべき債権の種類および額その他の債権を特定するに足りる事項，④債権の一部を差し押さえる場合にはその範囲，である（規133条）。

　差し押さえるべき債権の特定が要求されているのは，差押えが禁止されている債権かどうかを執行裁判所が判断できるようにするとともに，第三債務者および債務者がどの債権がどの範囲で差し押さえられたかを認識できるようにするためである。しかし，わが国には財産開示制度がなかったうえ，預金債権については金融機関が守秘義務を理由に情報を開示しないため，差し押さえるべき債権の特定に困難を伴うことも多かった。それゆえ，差し押さえるべき債権の特定について債権者に過大な要求をすべきではなく，取引通念上，第三債務者および債務者が識別しうる程度に記載すれば足りるとされてきた（ただし，平成15年改正により，財産開示手続が新設されたのに続き，令和元年改正により，第三者からの情報取得手続が新設され，債務者の預貯金債権に係る情報を金融機関から取得する手続について規定が整備された。⇒第3章 **4** ③73頁）。

　差し押さえるべき債権が預金債権である場合には，実務上，次頁のような特定方法が用いられている。

　このモデルでは預金の取扱店舗を表示することになっているが，仮に申立書に店舗名を表示しなかった場合に，差押命令の申立てが不適法となるか，また，複数の店舗を列挙して順位を付す方法で預金債権が特定されたといえるかが問題となる。この問題は，金融機関がその顧客情報管理システムを用いて短時間に債務者の預金債権を検索することができるか，複数店舗について該当する預金債権の存否を確認している間に債務者が預金を引き出した場合，金融機関

```
差押債権目録

   金    円
   ただし，債務者が第三債務者（○○支店扱い）に対して有する下記預
 金債権のうち下記に記載する順序に従い頭書金額に満つるまで。
                      記
 1  預金のうち先行の差押え又は仮差押えのあるときは次の順序による。
   (1)先行の差押え・仮差押えのないもの
   (2)先行の差押え・仮差押えのあるもの
 2  数種の預金があるときは次の順序による。
   (1)定期預金
   (2)定期積金
   (3)通知預金
   (4)貯蓄預金
   (5)納税準備預金
   (6)普通預金
   (7)別段預金
   (8)当座預金
 3  同種の預金が数口あるときは口座番号の若い順序による。
```

には民法478条による保護が与えられるのかなどの論点と関連している。判例は，金融機関の取引は本支店ごとに独立して行われており，取扱店舗が表示されていない差押命令が発せられたとすれば，その送達を受けた金融機関において当該預金を探索するのに相当の時間と手間がかかるとして，取扱店舗を具体的に表示することを要求し，「第三債務者における支店番号の若い支店から順次充当」するという記載では，特定を欠くとした（東京高決平成5・4・16高民46巻1号27頁／百選［初版］60①）。他方で，ある金融機関について3支店を列挙し，それに順序を付した場合には，第三債務者である金融機関に過度の負担をかけずに差し押さえるべき債権を特定することは可能であるとして，特定の要件を満たすものとされた（東京高決平成8・9・25判時1585号32頁／百選［初版］60②）。これよりも

多くの店舗を列挙して順位を付した場合については，特定を欠くとするもの（7店舗につき，東京高決平成 12・11・29 判タ 1103 号 183 頁，6ないし12店舗につき，東京高決平成 14・9・12 判時 1808 号 77 頁，4ないし37店舗につき，東京高決平成 17・9・7 判時 1908 号 137 頁）と特定を欠くとはいえないとするもの（35店舗につき，広島高岡山支決平成 16・12・15 金法 1765 号 61 頁，14ないし18店舗につき，東京高決平成 17・10・5 判タ 1213 号 310 頁，3ないし6店舗につき，東京高決平成 18・6・19 判時 1937 号 91 頁，10店舗につき，大阪高決平成 19・9・19 判タ 1254 号 318 頁）とがあった。

　その後，特定の店舗を表示せずに，すべての店舗を対象として支店番号の順序により順位付けをする方式（全店一括順位付け方式）で預金債権の差押命令を求める申立てをめぐって，差し押さえるべき債権が特定されているか否かが問題とされるようになり，高裁段階で判断が分かれていた（特定を認めたものとして，東京高決平成 23・1・12 金法 1918 号 109 頁②事件，東京高決平成 23・3・30 金法 1922 号 92 頁①事件，東京高決平成 23・4・14 金法 1926 号 112 頁①事件等，特定を欠くとしたものとして，東京高決平成 23・3・31 金法 1922 号 92 頁②事件，東京高決平成 23・4・28 金法 1922 号 87 頁，東京高決平成 23・5・16 金法 1923 号 91 頁等がある）。

　こうした中で，最決平成 23・9・20 民集 65 巻 6 号 2710 頁／百選 48 は，全店一括順位付け方式による申立ては，差し押さえるべき債権の特定を欠き不適法であるとした。すなわち，法廷意見は，民事執行規則 133 条 2 項の求める差し押さえるべき債権の特定について，「債権差押命令の送達を受けた第三債務者において，直ちにとはいえないまでも，差押えの効力が上記送達の時点で生ずることにそぐわない事態とならない程度に速やかに，かつ，確実に，差し押

さえられた債権を識別することができるものでなければならないと解するのが相当であ〔る〕」と判示した。そして，「大規模な金融機関である第三債務者らの全ての店舗を対象として順位付けをし，先順位の店舗の預貯金債権の額が差押債権額に満たないときは，順次予備的に後順位の店舗の預貯金債権を差押債権とする旨の差押えを求める」本件申立てに基づいて債権差押命令が発せられると，「第三債務者において，先順位の店舗の預貯金債権の全てについて，その存否及び先行の差押え又は仮差押えの有無，定期預金，普通預金等の種別，差押命令送達時点での残高等を調査して，差押えの効力が生ずる預貯金債権の総額を把握する作業が完了しない限り，後順位の店舗の預貯金債権に差押えの効力が生ずるか否かが判明しない」。これでは，第三債務者はもとより，競合する差押債権者等の利害関係人の地位が不安定なものになりかねない，としている。

　本決定後，預金債権の差押命令の申立てが差し押さえるべき債権の特定を欠くとされた例としては，①普通預金債権のうち差押命令送達後1年間の入金によって生ずる部分を対象とする申立て（最決平成24・7・24判時2170号30頁／重判平24民訴6）および②大規模な金融機関の具体的な店舗を特定することなく，預金債権額合計の最も大きな店舗の預金債権を対象とする，いわゆる預金額最大店舗指定方式による申立て（最決平成25・1・17判時2176号29頁／重判平25民訴7）がある。①については，「差押命令送達の日から起算して1年の期間内に入出金が行われるたびに，預金残高のうち差押債権の額を超える部分と超えない部分とを区別して把握する作業を行わなければ，〔第三債務者は預金者からの〕払戻請求に応ずる義務を履行することができない」が，第三債務者においてこれを可能とするシステムが構築されておらず，他の方法により速やかにこれを実現する

ことも期待できないとされたものである。また，②については，預金額最大店舗指定方式による差押えを認めた場合，大規模な金融機関である第三債務者は，すべての店舗の中から預金額最大店舗を抽出する作業が必要となり，すべての店舗のすべての預金口座について，まず該当顧客の有無を検索したうえ，該当顧客を有する店舗における差押命令送達時点での口座ごとの預金残高およびその合計額等を調査して，当該店舗が最大店舗に該当するかを判定しなければならないことが考慮されている。他方で，全店一括順位付け方式による申立てであっても，金融機関の個性ないし特性によっては，差し押さえるべき債権の特定の要請を満たす場合があるとした裁判例もある（名古屋高金沢支決平成30・6・20判時2399号33頁）。

　差押命令の申立ては，差押債権者が債権の取立てを終了または第三債務者の供託があるまでの間は，取り下げることができる。取下げは，債務者および第三債務者に通知しなければならない（規14条・136条1項）。

予備差押え

確定期限の付された請求権に基づく強制執行は，期限の到来後に限り，開始することができる（30条1項）。執行債権が定期金債権である場合でも，強制執行を開始することができるのはすでに期限が到来している部分に限られる。将来，期限が到来する部分については，期限が到来するのを待って，改めて差押命令を申し立てなければならない。

　以上の例外として，離婚後の子の養育費の支払義務等に係る定期金債権を有する債権者は，期限が到来している部分について債務者の不履行があれば，期限が到来していない部分についても債権執行を開始することができる（151条の2第1項）。ドイツ法の同様の制度にならったもので，ドイツでは，期限が到来していない部分につ

いてあらかじめ差押えを認めるという意味で，**予備差押え**と呼ばれている。債権者の生計を維持するうえで不可欠の定期金債権に関する特則であり，差押えの対象も，定期金債権の確定期限の到来後に弁済期が到来する給料その他継続的給付に係る債権に限定されている（151条の2第2項。診療報酬債権は同項にいう「継続的給付に係る債権」に該当するとした最高裁決定として，最決平成17・12・6民集59巻10号2629頁／百選49がある）。

| 差押禁止債権 |

差押命令の対象となるのは，執行開始当時に債務者に属する債権であって，差押えが禁止されていないものである。**債権についての差押えの禁止**は，特別法の規定（労基83条2項，生活保護58条など）のほか，民事執行法によっても定められている。すなわち，民事執行法152条1項によれば，①債務者が国および地方公共団体以外の者から生計を維持するために支給を受ける継続的給付に係る債権（同項1号）および②給料，賃金，俸給，退職年金および賞与ならびにこれらの性質を有する給与に係る債権（同項2号）については，その支払期に受けるべき給付の4分の3に相当する部分（その額が標準的な世帯の必要生計費を勘案して政令で定める額（月額33万円）を超えるときは，政令で定める額に相当する部分）は，差し押さえてはならない。ここでいう「支払期に受けるべき給付」とは，給与等の名目額ではなく，源泉徴収される所得税，住民税，社会保険料を差し引いた手取額だと解されている（通説）。また，民事執行法152条2項によれば，退職手当およびその性質を有する給与に係る債権については，その給付の4分の3に相当する部分は，差し押さえてはならない。なお，差押えが禁止される部分が2分の1に縮減される場合もある（152条3項）。

差押禁止債権の範囲は，個別の事案の具体的事情に応じて変更することができる。すなわち，執行裁判所は，申立てにより，債務者および債権者の生活の状況その他の事情を考慮して，差押命令の全部もしくは一部を取り消し，または民事執行法 152 条によって差押えが禁止されている部分について差押命令を発することができる（153 条 1 項）。差押命令を取り消した後に事情の変更があったときは，申立てにより，再度，差押命令を発することができる。同様に，差押えが禁止されている部分について差押命令を発した後に事情の変更があったときも，差押命令の全部または一部を取り消すことができる（153 条 2 項）。

　なお，特別法によって差押えを禁止された債権については，民事執行法 152 条の適用はなく，全額について差押えが禁止される。また，民事執行法 153 条によって差押禁止の範囲を縮減することもできないと解されている。

Column㉗　給料等を原資とする預貯金債権に対する差押えと債務者の救済　◆•∘

　給料等の差押えが禁止されている給付が金融機関の口座に振り込まれて預貯金債権となった場合に，当該預貯金債権を差し押さえることは許されるかという問題がある。多数説によれば，この場合には 152 条 1 項は適用されず，当該預貯金債権に対する差押えは禁止されない。債務者の救済は，その申立てに基づく差押命令の一部取消し（153 条 1 項）によるべきであるとされている（同旨の裁判例として，東京高決平成 4・2・5 判タ 788 号 270 頁／百選［初版］66，東京地判平成 12・10・25 判タ 1083 号 286 頁，大阪地判平成 19・9・20 判時 1996 号 58 頁などがある）。しかし，債務者が 153 条 1 項による差押命令の取消しの制度を知らない場合もありうることから，差押命令を債務者に送達するに際して，この制度について書面で教示するべきであるという提案もなされていた（上原敏夫『債権

執行手続の研究』（有斐閣，1994年）194頁）。この提案は，令和元年改正により立法化されている（145条4項。⇒184頁）。

●━━●━━●━━●━━●━━●━━●━━●━━●━━●━━●━━●━━●━━●━━●━━●━━●

> **差押命令の申立て
> についての裁判**

執行裁判所は，差押命令の申立てが適式であるか否か，差し押さえるべき債権について差押えが禁止されていないか，**超過差押え**（146条2項）に該当しないかを審査する。差し押さえるべき債権の存否については，審査しない。また，差押命令の発令前には，債務者および第三債務者を審尋しない（145条2項）。債務者が差押えを予知して，目的債権を取り立てるなどの行動に出ることを防ぐためである。存在しない債権を対象とする差押命令も有効であり，差し押さえるべき債権の存否の確定は，取立訴訟（157条⇒202頁）等においてなされることになる。

執行裁判所が申立てを適法と認めるときは，差押命令を発する。差押命令においては，差し押さえるべき債権を特定し（特定の方法については，⇒176頁以下），①債務者に対して債権の取立てその他の処分を禁止するとともに，②第三債務者に対して債務者への弁済を禁止する（145条1項）。

差押命令の申立てについての裁判（申立ての却下または差押命令の発令）に対しては，執行抗告をすることができる（145条6項）。申立却下決定に対して執行抗告がなされ，抗告審で原決定を取り消す場合には，抗告裁判所自ら差押命令を発するのでなく，原審に差し戻して，執行裁判所が差押命令を発すべきである。仮に抗告裁判所が差押命令を発したとすれば，事前に債務者が審尋されることはなく（145条2項），また，高等裁判所である抗告裁判所が発した差押命令に対しては，債務者は特別抗告（民訴336条）または許可抗告

（民訴337条）以外に抗告をすることができない（裁7条2号）。執行裁判所が債務者を審尋せずに差押命令の申立てを却下していたとすれば，債務者は意見を聴取される機会を全く与えられないことになるからである。

> **差押えの効力**

(1) 発効時期　差押命令は，債務者および第三債務者に送達しなければならない（145条3項）。裁判所書記官は，差押命令を送達するに際し，債務者に対して，153条1項または2項の規定による当該差押命令の取消しの申立て（⇒182頁）をすることができる旨および当該申立てに係る手続の内容を書面で教示しなければならない（145条4項，規133条の2）。差押命令が第三債務者に送達された時に，差押えの効力が生ずる（145条5項）。

第三債務者が法人の場合には，原則として主たる事務所・営業所において代表者に送達する。ただし，金融機関については，差押命令の送達を受けた本店が預金債権の取扱支店に差押えの連絡をする前に預金の支払がなされる危険があるとして，取扱支店に送達するのが実務の扱いである（本店に送達された場合でも当該差押命令は有効であるとした例としては，東京控判昭和9・11・30新聞3806号14頁がある。この場合でも，本店から差押えの連絡がなされる前に取扱支店がした弁済について民法478条が適用されれば，金融機関は二重払の危険を回避することができる）。

(2) 客観的範囲　執行裁判所は，差押命令において，差押えの範囲を差し押さえるべき債権の一部に限定することができる（149条，規133条2項）。そうした限定がなければ，差押えの効力は，執行債権の額にかかわらず差し押さえられた債権の全部に及ぶ（146条1項）。

担保権付債権に対する差押えの効力は，従たる権利である担保権にも及ぶ（登記または登録された担保権の被担保債権に対する差押命令が効力を生じたときには，裁判所書記官は，差押債権者の申立てにより，差押えがされた旨の登記または登録を嘱託する旨を規定する 150 条は，これを前提にしていると解される）。元本確定前の根抵当権付債権に対する差押えの効力が根抵当権に及ぶかについては，元本確定前に根抵当権者から被担保債権を取得した者は根抵当権を行使することができないとする民法 398 条の 7 第 1 項との関係で問題があるが，積極に解すべきである。差押えは被担保債権についての処分を禁止するにすぎず，差押債権者を被担保債権を取得した者と同視すべきではないからである。実務上も，根抵当権の被担保債権が差し押さえられた場合には，差押えの登記をすることが認められている（昭和 55・12・24 法務省民三第 7176 号民事局長通達民事月報 36 巻 6 号 142 頁参照）。

　給料・賃料・割賦弁済金などの**継続的給付に係る債権に対する差押えの効力**は，執行債権および執行費用の額を限度として，差押えの後に債務者が受けるべき給付にも及ぶ（151 条）。

　(3)　**債務者に対する効力**　　差押えによって，債務者は被差押債権の取立てその他の処分（譲渡・免除・相殺等）をすることができなくなる。これに違反してなされた処分行為は，差押債権者のほか，差押えに基づく債権執行手続に参加したすべての債権者に対する関係で無効である（**手続相対効**）。

　差押えの効力に抵触する処分行為には，被差押債権そのものの処分のほか，被差押債権の帰属の変更を伴う行為も含まれる。たとえば，賃料債権に対する差押えが効力を生じた後に，債務者（建物所有者・賃貸人）が建物を譲渡した結果，賃貸人の地位が譲受人に移転した場合には，譲受人は賃料債権の取得を差押債権者に対抗する

ことができない（最判平成 10・3・24 民集 52 巻 2 号 399 頁／百選 51）。

　以上に対して，被差押債権を発生させた基本法律関係の処分は，差押えによっても禁じられない。賃料債権・売買代金債権の差押え後に賃貸借契約・売買契約を解除する場合，給料債権の差押え後に退職により雇傭関係を解消する場合がこれにあたる（後者において，債務者が同一の第三債務者に再雇傭されても，差押命令の効力は再雇傭後の給料債権に及ばないとした判例として，最判昭和 55・1・18 判時 956 号 59 頁／百選 50，東京地判昭和 63・3・18 判時 1304 号 102 頁がある）。また，賃料債権の差押え後に債務者（建物所有者・賃貸人）が第三債務者（賃借人）に賃貸借契約の目的である建物を譲渡したことにより賃貸借契約が終了した場合には，賃貸人と賃借人との人的関係，当該建物を譲渡するに至った経緯および態様その他の諸般の事情に照らして，賃借人において賃料債権が発生しないことを主張することが信義則上許されないなどの特段の事情がない限り，差押債権者は，第三債務者である賃借人から，当該譲渡後に支払期の到来する賃料債権を取り立てることができないとした判例として，最判平成 24・9・4 判時 2171 号 42 頁／重判平 24 民 8 がある。

　差押え後も債務者が被差押債権について訴訟追行権を有するかについては，見解が分かれている。債務者は，差押えによって被差押債権についての管理処分権を失うわけではなく，差押債権者の執行による満足を妨げる処分行為を禁じられるにとどまる。また，差押えがなされても，被差押債権の消滅時効の完成猶予の効力は生じない（大判大正 10・1・26 民録 27 輯 108 頁，東京地判昭和 56・9・28 判時 1040 号 70 頁）。それゆえ，差押債権者がいまだ取立訴訟を提起していないならば，時効の完成猶予のために，債務者に第三債務者に対する給付訴訟の当事者適格を認めるべきである。その場合に，債務者は

無条件の給付判決を求めることができるのか，差押えの解除を条件とする給付判決に限定されるのかが問題となる。債務者が無条件の給付判決を得たとしても，その執行手続において満足を受けることはできないとすれば，差押えの処分禁止の効力には抵触しない。債務者が開始した執行手続が満足の段階に至ったならば，第三債務者は，執行抗告・執行異議によって阻止することができる。以上の理由から，無条件の給付判決も可能というべきである（仮差押えがなされた事案において，債務者は無条件の給付判決を得ることができるとした旧法下の判例として，最判昭和48・3・13民集27巻2号344頁／百選53がある。また，この昭和48年最判に依拠しつつ，仮差押債権者は，第三債務者に対する債務名義に基づき第三債務者の有する債権を差し押さえることができるとした裁判例として，東京高決平成10・8・7判タ1034号281頁，東京高決平成21・6・4金法1896号105頁がある）。

Column㉘　債務者による給付訴訟と差押債権者による取立訴訟の競合

　　上記のように，差押えによっても債務者は差し押さえられた債権についての給付訴訟の当事者適格を失わない。他方で，債務者が第三債務者に対して給付の訴えを提起していても，差押債権者はなお，取立訴訟を提起する権限を有する。二つの訴訟が競合した場合には，二重起訴の禁止（民訴142条）を類推して併合審理を認めるべきである。これにより，審理の重複と第三債務者の二重に応訴する負担を回避することができる。

　　なお，債務者の提起した給付訴訟において第三債務者が勝訴しても，その判決の効力は差押債権者には拡張されない。したがって，第三債務者は再度，差押債権者から訴えられる危険がある。これを回避するためには，取立訴訟における参加命令（157条1項⇒202頁）を類推して，第三債務者に，債務者が提起した訴訟に差押債権者を当事者として引き込むことを認めるべきである。

差押え後に第三債務者について破産・民事再生・会社更生等の手続が開始された場合に，債務者が被差押債権について債権届出をすることも，権利保全の必要からこれを認めるべきである。

　なお，被差押債権について証書があるときは，債務者は差押債権者に対してその証書を引き渡さなければならない（148条1項）。

　(4)　第三債務者に対する効力　　第三債務者も，差押えによって債務者に対する弁済を禁止される。これに違反して弁済しても，差押債権者から取立てを受ければ，二重に債務を弁済しなければならない（民481条1項）。

　問題は，第三債務者が差押命令の送達を受けた時点で差押えを受けた債務の弁済のために取引銀行に振込依頼をしていた場合である。判例は，（仮）差押命令の送達後にされた当該振込依頼による弁済を（仮）差押債権者に対抗することができるのは，（仮）差押命令の送達を受けた時点で第三債務者に人的または時間的余裕がなく，振込依頼を撤回することが著しく困難であるなどの特段の事情がある場合に限られるとしている（最判平成18・7・20民集60巻6号2475頁／百選52）。

　第三債務者は，差押えの効力が生じた時に債務者に対して有したすべての抗弁を差押債権者に対抗することができる。**債務者に対する反対債権による相殺**は，反対債権が差押え後に取得されたものであるときは，差押債権者に対抗することができない（民511条1項。ただし，同条2項によれば，差押え後に取得された反対債権が差押え前の原因に基づいて生じたものであるときは，第三債務者は，差押え後に他人の債権を取得した場合を除き，反対債権による相殺をもって差押債権者に対抗することができる）。反対債権が差押え前に取得されたものである場合にどの範囲で相殺が認められるかについては，差押え当時に

双方の債権の弁済期がともに到来していることを要求する見解（相殺適状説），双方の債権の弁済期がともに未到来でも，自働債権の弁済期が先に到来するならば相殺を認める見解（制限説。最大判昭和39・12・23民集18巻10号2217頁はこの見解をとる），弁済期の先後を問わず，相殺適状に達しさえすれば，差押え後も相殺は可能だとする見解（無制限説。最大判昭和45・6・24民集24巻6号587頁／百選［初版］65はこの見解をとる）が対立していた。民法511条1項は，「差押えを受けた債権の第三債務者は，差押え後に取得した債権による相殺をもって差押債権者に対抗することはできないが，差押え前に取得した債権による相殺をもって対抗することができる。」と規定している。これは，差押え前に取得した反対債権による相殺につき，無制限説を採用したものと解される。

第三債務者の陳述の催告　差押債権者の申立てがあるときは，裁判所書記官は，差押命令の送達に際し，第三債務者に対して，差押命令の送達の日から2週間以内に次の事項について陳述すべき旨を催告しなければならない。すなわち，①被差押債権の存否・種類・額，②弁済の意思の有無・弁済する範囲または弁済しない理由，③優先権者の表示・優先権の種類・優先する範囲，④他の債権者の差押えまたは仮差押えの執行の有無等，⑤滞納処分による差押えの有無等である（147条1項，規135条1項）。第三債務者は，書面で陳述しなければならない（規135条2項）。

第三債務者に対する陳述催告の制度は，差押債権者の被差押債権に関する情報の不足を補うために，第三債務者から差押債権者に必要な情報を提供させることを目的とする。第三債務者の陳述は，事実の報告の性質を有するにすぎず，実体上の効果を生ずるものでは

ない。たとえば，第三債務者が被差押債権の存在を認めて支払の意思を表明し，相殺の意思を表明しなかったとしても，債務の承認・抗弁権の喪失等の実体上の効果は生じない（最判昭和 55・5・12 判時 968 号 105 頁／百選 54）。催告を受けた第三債務者は，故意または過失により，陳述をせずまたは不実の陳述をしたときは，これによって生じた損害（ex. 債権が存在するとの不実の陳述に従って試みた取立ての費用，債権が不存在であるとの不実の陳述に従って取立ての機会を逸したことの損害）を賠償しなければならない（147 条 2 項）。

二重差押え　すでに差し押さえられている債権について差押命令の申立てがなされたときは，執行裁判所はさらに差押命令を発することができる（144 条 3 項・149 条・156 条 2 項・165 条）。こうして同一の債権について複数の差押えがなされても，それぞれの差押えの額の総計が差し押さえられた債権の額を超えないときには，差押えの範囲が重複する部分はなく，差押えの競合は生じていない。これに対して，同一の債権について複数の差押えがなされ，それぞれの差押えの額の総計が差し押さえられた債権の額を超えるときは，差押えの競合を生ずる。この場合には，競合する債権者間の配当の平等を期するために，債権の一部差押えの効力が差し押さえられた債権の全部に拡張される（149 条）。具体例を挙げれば，以下のようになる。

(1)　100 万円の債権のうち，債権者 A が 50 万円を差し押さえた後，債権者 B が 40 万円を差し押さえた。さらに，債権者 C が 10 万円を差し押さえた場合には，A，B，C のした一部差押えは競合を生じていない（図①参照）。

(2)　(1)において，債権者 C が差し押さえたのが 20 万円であった場合には，差押えの競合を生じ，A，B，C のした一部差押えの効

力は，債権 100 万円の
全部に及ぶ（149 条前
段。図②参照）。

（3）（1）において，債
権者 A が差し押さえ
たのが 100 万円全額で
あった場合，債権者 B,
C のした一部差押えの
効力は，債権 100 万円
の全部に及ぶ（149 条
後段。図③参照）。

差押えが競合した場
合には，第三債務者は
差し押さえられた債権
の全額に相当する金銭
を供託しなければ債務
を免れない（156 条 2
項）。

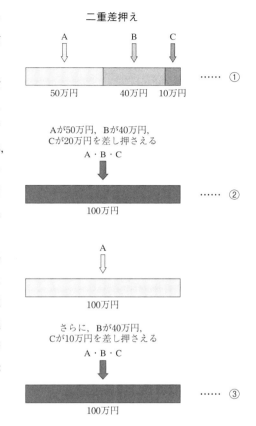

二重差押え

A　　　　　　B　　　C

50万円　　　40万円　10万円　……①

Aが50万円，Bが40万円，
Cが20万円を差し押さえる
A・B・C

100万円　……②

A

100万円

さらに，Bが40万円，
Cが10万円を差し押さえる
A・B・C

100万円　……③

> **配当要求**

債権執行において配当要求をなしうる債権
者は，執行力のある債務名義の正本を有す
る債権者，および文書により先取特権を有することを証明した債権
者である（154 条 1 項）。債権質権者は，質権の目的である債権を直
接，取り立てることができるため（民 366 条 1 項・2 項），配当要求
をすることができない。また，判例によれば，抵当権に基づいて賃
料債権に対して物上代位権を行使する債権者は，当該債権に対して

開始された債権執行において配当要求をすることができない（最判平成13・10・25民集55巻6号975頁／百選79）。なお，仮差押えの執行をした無名義債権者は，配当要求をせずに配当を受けることができる（165条）。

配当要求の終期は，第三債務者が権利供託（156条1項）または義務供託（156条2項）をした時（165条1号），取立訴訟の訴状が第三債務者に送達された時（165条2号），売却命令により執行官が売得金の交付を受けた時（165条3号）である。同一の手続においてこれらの複数が考えられるときは，そのいずれか早い時である。このほか，被差押債権について発せられた転付命令（⇒195頁）・譲渡命令（⇒199頁）が第三債務者に送達されたときは，被差押債権は，転付命令の場合はその券面額で，譲渡命令の場合は執行裁判所の定めた価額で弁済されたものとみなされるので（160条・161条7項），これ以後の配当要求はできない。転付命令・譲渡命令が第三債務者に送達されるまでに配当要求をすれば，転付命令・譲渡命令の効力は生じない（159条3項・161条7項）。

配当要求は，債権の原因・額を記載した配当要求書を執行裁判所に提出してする（規145条・26条）。判例によれば，動産売買先取特権に基づく物上代位権の行使としての債権差押えの申立てに配当要求の効力を認めることはできない（最判平成5・3・30民集47巻4号3300頁／百選76）。執行裁判所は，配当要求を適法と認めるときは，配当要求があった旨の文書を第三債務者に送達する（154条2項）。差押債権者および債務者に対しては，裁判所書記官が通知する（規145条・27条）。配当要求を却下する執行裁判所の決定に対しては，執行抗告をすることができる（154条3項）。

配当要求をした債権者は，被差押債権の換価金から配当等を受け

ることができる。しかし，自ら被差押債権を取り立てることはできない。また，差押債権者が債権執行の申立てを取り下げたり，執行手続が取り消された場合には，配当等を受けることはできなくなる。

3　金銭債権に対する強制執行(2)──換価・配当等

換価(1)──取立て

金銭債権に対する強制執行における原則的な換価の方法は，差押債権者自らが被差押債権を取り立てることである。差押債権者は，差押命令が債務者に送達された日から1週間を経過したときは，被差押債権を取り立てることができる（155条1項本文。被差押債権が差押禁止債権（152条1項・2項）である場合には，差押命令が債務者に送達された日から4週間を経過するまでは当該債権を取り立てることができない。155条2項）。差押債権者が取立権を取得するのは差押命令の効果であり，旧法下の取立命令のような取立てのための命令を必要としない。

差押債権者は，被差押債権の取立てのために必要な裁判外・裁判上の一切の行為をすることができる。たとえば，生命保険契約の解約返戻金請求権を差し押さえた債権者は，これを取り立てるため，債務者の有する解約権を行使することができる（最判平成11・9・9民集53巻7号1173頁／百選57）。証券投資信託であるMMFの受益者は，受益証券を販売した会社に対して条件付きの一部解約金支払請求権を有しており，当該請求権を差し押さえた債権者は，取立権の行使として，販売会社に対して解約実行請求の意思表示をすることができる（最判平成18・12・14民集60巻10号3914頁／重判平19民訴7）。

第三債務者が任意に支払に応じないときは，支払督促または取立訴訟（⇒202頁）によって取り立てることができる。差押債権者が

第三債務者から支払を受けたときは，執行債権および執行費用は，支払を受けた額の限度で弁済されたものとみなされる（155条3項）。第三債務者から支払を受けたときは，差押債権者は，直ちにその旨を執行裁判所に届け出なければならない（155条4項）。差押債権者は，被差押債権を取り立てることができることとなった日から第三債務者からの支払を受けることなく2年を経過したときは，支払を受けていない旨を執行裁判所に届け出なければならない（155条5項）。被差押債権を取り立てることができることとなった日から2年を経過した後4週間以内に，差押債権者が支払を受けた旨の届出または支払を受けていない旨の届出をしないときは，執行裁判所は，差押命令を取り消すことができる（155条6項）。差押債権者が，差押命令を取り消す旨の決定の告知を受けてから1週間の不変期間内に，被差押債権の一部の支払を受けた旨または支払を受けていない旨の届出をしたときは，差押命令を取り消す旨の決定は効力を失う（155条7項）。

　取立権を行使しうる範囲は，差押えの効力の及ぶ被差押債権の範囲と一致する。したがって，差押命令が被差押債権の全部について発せられた場合には，執行債権の額にかかわらず，被差押債権全額を取り立てることができる。第三債務者について破産手続が開始されれば，被差押債権全額について債権届出をすることができる。

　ただし，前述の弁済の効力が生ずるのは，執行債権および執行費用の額を限度とする（155条1項但書）。この額を超える金銭を第三債務者から受領した場合には，差押債権者は超過額を債務者に戻さなければならない。

　被差押債権について競合する債権者（差押債権者・仮差押債権者・配当要求債権者）がある場合には，第三債務者には**供託義務**が生じ

（156条2項），差押債権者は第三債務者に対して供託を請求することができる。差押債権者が取立訴訟を提起した場合には，**供託判決**がなされる（157条4項）。

差押債権者は，取立権の行使にあたり善管注意義務を負う。これを怠って十分な取立てができなかったために債務者に損害が生じた場合には，それを賠償しなければならない（158条）。

換価(2)──転付命令

差押債権者は，取立てに代えて転付命令の申立てをすることもできる。転付命令は，差し押さえられた金銭債権を支払に代えて券面額で差押債権者に転付する執行裁判所の裁判である（159条1項）。転付命令により，差押債権者は執行債権および執行費用について，被差押債権をもって代物弁済がなされたのと同様の効果を得ることができる（160条）。このように，転付命令は差押債権者に独占的満足をもたらすが，その反面で，第三債務者の無資力の危険は差押債権者が負担しなければならない。

転付命令が発令されるための要件は，①被差押債権が譲渡可能なものであること，②被差押債権が券面額を有すること，③転付命令が第三債務者に送達される時までに，被差押債権について，他の債権者が差押え・仮差押えの執行または配当要求をしていないことである。

(1)　被差押債権について譲渡が法律上禁止されている場合（労基83条2項，生活保護59条など）には，転付命令を発令することができない。しかし，被差押債権について債務者と第三債務者の間に譲渡禁止特約のあることは，転付命令の発令を妨げない。譲渡禁止特約の存在についての差押債権者の善意・悪意を問わない。仮に，差押債権者が譲渡禁止特約の存在について悪意である場合には転付命

令が発令されないとすると，譲渡禁止特約がされることが一般的な場合には差押債権者の悪意が推定されるために転付命令が発令されず，当事者間の合意によって特定の金銭債権を債務者の責任財産から除外することを認める結果となって，妥当でないからである（最判昭和45・4・10民集24巻4号240頁／百選［初版］73）。

(2)　**券面額**とは，債権の名目額として表示されている一定の金額をいう。非金銭債権には券面額がないが，金銭債権の中にも券面額が否定されるものがある。すなわち，将来の債権または条件付債権は，一般に券面額がない。将来の給料債権・賃料債権，保険事故発生前の保険金請求権などがこれにあたる。ただし，停止条件付債権も，転付命令の確定による弁済の効果の発生により停止条件が成就すれば，券面額の要件を満たすとされている（自動車損害賠償保障法15条の保険金請求権につき同旨の判例として，最判昭和56・3・24民集35巻2号271頁／百選［初版］74がある）。

他方で，家屋の賃貸借の終了後であってもその明渡し前においては，賃貸人が賃借人に返還すべき敷金の額は確定されないため，敷金返還請求権は券面額を有しない（最判昭和48・2・2民集27巻1号80頁／民百選Ⅱ［初版］63）。また，委任事務の処理のために委任者が受任者に交付した前払費用（民649条）についての返還請求権は，当該委任事務の終了前においてはその債権額を確定することができず，券面額を欠くとされた（最決平成18・4・14民集60巻4号1535頁／百選60）。

代替的な反対給付の履行に係る債権（ex. 種類売買において目的物が引き渡されない時点における売買代金債権）については，通説は券面額を否定するが，有力説は，差押債権者が債務者に代わって反対給付を履行するのであれば，転付命令を認めてよいとしている。

他人の優先権の目的となっている債権も，優先権が行使されるまで債権額が確定しないため，券面額を欠くと解されている。しかし判例は，質権の目的たる債権について券面額を肯定し，将来，質権の実行によって転付債権者が被転付債権の支払を受けられなくなった場合は，債務者に対して不当利得返還請求をすることができるとしている（大判大正 14・7・3 民集 4 巻 613 頁，最決平成 12・4・7 民集 54 巻 4 号 1355 頁／百選 61）。

　(3)　転付命令は，転付を受ける債権者に独占的満足を与えるものであるから，転付命令が第三債務者に送達される時までに，被差押債権について，他の債権者が差押え，仮差押えの執行または配当要求をして配当を受ける地位を得た場合には，効力を生じない（159 条 3 項）。ただし，転付命令を得た者が物上代位権を行使した先取特権者であるなど優先権を有する債権者であるときは，民事執行法 159 条 3 項の規定にもかかわらず，転付命令は有効だとされている（最判昭和 60・7・19 民集 39 巻 5 号 1326 頁／百選 75）。

　転付命令の申立ては，差押命令の申立てと併合してすることができる。実務上は，差押命令の申立てと同時に転付命令が申し立てられることが多い。差押命令と転付命令を同時に発する場合には，執行裁判所は，債務者および第三債務者を事前に審尋しない（145 条 2 項）。これに対して，差押命令の発効後に転付命令を発する場合であれば，債務者および第三債務者を利害関係人として審尋することができる。

　前述した転付命令の要件が満たされていると認められるときは，執行裁判所は，決定をもって，転付命令を発する（159 条 1 項）。転付命令は，債務者および第三債務者に送達しなければならない（159 条 2 項）。

転付命令の決定または転付命令の申立てを却下する決定に対しては，**執行抗告**をすることができる（159条4項）。執行抗告が，転付命令の発令後に執行停止文書（39条1項7号・8号）を提出したことを理由としてなされたときは，抗告裁判所は，他の理由により転付命令を取り消す場合を除き，**執行抗告についての裁判を留保**しなければならない（159条7項）。執行停止文書が提出された以上，直ちに執行抗告を却下して転付命令を確定させることは妥当でない。他方で，直ちに執行抗告を認容して転付命令を取り消してしまうと，執行停止中に他の債権者によって差押え・仮差押えの執行・配当要求がなされれば，執行停止の解消後に差押債権者が再度，転付命令を得ることは不可能になる。そこで，執行抗告についての裁判を留保するという方法がとられた。たとえば，債務者が請求異議の訴えを提起して執行停止決定を得，その正本を提出したことを理由に執行抗告を申し立てたときは，執行裁判所は，請求異議の訴えの判決があるまで執行抗告についての裁判を留保しなければならない。なお，抗告理由書提出期間（10条3項）経過後に執行停止決定の正本が提出された場合でも，執行抗告についての裁判を留保しなければならないかについては，積極説と消極説とが対立している（積極説をとる裁判例として，東京高決昭和56・12・11判時1032号67頁／百選62①，消極説をとる裁判例として，東京高決昭和57・3・15判時1042号103頁／百選62②。⇒42頁）。

　転付命令は，確定しなければ効力を生じない（159条5項）。被差押債権が差押禁止債権（152条1項・2項）である場合には，確定し，かつ，債務者に対して差押命令が送達された日から4週間を経過するまでは効力を生じない（159条6項）。転付命令が効力を生じたときは，差押債権者の債権および執行費用は，転付命令に係る金銭債

権（被転付債権）が存在する限り，その券面額で，転付命令が第三債務者に送達された時に弁済されたものとみなされる（160条）。裁判所書記官は，申立てにより，被転付債権を被担保債権とする先取特権，質権または抵当権の移転の登記等を嘱託し，および差押登記等の抹消を嘱託しなければならない（164条1項）。

換価(3)——譲渡命令等

被差押債権が条件付または期限付であったり反対給付に係るなどして，その取立てが困難であるときは，転付命令も不適当であることが多い。このような場合には，執行裁判所は，差押債権者の申立てにより，譲渡命令，売却命令，管理命令その他相当な方法による換価を命ずる命令を発することができる（161条1項）。

　譲渡命令は，被差押債権を執行裁判所が定めた価額で支払に代えて差押債権者に譲渡する命令である（161条1項）。転付命令に類似するが，差押債権者に対して代物弁済と同様の効果を生ずるのは，券面額ではなく，執行裁判所が定めた価額である（161条7項・160条）。価額を0円とする譲渡命令は差押債権者の債権等を消滅させる効果をもたらさないので，執行裁判所がこのような譲渡命令を発することはできない（最決平成13・2・23判時1744号74頁／百選63）。譲渡命令において定めるべき価額が差押債権者の債権および執行費用の額を超えるときは，執行裁判所は，譲渡命令を発する前に，差押債権者に超過額に相当する金銭を納付させなければならない（規140条1項）。譲渡命令が効力を生じ，差押債権者の債権および執行費用が弁済されたものとみなされたときは，差押債権者の納付した金銭は債務者に交付される（規140条2項）。譲渡命令が効力を生じたときは，裁判所書記官は，申立てにより，被差押債権を被担保債権とする先取特権，質権または抵当権の移転の登記等を嘱託し，お

および差押登記等の抹消を嘱託しなければならない（164条1項）。

　売却命令は，被差押債権の取立てに代えて，執行裁判所の定める方法による被差押債権の売却を執行官に命ずる命令である（161条1項）。執行官による売却の手続には，競売不動産の売却に関する規定が準用されている（161条7項・65条・68条）。被差押債権を売却しても無剰余となる場合には，執行裁判所は売却命令を発してはならず，執行官も売却を実施してはならない（規141条1項・2項）。執行官は，代金の支払を受けた後でなければ，買受人に債権証書を引き渡し，および債権譲渡の通知（161条6項）をしてはならない（規141条3項）。売却の手続が終了したときは，売得金は執行官によって執行裁判所に提出され（規141条4項），執行裁判所によって配当等が実施される（166条1項2号）。被差押債権を被担保債権とする先取特権，質権または抵当権があるときは，裁判所書記官は，申立てにより，先取特権，質権または抵当権の移転の登記等を嘱託し，および差押登記等の抹消を嘱託しなければならない（164条1項）。

　管理命令は，執行裁判所が管理人を選任して，被差押債権の管理を命ずる命令である（161条1項）。管理命令には，不動産の強制管理に関する規定が広く準用される（161条7項，規145条）。

　執行裁判所は，以上のほかにも，相当な方法による換価を命ずる命令を発することができる（161条1項）。

　執行裁判所がこれらの命令を決定で命ずる場合には，まえもって債務者を審尋しなければならない（161条2項）。この決定に対しては，執行抗告をすることができる（161条3項）。決定は，確定しなければ効力を生じない（161条4項）。被差押債権が差押禁止債権（152条1項・2項）である場合には，確定し，かつ，債務者に対して差押命令が送達された日から4週間を経過するまでは効力を生じな

い（161条5項）。

> **第三債務者の供託**　第三債務者は，差押債権者が1人の場合でも，被差押債権の全額に相当する金銭を債務の履行地の供託所に供託して，債務を免れることができる（156条1項。**権利供託**）。一部差押えの場合には，被差押部分に相当する額だけを供託することもでき，全額を供託することもできる。

　第三債務者は，同一の債権について債権者（差押債権者・仮差押債権者・配当要求債権者）が競合するときは，供託義務を負う。すなわち，取立訴訟の訴状の送達を受ける時までに，①すでに差し押さえられた債権のうち差し押さえられていない部分を超えて発せられた差押命令または仮差押命令の送達を受けたときは，被差押債権の全額に相当する金銭を，②配当要求があった旨の通知書の送達（154条2項）を受けたときは，差し押さえられた部分に相当する金銭を，供託しなければならない。供託場所は，権利供託の場合と同様に，債務の履行地の供託所である（156条2項。**義務供託**）。

　なお，同一の債権について差押命令の送達と転付命令の送達とを競合して受けた第三債務者が民事執行法156条2項に基づいてした供託は，転付命令が効力を生じているため法律上は差押えの競合があるとはいえない場合であっても，第三債務者に転付命令の効力の有無についての的確な判断を期待しえない事情があるときは，同項の類推適用により有効であるとした判例がある（最判昭和60・7・19民集39巻5号1326頁／百選56）。

　権利供託，義務供託のいずれについても，供託をした第三債務者は，その事情を執行裁判所に届け出なければならない（156条3項，規138条）。

| 取立訴訟 | 差押債権者は，取立権の行使として，第三債務者に対し，被差押債権の支払または供 |

託の方法による支払を求める訴えを提起することができる（157条。取立訴訟）。

取立訴訟において，被告である第三債務者の申立てがあるときは，受訴裁判所は，訴状の送達の時までに同一の債権を差し押さえた他の債権者に対し，共同訴訟人として原告に参加すべき命令（**参加命令**）を発する（157条1項）。参加命令の申立てについての裁判は，口頭弁論を経る必要はなく，決定でなされる（157条2項）。

取立訴訟の判決の効力は，当事者（取立訴訟を提起した差押債権者，参加命令により原告に参加した差押債権者，第三債務者）のほか，参加命令を受けた差押債権者で取立訴訟に参加しなかったものに対しても及ぶ（157条3項）。参加命令を受けず，取立訴訟に参加もしなかった差押債権者に対しては，判決の効力は及ばない（157条3項の反対解釈）。以上に対して，債務者に取立訴訟の判決の効力が及ぶかについては，取立訴訟の法的性質をどのように考えるかとも関連して，見解が分かれている。

Column㉙ 取立訴訟の法的性質 ●━━━━━━━━━━━━━━━━━━━━━

通説によれば，取立訴訟は第三者の法定訴訟担当であるとされている。取立訴訟の判決の効力が債務者に及ぶか否かについても，法定訴訟担当についての民事訴訟法115条1項2号の解釈に応じて，有利不利を問わず債務者に及ぶとする見解と有利な場合にのみ及ぶとする見解とが対立している。

これに対して，取立訴訟を差押債権者が固有の実体的地位に基づいて提起する訴えと解する有力説がある（**固有適格説**と呼ばれている）。この見解は，前述の民事執行法157条3項の反対解釈を一つの根拠とする。すなわち，参加命令を受けず，取立訴訟に参加もし

なかった差押債権者は，取立訴訟の判決の効力に服さないため，別途，第三債務者に対して取立訴訟を提起することができる。仮に，取立訴訟の判決の効力が債務者に及ぶとすると，債務者には，すでになされた取立訴訟の判決の効力に加えて，別の取立訴訟の判決の効力も拡張されることになる。それぞれの取立訴訟の結果が異なる場合には，矛盾する判決効の拡張を受けることになって収拾がつかない。

　この固有適格説の下でも，債務者に対する判決効の拡張を全面的に否定する見解と，有利な場合にのみ及ぶとする見解とが対立している。

配当等の手続　　差押債権者が被差押債権を取り立てたとき，または転付命令もしくは譲渡命令が効力を生じたときは，取立て時または転付命令・譲渡命令の第三債務者への送達時に弁済の効力が生じ（155条3項・160条・161条7項），執行手続は終了する。これに対して，執行裁判所によって配当または弁済金の交付（これを「**配当等**」という。84条3項参照）が実施される場合もある。それは，①第三債務者が供託（権利供託・義務供託）をした場合（166条1項1号），②取立訴訟の判決に基づく供託がなされた場合（166条1項1号），③被差押債権が売却命令によって売却された場合（166条1項2号），および④管理命令に基づく管理がなされている間に，管理人から事情届出（161条7項の準用する109条参照）があった場合（166条1項柱書）である。

　配当等を受けるべき債権者は，配当要求の終期（⇒192頁）までに差押え，仮差押えの執行または配当要求をした債権者である（165条）。

　配当等の手続については，不動産の強制競売における配当等の手

続に関する規定が広く準用される（166条2項，規145条）。

　被差押債権が差押禁止債権（152条1項・2項）である場合には，債務者に対して差押命令が送達された日から4週間を経過するまでは，配当等を実施してはならない（166条3項）。

Column㉚ **配当額の計算における遅延損害金の額** ━━━━━━━━

　「元金及びこれに対する支払済みまでの遅延損害金の支払」を内容とする債務名義を有する債権者が債権差押命令の申立てをする場合に，執行裁判所は，請求債権中の遅延損害金につき，申立日までの確定金額を申立書に記載させる取扱いをしている。これに従って債権差押命令の申立てをした債権者が，配当手続において受けることのできる配当額の計算の基礎とすべき債権額中の遅延損害金の額は，申立書の記載どおり申立日までの確定金額となるのか。それとも，これに申立日の翌日から配当期日までの遅延損害金の額を加えた金額になるのか。後者だとした場合，差押債権者は，配当手続において，配当期日までの遅延損害金の額を記載した債権計算書（規145条・60条⇒157頁）を提出する必要があるか。

　この問題について，最判平成21・7・14民集63巻6号1227頁／百選65は，差押えが競合したために第三債務者が被差押債権の全額に相当する金銭を供託し，供託金について配当手続が実施される場合（166条1項1号）には，執行裁判所の上記取扱いに従って債権差押命令の申立てをした債権者であっても，計算書で請求債権中の遅延損害金を申立日までの確定金額として配当を受けることを求める意思を明らかにしたなどの特段の事情のない限り，計算書提出の有無を問わず，配当期日までの遅延損害金の額を配当額の計算の基礎となる債権額に加えて計算された金額の配当（以下「債務名義の金額に基づく配当」という）を受けることができるとした。こうした結論を導くにあたって検討されたのは，以下の論点であった。

　①請求債権中の遅延損害金について，申立日までの確定金額を債

権差押命令の申立書に記載させる執行裁判所の上記取扱いをどのように評価するべきか。本判決は，こうした取扱いは法令上の根拠に基づくものではないが，第三債務者自らが請求債権中の遅延損害金の金額を計算しなければ，差押債権者の取立てに応ずべき金額がわからないという事態が生ずることのないようにするための配慮として，合理性を有すると判示している。

②「元金及びこれに対する支払済みまでの遅延損害金の支払」を内容とする債務名義を有する債権者は，本来，どの範囲の遅延損害金について債権差押命令の申立てをし，配当を受けることができるのか。この論点についての判示は，以下のとおりである。

債権者は，遅延損害金を元金の支払済みまでとする債権差押命令の発令を求めることができる。そして，差押えが競合するなどして配当手続が実施されるに至ったときには，計算書提出の有無を問わず，債務名義の金額に基づく配当を受けることができる。

③そうであるにもかかわらず，執行裁判所の上記取扱いに従って遅延損害金を債権差押命令の申立日までの確定金額とした差押債権者は，もはや，債務名義の金額に基づく配当を求めることはできないというべきだろうか。従来の執行実務はこうした見解（否定説）を採用し，差押債権者が配当手続において配当期日までの遅延損害金の額を記載した計算書を提出しても，債務名義の金額に基づく配当を受けることはできないという取扱いをしていた。これに対して本判決は，以下のような理由に基づき，肯定説を採るべきことを判示した。すなわち，差押債権者は，第三債務者の負担について①で述べた配慮をする限度で，執行裁判所の上記取扱いを受け入れたものであり，第三債務者の負担に配慮する必要がない場合には，通常は，債務名義の金額に基づく配当を求める意思を有していると解するのが相当である。差押債権者がこれと異なる意思を有していることを計算書において明らかにしたなどの特段の事情のない限り，債務名義の金額に基づく配当を求める意思を有するものとして取り扱

われ，計算書提出の有無を問わず，債務名義の金額に基づく配当を受けることができるというべきである。

　本判決後の執行実務においては，債権差押命令の申立ての段階では，これまでどおり遅延損害金につき申立日までの確定金額を申立書に記載させる一方で，配当手続の段階では，差押債権者が，計算書提出の有無を問わず，債務名義の金額に基づく配当を受けることができるように，配当表を作成するようになった（東京地方裁判所民事執行センター「債権配当における運用の変更等について」金法1883号（2009年）36頁参照）。さらに，最決平成29・10・10民集71巻8号1482頁／重判平30民訴4は，上記取扱いに従って債権差押命令の申立てをした債権者が，被差押債権の取立てとして第三債務者から金員の支払を受けた場合，申立日の翌日以降の遅延損害金にも上記金員を充当することができると判示している。

④ 少額訴訟債権執行

制度の趣旨　少額（訴額60万円以下）の金銭の支払の請求を目的とする訴えに関する簡易裁判所の少額訴訟手続においては，一期日審理の原則（民訴370条）の下で簡易・迅速に判決その他の債務名義を得ることができる。しかし，債務名義に基づいて被告（債務者）の賃金債権・預金債権等に対する強制執行をするためには，地方裁判所に申立てをしなければならない（143条・144条1項）。これでは不便であるとの批判を受けて，平成16（2004）年に民事執行法が改正され，**少額訴訟債権執行手続**が創設された（167条の2以下）。これにより，少額訴訟の判決等の債務名義（確定判決・仮執行宣言付判決，訴訟費用または和解の費用の負担の額を定める裁判所書記官の処分，和解または認諾の調書，和解に代わ

る決定。167条の2第1項）に基づく金銭債権に対する強制執行は，簡易裁判所で行うことができるようになった。

| 執行機関 | 少額訴訟債権執行の執行機関は，**簡易裁判所の裁判所書記官**および**執行裁判所**である。 |

裁判所書記官は，通常の債権執行手続における差押命令に相当する**差押処分**を行い，配当要求および弁済金の交付の手続を担当する（167条の2・167条の9・167条の11第3項）。

執行裁判所は，通常の債権執行手続においては地方裁判所であるが（144条1項），少額訴訟債権執行手続においては，差押処分等の執行処分を行う裁判所書記官の所属する簡易裁判所が執行裁判所となる（167条の3）。執行裁判所は，裁判所書記官の執行処分に対する執行異議の申立てについての裁判，差押禁止債権の範囲の変更の裁判，地方裁判所での通常の債権執行手続への移行の裁判を行う（167条の4第2項・167条の8・167条の10～167条の12）。なお，少額訴訟債権執行の不許を求める第三者異議の訴えについては，困難な判断を要する事例が想定されるなどの理由から，管轄裁判所は執行裁判所ではなく，執行裁判所の所在地を管轄する地方裁判所とされている（167条の7）。

| 差押処分 | 少額訴訟債権執行は，債権者の申立てに基づいて，裁判所書記官の差押処分により開始する（167条の2第2項）。 |

差押処分においては，差し押さえるべき債権を特定し，債務者に対して債権の取立てその他の処分を禁止するとともに，第三債務者に対して債務者への弁済を禁止する（167条の5第1項）。債務者が差押処分を予知して目的債権を取り立てるなどの行動に出ることを防ぐために，差押処分の前には，債務者および第三債務者を審尋しない（167条の5第2項の準用する145条

2項）。差押処分は，債務者および第三債務者に送達しなければならず，第三債務者に送達された時に，差押処分の効力が生ずる（167条の5第2項の準用する145条3項・5項）。差押処分によって差押えの効力が生ずる範囲，第三債務者の陳述の催告，二重差押え，差押禁止債権などについても，通常の債権執行手続に関する規定（146条～152条）が準用されている（167条の14）。

差押処分の申立てについての裁判所書記官の処分に対しては，その告知を受けた日から1週間の不変期間内に，執行裁判所に執行異議を申し立てることができる（167条の5第3項）。執行異議の申立てについての執行裁判所の裁判に対しては，さらに執行抗告をすることができる（167条の5第4項）。

配当要求 通常の債権執行手続において配当要求をすることのできる債権者は，少額訴訟債権執行手続においても，裁判所書記官に対して配当要求をすることができる（167条の9第1項）。配当要求を却下する旨の裁判所書記官の処分に対しては，その告知を受けた日から1週間の不変期間内に，執行裁判所に執行異議を申し立てることができる（167条の9第3項）。執行異議の申立てを却下する執行裁判所の裁判に対しては，さらに執行抗告をすることができる（167条の9第4項）。

換価 少額訴訟債権執行手続においては，換価は，差押債権者自らが被差押債権を取り立てることによって行う（167条の14の準用する155条）。換価のための転付命令，譲渡命令，売却命令，管理命令その他相当な方法による換価を命ずる命令は，その発令要件について困難な判断を要することがあるため，少額訴訟債権執行においては認められていない。差押債権者がこれらの命令を求める場合には，執行裁判所に対して，こ

れらの命令のうちのいずれを求めるかを明らかにして，地方裁判所の**債権執行手続への移行**を求める申立てをしなければならない（167条の10第1項）。この申立てに基づいて，執行裁判所は，その所在地を管轄する地方裁判所における債権執行手続に事件を移行させる（167条の10第2項）。

弁済金の交付　第三債務者が供託をした場合に，債権者が1人であるとき，または債権者が2人以上であって供託金で各債権者の債権および執行費用の全部を弁済することができるときは，裁判所書記官は，供託金の交付計算書を作成して，債権者に弁済金を交付し，剰余金を債務者に交付する（167条の11第3項）。債権者が2人以上となる場合としては，①差押処分がされた金銭債権についてさらに差押処分がされたとき，②差押処分がされた金銭債権についてさらに差押命令が発せられたとき，③差押処分がされた金銭債権について配当要求がされたとき，がある。①の場合に，それぞれの差押処分をした裁判所書記官の所属する簡易裁判所が異なるときには，一方の差押処分をした裁判所書記官が他方の裁判所書記官に事件を移送することができる（167条の2第4項・144条3項）。弁済金の交付の手続を一つの裁判所においてすることができるようにするためである。②の場合にも同様の理由により，執行裁判所は，その所在地を管轄する地方裁判所または差押命令を発した執行裁判所のいずれかにおける債権執行手続に，事件を移行させることができる（167条の11第4項）。

配当のための移行　第三債務者が供託をしたが，債権者が2人以上であって供託金では各債権者の債権および執行費用の全部を弁済することができないため配当を実施すべき場合は，執行裁判所は，その所在地を管轄する地方裁判所におけ

る債権執行手続に，事件を移行させる（167条の11第1項）。債権者が2人以上となる場合のうち，①差押処分がされた金銭債権についてさらに差押処分がされたときには，当該差押処分をした裁判所書記官の所属する簡易裁判所の所在地を管轄する地方裁判所における債権執行手続にも，事件を移行させることができ，②差押処分がされた金銭債権についてさらに差押命令が発せられたときには，当該差押命令を発した執行裁判所における債権執行手続にも，事件を移行させることができる（167条の11第2項）。

差押処分がされた金銭債権についてさらに差押命令が発せられた場合において，当該差押命令を発した執行裁判所の売却命令によりその金銭債権が売却されたときは，執行裁判所は，当該差押命令を発した執行裁判所における債権執行手続に，事件を移行させる（167条の11第5項）。この場合には，売得金が差押命令を発した執行裁判所に提出されているため（規141条4項参照），その執行裁判所において配当手続を実施するのが適切だからである。

| 裁量による移行 | 執行裁判所は，差し押さえるべき金銭債権の内容その他の事情を考慮して相当と認め |

るときは，その所在地を管轄する地方裁判所における債権執行手続に，事件を移行させることができる（167条の12第1項）。たとえば，債務者以外の者の名義となっている預金債権については，実体的に債務者の預金債権であるかどうかの判断が困難であるため，執行裁判所の裁量によって，事件を移行させることができる。

船舶の引渡請求権
に対する執行

債務者所有の船舶であって第三者の占有しているものに対して船舶執行（112条以下⇒164頁）を行うためには、まず、債務者の船舶の引渡請求権を差し押さえなければならない。差押えの方法は、金銭債権に対する差押えと同様に、執行裁判所の発する差押命令である（143条）。

差押債権者は、債務者に差押命令が送達された日から1週間を経過したときは、第三債務者（＝船舶を占有する第三者）に対し、船舶の所在地を管轄する地方裁判所の選任する保管人にその船舶を引き渡すべきことを請求することができる（162条1項）。第三債務者が引渡しに応じないときは、差押債権者は取立訴訟を提起し、保管人への引渡しを命ずる判決を得て、引渡しの強制執行を行う。

保管人に引き渡された船舶については、船舶執行の方法によって強制執行が行われる（162条2項）。すなわち、債権者の船舶執行の申立てに基づいて、船舶について強制競売の開始決定（114条）がなされる。換価および配当等の手続も、船舶執行として行われる。船舶の引渡請求権それ自体の換価・配当等の手続は予定されていない。このように、船舶の引渡請求権に対する執行は、**船舶執行の前駆としての性格**を有している。

動産の引渡請求権
に対する執行

債務者所有の動産を第三者が占有し、提出を拒む場合には、動産執行の方法によることができない（124条参照）。そのため、債務者の動産の引渡請求権を差し押さえる債権執行の方法が用いられることになる。しかし、動産の引渡請求権に対する執行は、動産執

行の前駆ではなく，独自の換価および配当等の手続を有している。すなわち，差押債権者は，債務者に差押命令が送達された日から1週間を経過したときは，第三債務者に対し，差押債権者の申立てを受けた執行官にその動産を引き渡すべきことを請求することができる（163条1項）。第三債務者が引渡しに応じないときは，差押債権者は取立訴訟を提起し，執行官への引渡しを命ずる判決を得て，引渡しの強制執行を行う。動産の引渡しを受けた執行官は，動産執行の売却の手続により動産を売却し，売得金を執行裁判所に提出しなければならない（163条2項）。また，譲渡命令・売却命令等の方法によって，動産の引渡請求権自体を換価することもできる（161条）。

配当等の手続は，執行裁判所が実施する（166条1項3号）。

執行官が動産の引渡しを受けた時までに，差押えがされている動産引渡請求権をさらに差し押さえた債権者がいる場合には，その債権者も配当手続に参加し，配当を受けることができる（165条4号）。ただし，金銭債権に対する強制執行におけるのと異なり，第三債務者による事情届の制度（156条3項⇒201頁）が存在しないため，執行裁判所は，競合する後行の差押債権者の存在を把握できないこともありうる。もっとも，後行の差押債権者が第三債務者に対する陳述の催告（147条1項⇒189頁）を申し立て，第三債務者が先行する差押えの存在について陳述すれば，後行の差押事件の執行裁判所は，競合する先行の差押事件の存在を知ることができる。その場合には，後行の差押事件の執行裁判所は，先行の差押事件の執行裁判所に後行の差押事件の存在を知らせなければならない（後行の差押債権者には，先行の差押事件で実施される配当手続に参加するために，自らの差押事件の執行裁判所および先行事件の執行裁判所に対し，自らの差押事件の進行について問い合わせをするなどの措置を執るべき義務はない。最判平

成 18・1・19 民集 60 巻 1 号 109 頁／重判平 18 民訴 7）。

Column㉛　貸金庫の内容物に対する強制執行の方法 ··········

　銀行の貸金庫の内容物に対する強制執行の方法としては，動産執行が考えられる。しかし，銀行は貸金庫の利用者の承諾なしに内容物の提出に応じようとはしないため，動産執行ではなく，利用者の銀行に対する内容物の引渡請求権を差し押さえる方法が提唱された。判例も，最判平成 11・11・29 民集 53 巻 8 号 1926 頁／百選 64 において，「銀行に対し，貸金庫契約の定めるところにより，利用者が内容物を取り出すことのできる状態にするよう請求する利用者の権利」を内容物の引渡請求権とみて，この引渡請求権に対する執行を認めた。差押債権者が取立訴訟を提起した場合には，貸金庫を特定すれば足り，貸金庫内の個々の動産を特定する必要はないとされている。貸金庫の内容物が何かを差押債権者が特定することには困難があることを考えれば，妥当な結論であろう。しかし，内容物の引渡請求権に対する執行という法律構成には，銀行が内容物について占有（民 180 条）を有することをどのように根拠づけるか等の理論上の課題もある。判例が内容物の引渡請求権だとした利用者の権利を「その他の財産権」（167 条 1 項）とみて，それに対する執行と構成する可能性もあったように思われる（⇒⑥）。

◆◆◆◆◆◆◆◆◆◆◆◆◆◆◆◆◆◆◆◆◆◆◆◆◆◆◆◆◆◆◆◆◆◆◆◆◆◆

航空機・自動車・建設機械の引渡請求権に対する執行

　航空機の引渡請求権に対する執行は，船舶の引渡請求権に対する執行に準じて行われる（規 142 条）。

　自動車または建設機械の引渡請求権に対する執行には，まず，動産の引渡請求権に対する執行の規定（163 条 1 項）が適用される。執行官が引渡しを受けた後は，自動車または建設機械に対する強制執行の方法による（規 143 条）。

6 その他の財産権に対する強制執行

執行の対象 　不動産，船舶，動産，金銭債権および物の引渡請求権以外の財産権（民事執行法167条にいう「**その他の財産権**」）に対する強制執行については，特別の定めがあるもののほか，債権執行の例による（167条1項）。「その他の財産権」の具体例としては，電話加入権（規146条～149条参照），不動産の賃借権，振替社債等（規150条の2～150条の8参照），電子記録債権（規150条の9～150条の16参照），知的財産権，株式会社以外の会社の社員持分，信用金庫会員の持分その他の組合員持分，ゴルフクラブ会員権が挙げられる。

　ビットコインなどの暗号資産（仮想通貨）は，独立した財産的価値を有し，その換価によって執行債権に満足を与えることができるものであるから，「その他の財産権」として執行の対象となる。ただし，差押えや換価を行うためには，債務者が保管している秘密鍵の情報が必要であり，これをいかなる方法で取得するかなど，立法的解決を要する問題も多い。

強制執行の手続 　上記のとおり，その他の財産権に対する強制執行については債権執行の例によるため，差押えの方法は，執行裁判所の差押命令である。管轄は，権利の移転につき登記等を要するものについては，その登記等の地にある（167条2項）。差押えの効力は，第三債務者またはこれに準ずる者がないものについては，差押命令が債務者に送達された時に生ずる（167条3項）。権利の移転につき登記等を要するものについては，差押えの登記等が差押命令の送達前にされた場合には，差押えの登記等がされた時に差押えの効力が生ずる（167条4項本文）。権利の

処分の制限につき登記等をしなければその効力が生じないもの（特許98条1項，新案26条，意匠36条，商標35条）については，差押えの登記等と差押命令の送達の先後を問わず，差押えの登記等がされた時に差押えの効力が生ずる（167条4項但書）。

　換価については，それぞれの権利の性質に応じて適当な換価方法を執行裁判所が命じる（ゴルフクラブ会員権について譲渡命令による換価を認めた例として，東京高決昭和60・8・15判タ578号95頁／百選66がある。信用金庫会員の持分についても，譲渡命令による換価が認められる。東京地判昭和44・5・29判タ240号245頁／百選〔初版〕81）。

　配当等の手続についても，債権執行の例による。

第5章　非金銭債権の実現——非金銭執行

　これまでみてきたように，執行債権が金銭の支払を目的としたものであるときは，債務者の財産を差し押さえ，それを換価した金銭を債権者に配当するという手続がとられる。これは資本主義経済下での金銭という物の普遍的な交換価値に着目したものといえるが，金銭以外の物の給付を目的とした請求権，さらには給付以外の債務者の行為（作為・不作為）を求める請求権の場合には，このような方法は妥当しない。そこでとられる執行方法は大きく2つの態様に分かれる。一つは，その請求権をそのままの態様で強制的に実現する方向であり，いま一つは，当該請求権を何らかの形で金銭化し，最終的には金銭執行の形で実現する方向である。

　民事執行法は，まず金銭以外の物（不動産・動産）の引渡し・明渡しの強制執行について，前者の直接的な履行の方法をとることを原則とする（直接強制）。これに対し，物の給付義務以外の態様による債務者の作為義務のうち，他の者による代替が可能な代替的作為義務については，他の者による債務内容の実現＋その費用の債務者

による負担（代替執行）という形で，執行の金銭化が図られる。他方，他の者による代替が不可能な非代替的作為義務や不作為義務については，金銭（強制金）の支払を命じ，その支払を望まない債務者の履行を間接的に強制する（間接強制）という形で，やはり執行の金銭化が図られている。また，子の引渡しについては，間接強制の前置を前提にしながら，一定の条件がある場合は，直ちに直接的な強制執行を可能とする。さらに，非代替的作為義務の中でも，債務者による履行自体に意味はなく，その履行結果のみに意味があるという点で特殊な義務である意思表示義務については，意思表示の擬制という形で，直接的な請求権の実現が図られている。なお，平成 15 年改正および 16 年改正により，物の引渡し・明渡しや代替的作為義務，扶養義務等についても間接強制による執行が可能とされている（⇒232 頁）。

1 物の引渡し・明渡しの強制執行

金銭以外の有体物の引渡し・明渡しを目的とする請求権の強制執行の方法である。債権に限らず，物権的請求権の執行も含まれる（民事執行法は，第 2 章第 2 節の「金銭の支払を目的とする債権についての強制執行」と同第 3 節の「金銭の支払を目的としない請求権についての強制執行」とを書き分けている）。物を製造して引き渡すというような複合的義務については，製造など前提行為が完了しない限りは，引渡し等の執行の対象とはならず，前提となる作為義務の強制執行（代替執行・間接強制）をまず行うべきことになる。

不動産の引渡しまたは明渡しの強制執行は，執行官が目的物に対する債務者の占有を解いて債権者にその占有を取得させる方法により行う（168条1項。人の居住する船舶やキャンピングカー等に対する強制執行も同様の方法による）。債権者に占有を取得させなければならないので，債権者またはその代理人が執行の場所に出頭しない限り，強制執行は実施できない（168条3項）。執行官は，不動産の占有状況を調査するため，電気・ガス・水道等公益事業を営む法人に必要な事項の報告を求め（168条9項・57条5項），不動産に立ち入り，開扉のため必要な処分をすることができる（168条4項）。債務者の抵抗を受ける場合は，執行官は，威力を用い，または警察上の援助を求めることができる（6条1項）。また，執行官は，不動産の占有者を特定するために，現に不動産にいる者に対し，質問をし，または文書の提示を求めることができる（168条2項。正当な理由なく，これに応じず，または虚偽の陳述等をした者は，6月以下の懲役または50万円以下の罰金に処される。213条1項4号）。債務者にとどまらず，その家族・雇人など債務者に付随して居住している者も強制的に退去させることができる（ただし，賃借人など社会通念上独立の占有を有すると認められる者に対しては，別個の債務名義を要する。東京高判昭和32・9・11判時132号14頁参照）。なお，占有者を次々と入れ替える態様の執行妨害に備えて，承継人等を特定しない承継執行文の付与が認められる（27条3項⇒67頁）。

　不動産の引渡しまたは明渡しの強制執行については，従来から，債務者に苛酷となる事態を避けるため，第1回の執行実施は債務者への明渡しの催告にとどめ，債務者の事情に配慮して明渡し等の断行日を定める運用がされていたようである。そこで，平成15年改

正は，この点を制度化し，**明渡しの催告**の制度を創設した。すなわち，執行官は，債務者が不動産を占有している場合に，強制執行の申立てがあったときは，引渡期限を定めて明渡しの催告をすることができる（168条の2第1項。この催告は原則として明渡執行の申立てから2週間以内に実施される。規154条の3第1項）。引渡期限は，原則として催告の日から1月であるが，執行裁判所の許可により，より長い期限を定めることができるし（168条の2第2項），延長も可能である（168条の2第4項）。明渡催告をした場合に，債務者がそれを利用して占有移転など執行妨害行為をすることがないよう，占有の移転は禁止され（168条の2第5項），執行官は引渡期限および占有移転の禁止を公示書その他の標識の掲示により公示しなければならない（168条の2第3項）。この公示は当事者恒定の効果をもち，債権者は明渡催告後の新たな占有者に対して（承継執行文なしに）強制執行することができる（168条の2第6項）。ただ，善意の非承継占有者は執行異議または強制執行不許の訴えを提起できるし（168条の2第7項・9項。ただし，催告後の占有者は悪意が推定される。168条の2第8項），債権者に対抗できる権原による占有者は執行異議の申立てができる（168条の2第9項）。また，この公示書その他の標識を損壊した者は，1年以下の懲役または100万円以下の罰金に処される（212条2号）。

Column㉜ 「引渡し」と「明渡し」の違い ～～～～～～～

民事執行法168条は不動産の「引渡し又は明渡しの強制執行」について規定しているのに対し，同169条は単に動産の「引渡しの強制執行」とのみ定める。この「引渡し」と「明渡し」の概念の区別はドイツ法に由来するとされ，「引渡し」が単に目的物の直接支配を移転することとされるのに対し，「明渡し」は，その中に債務者

等が居住しまたは物品を置いて占有しており，これを引き払って立ち退くことによって債権者に目的物の直接支配を移転することであるとされる。したがって，「明渡し」は「引渡し」の一種ということになる（法律は両者を合わせて「引渡し等」という概念を使う。168条見出し参照）。

不動産の中には動産が存在することが多いが，不動産の引渡し等の強制執行においては，その取扱いが問題となる。執行官は，引渡し等の執行をする際に，その目的物でない動産があるときは，それを取り除いて，債務者，その代理人，同居の親族・使用人等に引き渡すのが原則である（168条5項前段）。ただ，それらの者が現場におらず，または受取りを拒否するなどしてその引渡しができないときには，執行官はそれら**目的外動産**を動産執行の方法により売却することができる（168条5項後段，規154条の2第1項）。特に明渡しの催告が実施されているときは，強制執行の実施（断行）予定日に動産をその場で売却する旨を執行官が決定できるし，（高価な動産を除き）強制執行の断行日に公告なしに売却することも認められている（規154条の2第2項〜4項）。このような引渡し・売却をしなかった目的外動産については，執行官が保管しなければならず，その後にこれを売却できる（168条6項）。その保管の費用は執行費用とされる（168条7項）。売却がされると，執行官は，売得金から売却・保管に要した費用を控除し，その残額を供託する（168条8項）。

動産の引渡しの強制執行

有価証券を含む**動産の引渡し**の強制執行は，執行官が債務者からこれを取り上げて債権者に引き渡す方法による（169条1項）。動産執行の場合の差押禁止動産も，引渡執行の対象とはなる。債権者

またはその代理人が強制執行の場所に出頭しない場合でも執行は実施できるが，この場合には執行官がその動産を保管しなければならず，当該動産の種類・数量等を考慮して保管が困難である等やむをえないときは，執行実施を留保できる（規155条）。執行官の任意弁済受領権限・立入捜索権限等は動産執行の場合に準じ，執行対象動産内に目的外動産があるとき（たとえば自動車の中の動産）は不動産の引渡し等の執行の場合に準じる（169条2項）。

第三者占有物の引渡しの強制執行　不動産・動産を問わず，第三者が強制執行の目的物を占有している場合には，債務名義の名宛人ではない第三者に対して引渡しの強制執行をすることは，原則としてできない。ただ，その第三者が債務者に対してその物を引き渡すべき義務を負っている場合には，執行裁判所が債務者の第三者に対する**引渡請求権**を差し押さえ，その請求権の行使を債権者に許す旨の命令を発する方法で引渡執行をすることができる（170条1項）（貸金庫保管物に関し，特定動産の引渡しの債務名義を有する債権者は，貸金庫の内容物の引渡請求権を差し押さえることができることにつき，東京高決平成21・4・30判時2053号43頁参照）。第三者が任意に引渡しをしないときは，債権者は訴訟の提起などにより引渡請求権を実現することになる。この場合は第三者が執行場面に登場するなど債権執行に類似した局面があるので，執行裁判所，第三者の陳述催告，債権者の取立権等の債権執行に関する規定が準用されている（170条2項，規156条）。

子の引渡しの強制執行　有体物の引渡しの強制執行の方法は前記のとおりであるが，民法上の物でなく引渡しが問題となるものとして，子の引渡しの強制執行がある。従来の民事執行法には，子の引渡しの強制執行に関する明文規定がなかった。

しかし，裁判等において子の引渡しを命じる債務名義が作成されることがあり，その場合にどのような方法で強制執行を実施するかについては，説が分かれていた。動産の引渡しの強制執行に関する規定（169条1項）を類推適用して執行官による取上げ・債権者に対する引渡しを認める直接強制説，子の移動に対する債務者の妨害の排除を強制するものとする間接強制説，原則として間接強制によりながら将来のための適当な処分（平成29年改正前民414条3項）として取上げ・引渡しを認める折衷説などがあった（下級審裁判例も，直接強制を肯定するものと否定するものに分かれていた）。しかるに，近時の離婚件数の増加や少子化の動向を反映して，子の引渡しに関する紛争が増加し，対立は先鋭化する一方，ハーグ条約実施法において，子の返還の強制執行の手続が明文化された（⇒*Column*㉝参照）。そこで，令和元年改正において，ハーグ条約実施法の規律を参考にしながら，国内における子の引渡しの強制執行についても，子の福祉に十分な配慮をする等の観点から明確な規律を整備することにしたものである（同時に，ハーグ条約実施法も改正された）。

　具体的な手続としては，間接強制（172条）と直接的な強制執行（執行裁判所が決定により執行官に子の引渡しを実施させる方法）とが併用される（174条1項）。そして，両者の関係については，間接強制が前置されるか，その実効性がないことや子の急迫の危険の防止の必要があることが直接的な強制執行の要件とされる（174条2項）。

　直接的な強制執行の手続については，原則として債務者審尋が必要とされるが，審尋により強制執行の目的が達成できない場合は不要となる（174条3項）。管轄裁判所は代替執行と同じである（174条5項）。ハーグ条約実施法ではいわゆる同時存在の原則（強制執行の際に債務者の存在を必要的とする規律）が採用されていたが，その結果，

債務者がいないところでは執行できず，債務者がいるとその強硬な抵抗にあってやはり執行が不能になるという問題があった。そこで，今回の改正では債務者の同時存在を必要とせず，それに代えて債権者の出頭が必要とされた（175条5項）。債権者は通常，子の他方の親であるので，その者が出頭していれば，執行現場における子の混乱を避けることができると考えられたものである。ただ，例外的には債権者の代理人の出頭でも足りるものとされるが，その場合は代理人の適格性を判断するため，裁判所の許可が必要となる（175条6項）。

　また，執行場所については，債務者の住居その他債務者の占有する場所が原則とされ（175条1項），それ以外の場所における執行は原則としてその場所の占有者の同意を要する（175条2項）。ただ，必ず同意を要するとすると，執行妨害のおそれもあるため，子の住居においては裁判所の相当性判断を前提に，占有者の同意に代わる許可に基づく執行も可能とされる（175条3項）。直接的な強制執行の内容として，執行裁判所が執行官に対して必要な行為を命じるほか（174条4項），子の監護を解くために必要な行為として執行官の権限が定められている。そこでは，債務者の説得，建物への立入り・子の捜索，債権者と子・債務者との面会等が定められているが（175条1項各号），執行官は，子に対して威力を用いることはできず，子以外の者に対しても子の心身に有害な影響を及ぼすおそれがあるときはやはり威力を用いることができない（175条8項）。そして，子の引渡しの直接的な強制執行に際して，執行裁判所および執行官に対し，子の心身に有害な影響を及ぼさないように配慮をする責務が課されている（176条）。子の心身の負担への配慮と子のために行われる強制執行の実効性との調和を図る趣旨である。

Column㉝ ハーグ条約実施法における子の返還の強制執行 ◆◆◆◆

　令和元年改正の前に，子の取上げの強制執行を初めて明示したものとして，平成25年に成立したハーグ条約実施法（「国際的な子の奪取の民事上の側面に関する条約の実施に関する法律」）があった。ハーグ条約は，国際結婚が破綻して子を連れて日本に戻った夫婦の一方に対して，連れ帰った子をいったん元の居住国に返還することを可能にする条約であるが，その際に国際的な子の返還に関する強制執行の規律が整備された。

　ただ，その運用においては，債務者が子の返還に強硬に反対する場合について，必ずしも十分に機能していないとの批判があった。実際，平成30年12月末まで，同法に基づく子の返還の代替執行（解放実施）の手続が実施された結果として，子の返還が実現した例は存在しないとされていた。また，解放実施が失敗し，最終的に人身保護請求によった例も公表されている（最判平成30・3・15民集72巻1号17頁／重判平30国私1参照）。このような状況については，内外から問題点の指摘がされてきたところ，国内における子の引渡しの強制執行に関する規律が整備されるのに対応して，子の返還の強制執行に関しても，それと同様の規律になるように改正がされた。

　その結果，従来のハーグ条約実施法の規定から，間接強制前置の変更（同法136条），審尋の例外の許容（同法138条2項），同時存在の原則の廃止（同法140条3項の削除，同条1項による民事執行法175条5項・6項の準用），場所についての同意に代わる許可（同法140条1項による民事執行法175条3項の準用），執行裁判所等の配慮責務（同法140条1項による民事執行法176条の準用）など，子の引渡しの強制執行と同様の規律に改められた。これにより，ハーグ条約上の日本国の義務がよりよく履行されることが期待されている。

2 作為・不作為の強制執行

　給付義務以外の作為義務および不作為義務の強制執行がここでの問題である。民法414条1項は，債務者が任意履行をしないときは，債務の性質がそれを許さない場合を除き，「民事執行法その他強制執行の手続に関する法令の規定に従い，直接強制，代替執行，間接強制その他の方法による履行の強制を裁判所に請求することができる」ものとする。それに対応して，民事執行法において，①代替的作為義務については代替執行による（171条1項1号），②非代替的作為義務については間接強制による（172条），③そのうち意思表示をすべき義務については裁判による擬制を認める（177条），④不作為義務については，違反行為の結果除去や将来のための適当な処分に関しては代替執行（171条1項2号），将来の違反の禁止に関しては間接強制（172条）によるものとされている。これは平成29年の民法（債権法）改正に伴うものであり，従来は民法の中に規定があったもの（平成29年改正前民414条2項・3項）を，執行方法の詳細については，民事執行法等に規定を委ね，手続法による創意工夫を可能にするとともに，民法には執行方法の主要なカタログのみを定め，実体法における参照機能を維持する趣旨と考えられる。

　経済活動の自由化・多様化を受けて契約内容も多様化し，その結果，債務者が単純な給付義務以外の義務を負う場合が増加しており，そのような義務の強制執行の重要性も増している。とりわけ義務履行の最後の手段である間接強制については，その活用が議論され，いわゆる間接強制の補充性については批判も多かった。その結果，

平成 15 年，平成 16 年改正において相次いで，間接強制の適用範囲が大幅に拡大され（⇒232 頁），上記のような義務内容に応じた執行方法の区分も大きく見直されている（間接強制の補充性の緩和。⇒232頁以下参照）。

| 代 替 執 行 |

債務者以外の者による代替履行の可能な作為を目的とする請求権の強制執行の方法は，原則として**代替執行**による（171 条 1 項。ほかに，間接強制にもよることができることにつき，⇒232 頁）。作為の代替性は，その作為を債務者本人がするか第三者がするかによって，債権者の受ける結果について経済的・法律的に差異がない場合に認められる。実際に最も例が多いのは，借地契約の解除等を理由に地上建物の取壊しを求める建物収去の強制執行である。この場合，債権者にとって重要であるのは地上の建物が消滅するという結果だけであり，建物の取壊しという作為を債務者自身がしても取壊業者等の第三者が行っても差異はないので，代替執行に親しむ。このほか，名誉毀損等の場合の新聞への謝罪広告の掲載，物の修理・運送など非個性的労務の履行などがこれにあたる。

Column34 「謝罪」義務の強制履行 ━━━━━━━━━━

　民法 723 条は，他人の名誉を毀損した者に対して，被害者の名誉を回復するのに適当な処分を命じることを認めている。そして，そのような名誉回復処分として，新聞紙等に謝罪広告を掲載すべき旨を債務者（加害者）に対して命じることが認められてきた。しかし，これが仮に債務者の真の謝罪を命じるものであるとすれば，思想および良心の自由を保障した憲法 19 条や表現の自由を保障した憲法 21 条に違反するものとする批判がある。判例は，それが単に事態の真相を告白し，陳謝の意を表するにとどまる程度のものであれば，代替執行によることを可能と解している（最大判昭和 31・7・4 民

集 10 巻 7 号 785 頁／百選 68)。ただ，「陳謝の意を表します」という文言を代替的作為義務の対象と把握することにはなお疑問が払拭できず，当該事実が名誉毀損に該当する旨の単なる広告で十分ではないかなどの批判もあり，議論が続いている。この問題については，伊藤眞『法律学への誘い〔第 2 版〕』(有斐閣，2006 年) 46 頁以下参照。

代替執行は，執行裁判所に対する**授権決定**の申立てによる。代替執行の執行裁判所は，債務名義の区分に応じて，執行文付与の訴えの管轄裁判所と同じである (171 条 2 項・33 条 2 項)。金銭執行の場合とは異なり，執行債権の実体的な内容と執行処分とが密接な関連性を有するため，債務名義の形成に関与した裁判所等に執行も担当させる方が適当だからである。したがって，たとえば，債務名義が判決であるときは第一審裁判所，訴訟上の和解や調停であるときは和解等の成立した裁判所が執行裁判所となる。執行裁判所は，授権決定をする場合には，債務者を審尋しなければならない (171 条 3 項)。

執行裁判所は，債権者の申立てを認める場合には，当該作為 (代替行為) を債務者の費用で債務者以外の者に実施させることを債権者に授権する旨の決定 (授権決定) をする。代替行為については特定を要するが，実施者の指定は要しない (実務上，建物収去執行等では，執行官が指定されることが多いという)。授権決定は債務名義ではなく，執行文の付与を要しない。授権決定およびその申立てを却下する決定に対しては，執行抗告をすることができる (171 条 5 項)。

債権者は授権決定に基づいて代替執行の実行にあたる。授権決定に実施者の指定がないときは，債権者自身が代替行為を行うことも

できるし，債権者が任意に選任する第三者に実施させることもできる。この場合の債権者または第三者の代替行為は私人の行為であっても国家の強制執行権を実施する行為である（最判昭和41・9・22民集20巻7号1367頁／百選［初版］88参照）から，代替行為の実施に際して債務者等の抵抗を受ける場合には，執行官に対し援助を求めることができる（171条6項・6条2項）し，債務者等は違法な代替行為については執行異議の申立てができる。

　代替行為実施の費用は債務者の負担となる。執行裁判所は，債権者の申立てにより，債務者に対し，必要な費用をあらかじめ債権者に支払うべき旨を命じる前払決定もできる（171条4項）。前払決定およびその却下決定に対しては執行抗告が可能である（171条5項）。前払決定がされないときまたは前払分より多額の費用を要したときは，通常の執行費用と同様に，執行裁判所の裁判所書記官が費用額を定める（42条4項以下）。債務者が任意に費用額を支払わないときは，債権者は，前払決定（22条3号）または費用額確定処分（22条4号の2）を債務名義として，金銭執行の方法によりその費用額を回収することになる。

| 間接強制の意義 |

債務者以外の者が債務を代替して履行できないような作為の場合（非代替的作為義務）の強制執行は，間接強制の方法による。また，債務者が一定の作為をしない義務を負っている場合（不作為義務）の強制執行についても，当該不作為自体の強制執行については，間接強制の方法による（これに対して，違反結果の除去や将来のための適当な処分については，代替執行の方法による。171条1項2号）。前者の例としては，芸能人の劇場出演義務や財産管理人の清算行為義務などがあり，後者の例としては，騒音を出さない義務や競業行為をしない義務などがある。

これらは債務者本人が義務を履行する必要があるので，金銭の賦課により心理的な強制をかける以外に強制的な履行を求める方法はない（子との面会交流を定める家事審判についても，給付内容の特定に欠けるところがない場合は，間接強制の対象となりうる。最決平成 25・3・28 民集 67 巻 3 号 864 頁／百選 70）。

　間接強制の対象となるのは，その債務の履行が債務者の意思のみに係る場合に限られ，債務者に履行の意思があっても他の事情のためにこれが履行できないような場合には，その適用はないとされている（最大判昭和 31・7・4 民集 10 巻 7 号 785 頁／百選 68 など。最近のものとして，最決平成 27・6・3 金判 1471 号 20 頁／重判平 27 民訴 6（間接占有者に対する建物退去土地明渡しの債務名義に基づく間接強制が許されないとされた事例））。ただ，どのような事情があれば，債務者の意思のみによって履行できないことになるかは困難な問題であり，仮に債務の履行に第三者の協力が必要な場合であっても，債務者がその協力を得るために最善の努力をしていないようなときには，なお間接強制を認めるべきものと解される（なお，諫早湾干拓事業において排水門の開放を禁じる仮処分決定と排水門の開放を命じる確定判決とがある場合であっても，いずれの裁判に基づいても間接強制ができると判断するものとして，最決平成 27・1・22 判時 2252 号 33 頁／百選 71 参照）。

　従来は，民事執行法上，間接強制が許されるのは，直接強制や代替執行が不可能な債務に限定されていた。その意味で，間接強制は，他の執行方法によることができない場合の最後の手段として機能するものとされていた（**間接強制の補充性**）。間接強制は債務者の人格（意思の自由）への侵害が大きく，実効性の限定された執行方法であることがその理由とされていた。しかし，結果において金銭の問題として解決する間接強制が債務者の人格を侵害するというのは形式

的な理由であるし，金銭執行や明渡執行等が可能な義務でも場合によっては間接強制がより実効的な解決を可能にする局面はあると考えられる（動産執行などが実際には間接強制的にしか機能しない場合も多いことは前述のとおりである）。また，執行債務の履行方法に多様性がある場合（後述の抽象的差止判決（*Column* ㊲⇒236頁）の場合が典型的である）などには，債務者に債務の履行方法を選択させる間接強制の方法の方が，むしろ債務者の人格（選択権）の尊重に資するし，より適切な履行方法が可能になるとも考えられる。このような観点から，間接強制の補充性に対しては多くの批判が加えられていた。

Column ㉟　間接強制の活用──現代的意義 ・・・・・・・・・・・・・・・・

　間接強制は現代において執行方法としての重要性を増しつつある。それは，一方では，知的財産権に基づく差止請求や公害・生活妨害に対する差止請求など非金銭請求が社会において重要な意味をもつようになってきている状況の反映であり，他方では，金銭執行（特に少額債権の執行）の機能不全が問題とされていることにもよる。後者については，少額訴訟により少額の金銭債権が判決手続で保護されるようになったにもかかわらず，執行手続においては十分な手当てがされておらず，仮に判決を取得してもそれを実現できないとすれば，市民の司法制度に対する不信を招く結果となろう。その意味で，間接強制の補充性の見直しや間接強制の実効性確保手段の検討が，国民の期待に応える民事司法のあり方を考えていくうえでも，重要な課題となっている。平成15年・16年改正による間接強制の適用範囲の拡大以後も，少額訴訟債権執行制度の実効性なども考慮しながら，なお議論が続けられるべき問題であろう。間接強制の現代的意義をめぐる議論については，伊藤眞ほか「〔座談会〕間接強制の現在と将来」判タ1168号（2005年）23頁以下参照。

上記のような批判を受けて，平成15年改正では，新たに，不動産の引渡し・明渡しの強制執行（168条），動産の引渡しの強制執行（169条），目的物を第三者が占有している場合の引渡しの強制執行（170条），代替的作為義務等の強制執行（171条）について，債権者の申立てがあるときには，間接強制の方法により行うことができることとした（173条1項前段）。執行方法の選択は債権者に委ねられており，債権者は自由にいずれかの方法を申し立てることができる。また，複数の方法を同時に申し立てることもできる（ex.不動産の明渡しの強制執行を執行官に申し立て，それとともに明渡しが完了するまでの間，間接強制を申し立てるなど）。この場合の間接強制の手続は，通常の場合と同じである（173条1項後段による172条2項〜5項の準用）。また，執行裁判所については，対象債務名義に係る執行文付与の訴えの管轄裁判所と同じであるが，物の引渡請求権が対象債権に含まれる関係で，対象となる債務名義の範囲が拡大する（支払督促や執行証書も含まれる）ため，独自の定めが設けられている（173条2項。172条6項・171条2項と対比）。

平成15年改正においては金銭債務に係る間接強制については，その濫用のおそれなどに配慮して，慎重な検討をすべきものとして改正が見送られた。しかし，少額の金銭債権の実現等のために実効性のある強制執行の方法として間接強制の許容を求める根強い要請に応え，平成16年改正においては，濫用のおそれが小さく，かつ，その利用を認める必要性が特に大きい場面として，扶養義務等に係る金銭債権（151条の2第1項各号）について，間接強制の方法が許容されることになった（167条の15第1項本文）。たとえば，離婚した妻が子の養育費について元の夫に対して支払請求権を有する場合

に，それが任意に履行されないケースが多くある一方，元夫の給料債権等を差し押さえれば，職場に居づらくなり，金銭執行の方法がとりにくい場合があることなどから，間接強制はこのような妻や子などの有効な権利救済の方法になりうると考えられる。

　ただ，十分な資力がない債務者に対して間接強制を認めると，債務の履行ができないまま間接強制金が積み上がっていくという苛酷な結果を生じうるので，債務者の生活を不当に圧迫することがないように，配慮がされている。すなわち，債務者が支払能力を欠くために債務の弁済ができないときや債務の弁済により生活が著しく窮迫するときは，間接強制の方法はとりえない（167 条の 15 第 1 項但書）。また，後述のように，間接強制の手続についても，原則としては通常と同一の手続によるが（167 条の 15 第 6 項），部分的に他の場合とは異なる配慮がされている（強制金額の考慮要因の明示（167 条の 15 第 2 項）や事情変更による取消し（同条 3 項）など）。なお，債権執行の場合（⇒180 頁）と同様，扶養義務等が定期金債権であり，その一部に不履行があるときは，定期金債権のうち 6 月以内に確定期限が到来するものについても間接強制が許される（167 条の 16）。

*Column*㊱　多様な間接的強制方法の模索　••••••••••••••••••••

　金銭債務についても，本来は，債務者が抵抗を諦め，自主的に債務を履行することが最も実効的かつ穏当な請求権の実現方法であるといえよう。ただ，現在の間接強制は金銭の支払の方法しか認めていないところ，お金を払わない（金銭債務を履行しない）債務者に対して，お金を払えと命じることがどれだけ実効性をもつか，疑問がある。むしろ何らかの社会的不利益を債務者に与えるような制裁も考えられるところである。たとえば，ドイツや韓国などでは，債務を履行しない債務者の氏名を公表する債務不履行者名簿の制度をもつし，債務を履行しない債務者の運転免許やパスポートを剥奪す

る国もある。日本でも，行政上の義務の不履行については，不履行者の公表の制度が設けられていることもある。もちろん，このような社会的不利益の賦課が日本社会で容認されるか，特に氏名の公表がプライバシー等との関係で認められるかなどについては，慎重な検討が必要であるが，一つの選択肢として真剣な議論が必要であろう（諸外国の制度を踏まえた立法提案として，三木浩一編『金銭執行の実務と課題』（青林書院，2013年）353頁以下がある）。

| 間接強制の手続 |

間接強制の執行申立ては**強制金決定**の申立てによる。不作為義務の執行の場合に，執行裁判所が「相当と認める一定の期間内に」違反行為を停止しないときは，直ちに強制金決定の申立てをすることができる（172条1項）。この点で，債務者の義務違反行為が先行することが必要か，違反行為の危険が存する場合に予防的に強制金決定の申立てをすることができるかについては，議論がある。不作為義務は債務者の違反行為がない限り，不履行とはならないので，その執行は問題とならないとする見解も有力であるが，これでは，一回的不作為義務（ex.ある舞台公演に出演しない義務）では事実上強制執行の方法がなくなってしまうので，違反行為がされる危険性が存すると合理的に認められる場合には，強制金決定の申立てはできるものと解される（最決平成17・12・9民集59巻10号2889頁／百選69，大阪高決平成24・2・27判時2153号38頁。もちろん強制金決定を執行するためには執行文の付与を受ける必要があり，そのためには実際に違反行為がされたことを立証する必要がある。27条1項参照）。強制金決定をするに際しては，裁判所は申立ての相手方を審尋しなければならない（172条3項）。

強制金決定において，執行裁判所は，債務者に対し，「債務の履

行を確保するために相当と認める一定の額の金銭」の支払を命ずる（172条1項）。強制金の支払については，遅延の期間に応じて命ずるか（遅延1日につきX円の支払など），相当と認める一定の期間内に履行しないときには直ちに支払を命ずる方法による。金額は原則として全面的に裁判所の裁量により定められるが，扶養義務等に関する場合は，債務不履行により債権者が受けるべき不利益，債務者の資力，従前の債務の履行態様を特に考慮しなければならない（167条の15第2項）。債務者に過度に大きな負担を課さない趣旨である。強制金は債権者の所有に帰し，債務者の損害賠償債務の弁済に充当される（その意味では，一部将来の損害賠償を命ずるのと同じ効果をもつ）。損害額が強制金の支払額を超えるときは別途損害賠償請求をすることは妨げられないが（172条4項），強制に必要な範囲で強制金が損害額を超えることも可能である（超えた部分も不当利得とはならない）。

決定後に事情の変更があったときは，強制金決定の変更ができるが（172条2項），変更決定についても相手方の審尋が必要とされる（172条3項）。扶養義務等に関する場合は，債務者の申立て時（その後に事情変更のあったときは事情変更時）までさかのぼって，強制金決定の取消しが可能とされる（167条の15第3項）。債務者保護のため，決定の遡及的取消しを認めたものであるが，権利関係の安定のため，遡及基準時は，債務者の取消申立ての時を原則としたものである。強制金決定にもかかわらず債務が履行されないときは，強制金額の引上げも可能である（その例として，諫早湾開門事件に関する，福岡高決平成27・6・10判時2265号42頁参照）。強制金決定や強制金申立却下決定に対しては，執行抗告ができる（172条5項）。強制金決定は債務名義となり（22条3号），債務者が作為義務を履行しない場合

や不作為義務に違反した場合には，条件成就執行文（27条1項）の付与を受けて金銭執行をすることができる。債務者が義務を履行した場合は，強制金決定は失効するが，すでに発生している強制金の支払については，金銭執行を継続することができる（ただ，仮処分命令の被保全権利が発令時から存在しなかった場合，当該仮処分命令の保全執行としてされた強制金決定に基づき取り立てられた金銭は不当利得となる。最判平成21・4・24民集63巻4号765頁／百選89）。

Column 37 抽象的差止判決の強制執行

公害や生活妨害に基づく差止請求の場合，原告が侵害排除行為を具体的に特定せず，抽象的に侵害行為の防止を求めることがある。たとえば，道路からの大気汚染物質の流入を防止するため，道路通行の規制や防除工事等の具体的方法を特定せず，一定量以上の汚染物質の流入を禁止する旨の判決を求めるような場合である。このような事件では，被害者には侵害発生のメカニズムが十分にわからず，有効な防止措置を特定する専門的知見が欠けている場合も多いので，むしろ被告側に一次的な防止措置考案の義務を負わせるのが妥当と考えられる。そこで，上記のような抽象的差止判決を適法とし，第一次的には間接強制により債務者に防止措置の選択権を付与し，十分な措置がとられない場合には第二次的に債権者が代替執行等によって将来のための適当な処分として執行すべき（171条1項2号）ものとする見解が有力である。従来は，このような差止請求が実際に認められる事案は少なかったが，近年道路公害等重要な事件で認容例が増加しており（たとえば，国道43号訴訟に関する神戸地判平成12・1・31判時1726号20頁），今後は現実に執行方法が問題となるケースが生じてこよう（請求の適法性との関係で間接強制の可能性を肯定するものとして，名古屋高判昭和60・4・12判時1150号30頁／百選67参照）。

3 意思表示義務の強制執行

意思表示の義務は，債務者に代わって第三者がすることのできない義務であるから，非代替的作為義務として，本来的には間接強制の方法によるはずである。しかし，**意思表示義務**にあっては，実際に債務者が意思を表示すること自体は重要ではなく，債権者が求めているのは，意思表示の結果として得られる一定の法律効果である。たとえば，債務者の**登記申請**の意思表示義務の場合，実際の意思表示は重要でなく，問題は債務者の意思表示の結果として，当該登記が（債権者単独の申請により）可能となるという効果（不登 63 条 1 項参照）それ自体である。そこで，法は，このような場合に間接強制という迂遠な経路をとることなく，意思表示を命ずる債務名義の効果が発生した時点で，債務者が当該意思表示をした旨を擬制することとした。実際の例のほとんどは登記義務に関連するが，その他，債権譲渡の通知や株主総会における議決権行使，官公署に対する許認可申請などの例がありうる。

擬制の要件

債務名義において債務者に命じられている義務が「意思表示をすべきこと」である必要がある（177 条 1 項）。すなわち，執行債権が意思表示請求権である場合に限られる。ここでいう「**意思表示**」には，一定の法律効果を伴う意思表示を一般的に含むほか（NHK の放送受信契約に係る承諾の意思表示につき，最大判平成 29・12・6 民集 71 巻 10 号 1817 頁／重判平 30 憲 8・民 6 参照），やはり法律効果を伴うものであれば，準法律行

為である観念の通知なども含まれる。意思表示の名宛人は，登記義務に代表されるように，債権者ではなく第三者であってもよい。意思表示とともに事実行為を必要とする場合には，意思表示執行とともに代替執行によることも可能であるが（債権譲渡の通知では，通知行為自体の執行は代替執行によることになろう），当該事実行為が非代替的作為義務である場合は意思表示の擬制は実質上無意味であり，全体の義務を間接強制により執行するほかないこととなる。また，意思表示の内容が債務名義上明確に特定されていることも要件となる。特に登記義務については，登記すべき不動産等の表示や登記原因・日付等が債務名義の中で明らかにされていなければならない。

擬制の効果　現実の執行行為は必要なく，判決の確定や和解の成立等により債務者が当該意思表示をしたものとみなされる（177条1項）。その意思表示は有効適式に行われたものとみなされるので，仮にその時点で債務者が意思無能力であった場合でも，能力があったものとして扱われる。ただし，擬制の対象はあくまで意思表示に限られるので，債権者の求める法律効果の発生について他の要件を必要とする場合には，当該要件を具備する必要があることは当然である。問題は，その意思表示の到達の要件であるが，意思表示の相手方が債権者である場合には，判決の送達や和解の成立の時点で，その到達も認められるので，擬制の発効により法律効果も発生する。意思表示の相手方が第三者である場合には，判決の謄本等を債務者が当該第三者に送付し（この送付行為の執行が代替執行により行いうることは前述のとおりである），その到達の時点で意思表示の到達が認められ，法律効果が発生する。いずれにしろ，意思表示執行は判決確定等の時点で即時に終了する。登記義務の場合も，登記の実行自体は執行行為ではない（最判昭和

41・3・18 民集 20 巻 3 号 464 頁／百選 72 参照）。

効果発生の時期 意思表示の擬制の効果が発生するのは，原則として判決等の確定または和解・認諾等の成立の時点である（177 条 1 項本文。外国判決や仲裁判断の場合には，その執行判決・執行決定が確定した時点である）。執行文の付与も原則として必要ない。ただし，この点については，以下のような例外がある。まず，①意思表示請求権が確定期限の到来に係る場合には，その期限の到来時に効果が発生する（30 条 1 項）。次に，②債務者の意思表示が債権者の証明すべき事実の到来に係る場合には，**条件成就執行文**が付与された時に意思表示があったものとみなされる（177 条 1 項但書）。たとえば，農地の売買において知事の許可を条件として移転登記手続を命ずる債務名義においては，債権者が当該許可の存在を証明して条件成就執行文を取得した時点で，債務者の移転登記手続意思の表示があったことが擬制される。この場合，文書による証明ができず執行文付与の訴えにより執行文が付与された場合は，その認容判決確定の時点で擬制の効果が生じ，執行文付与異議等により執行文付与が取り消された場合は，擬制の効果は遡及的に消滅する（この点は，以下の執行文についても同様である）。

　また，③債務者の意思表示が反対給付との引換えに係る場合には，債権者が反対給付またはその提供のあったことを証する文書を提出したときに執行文が付与され（執行文付与申立書の記載事項につき，規165 条参照），その時点で意思表示があったものとみなされる（177 条1 項但書・2 項）。たとえば，一定額の金銭の支払と引換えに移転登記手続を命ずる債務名義においては，債権者が当該額の金銭を供託等してその証明書に基づき執行文を取得した時点で，債務者の移転登記手続意思の表示があったことが擬制される。引換給付の場合の

反対給付は通常は執行開始要件とされているが（31条1項），意思表示の場合は現実の執行行為が存しないこと，また債権者に先履行させても，執行文付与とともに執行が終了するので，問題はないことから，執行文付与の要件としたものである。

　最後に，④債務者の意思表示が債務の履行その他の債務者の証明すべき事実のないことに係る場合には，債務者に対し，一定の期間を定めてその事実を証明する文書の提出を催告し，債務者がその期間内にその文書を提出しないときに執行文が付与され（執行文付与申立書の記載事項につき，規165条参照），その時点で意思表示があったものとみなされる（177条1項但書・3項）。たとえば，債務者が一定の期日までに金員を支払わない場合に移転登記手続を命ずる債務名義がこれにあたる（なお，遺留分権利者による移転登記手続請求に関し，最判平成9・2・25民集51巻2号448頁参照）。この場合に，当該事実（支払のなかったこと等）を債権者に証明させるのは酷であり，証明責任の分配からも適当でないが，他方で全く証明なしに執行文を付与して後は債務者による執行文付与異議で争わせることは，債務不履行をしていない債務者にとって酷であり，原状回復が困難となる場合もあろう。そこで，このような場合には，所定の期間内に当該事実（支払のあったこと等）を証明する文書（領収書等）を提出する機会を債務者に付与し，防御の機会を与えるとともに証明責任に適合した解決を図ったものである。なお，前述のように（*Column* ⑭⇒68頁），過怠約款付請求権等に係る債務名義の場合の条件成就執行文についても，この規定を類推して，債務者に過怠のないことを証明する機会を付与する旨の見解が有力である。

第6章

担保権実行手続および 換価のための競売

1 担保権実行制度の意義

① 担保権実行の根拠

　担保権の実行については，実体法上様々な手続が定められているが（ex. 債権質権の直接取立て，流抵当など），民事執行法上は，担保権の目的財産を競売その他の方法によって強制的に換価し，または目的財産から生ずる収益を回収し，それにより被担保債権の満足を債権者（担保権者）に与える手続が規定されている。このような担保権実行の根拠となるのは，実体法上認められている担保目的物およびその収益を換価処分する担保権者の権能（**換価権**）である。この点が，債務名義の執行力をその根拠とする強制執行との大きな相違である。民事執行法の立法時の議論では，担保権実行にも強制執行に準じて公正証書や受忍判決など債務名義（物的債務名義と呼ばれた）を要求する方向で検討がされた。しかし，旧競売法以来，登記

簿謄本に基づく権利実行を認め，債務名義を必要としない実務運用が定着していたこともあり，結局そのような考え方は採用されなかった。したがって，民事執行法は，担保権実行を強制執行と同一の法律の中に取り込み共通に規整する部分を拡大したものの，なお担保権に内在する実体的換価権をその根拠とする点で，担保権実行には強制執行とは異なる本質的な特殊性が認められている。

ただ，民事執行法は，上記のような本質的位置づけを維持しながら，実体的換価権を根拠とするがゆえに担保権実行に生じていた実際的な不都合を是正する途を追求した。第一に，実体権の存否を執行機関が判定することの困難さが問題とされていたが，民事執行法は，担保権実行の開始について，担保権の存在を証する文書等法定文書の存在を要求するか，担保目的物の提出により担保権の存在を簡易に推定すること等によって，執行機関による担保権調査を簡易化した（ただ，執行異議等に基づき執行機関による担保権存否の再審査の余地を認め，換価権を実行根拠とする理念を維持している）。第二に，実体権が存在しない場合に，担保権実行の結果が事後的に覆される（買受人の所有権取得等の効果が否定される）という不安定さが問題とされていたが，民事執行法は，担保権不存在・消滅を主張する簡易な実体異議等を認める代わりに，換価による担保目的物の取得は，担保権の不存在・消滅によって妨げられないとする効果を認めた（184条・193条2項。なお，動産については，従前から民法上の即時取得（民192条）による保護が認められていた）。この結果，実際的な観点からみれば，担保権実行と強制執行との差異は大きく減少したものといえる。

従来は競売法において強制執行とは別個に規律されていた担保権の実行が，民事執行法によって同じ法律の中に規定されることになったが，担保権実行と強制執行の間には，なおいくつかの相違点がある。最も重要なものは，①でもふれた権利実行の理論的根拠の相違である。物的債務名義制を採用しなかった民事執行法では，債務名義の執行力を実行の根拠とする強制執行に対し，担保権実行はあくまで担保権に内在する実体的換価権をその直接の根拠とする。そして，この点が両者の手続にいくつかの差異を生じさせている。

まず，強制執行は執行文を付した債務名義に基づいて実施されるのに対し，担保権実行には債務名義は不要とされる。ただ，それに代わるものとして，不動産担保権の実行や債権に対する担保権実行等においては法定文書が必要とされ（181条・193条等），動産競売では担保目的動産の提出，差押承諾文書の提出または執行裁判所の許可が必要とされる（190条）。しかし，法定文書等もその性質は担保権の存在を証する証拠文書にすぎず，債務名義とはその本質を異にすると考えられる（⇒248頁）。

また，実体権に関する不服申立ての方法も，強制執行の場合は請求異議訴訟・執行文付与異議訴訟など訴訟手続による（⇒77頁以下）のに対し，担保権実行については，執行異議・執行抗告といった執行手続上の方法（決定手続）による主張が可能とされる（182条・191条等。実体異議等という）。実体的換価権が担保権実行の根拠であるため，その不存在は直ちに執行の違法を招来すると解されるからである（それに対し，強制執行では，間に債務名義が介在するため，実体権の不存在は執行を違法にはせず不当とするにとどまる）。

最後に，執行停止・取消文書についても，裁判の正本等が中心である強制執行の場合（39条参照）に比べ，担保権実行では，開始の際の法定文書に対応して，裁判謄本のほか，登記事項証明書等をも認めている（183条など）。

　以上のように，相違点はなお多いものの，民事執行法が担保権実行を強制執行に大きく近づけたことは否定し難い。類似点としては特に，競売等に基づく所有権等の取得の効果が担保権実行でも覆えされないものと規定された点が重要である（184条など）。実体権と切断された債務名義を実行根拠とする強制執行では，実体権が不存在でも換価の効果は影響されないが，担保権に内在する換価権を換価の根拠とする担保権実行では，理論的には担保権の不存在は当然に換価の効果に影響すべきことになる。しかし，民事執行法は，前述のように，担保権実行に法定文書を要求し，債務者・所有者に実体異議等や停止文書の提出による簡易な反撃の機会を付与することにより，手続終了後の結果の覆滅を政策的に排除したものである。この結果，その効果の面において，担保権実行は大きく強制執行に近づいたといえる。

　また，個別の執行手続については，担保権実行に関する規律は，強制執行に固有の規定を除いて，対応する強制執行の手続に関する規定をほとんどそのまま準用している（188条・189条・192条・193条2項など）。したがって，実際の手続過程においては，両者の差異はほとんど表れない。

2 担保不動産競売

担保不動産競売の意義 不動産を対象とする民事執行において，実際に問題となるのは，その多くが**担保権の実行**である。たとえば，平成 30 年度における不動産を目的とする担保不動産競売等の既済件数は 16,732 件であり，近時減少しているものの，同年度の不動産を目的とする強制執行の既済件数の 3 倍以上になっている。加えて，事件の帰結として配当で終結した事件の割合を見ると，担保権実行では約 74% に上るのに対し，強制執行は約 26% にとどまっている。その意味で，実際には無剰余の場合が圧倒的に多い強制競売は，間接強制的な機能しか果たしていない（⇒109 頁）のに対し，不動産に対する担保権実行は，その本来の機能を果たしているものと評価することができよう。そして，担保不動産競売といっても，その大半は抵当権に基づくものであり，民法上は質権や先取特権によることもありうるが，実際には無視できる比率にとどまっている。

担保不動産競売の特徴 担保不動産競売の特徴として，第一に，競売のあり方について地価の騰落の影響を大きく受ける点が指摘できる。近年の日本では，1980 年代後半のいわゆるバブル経済期には，地価が高騰し，その結果として，競売事件も申立てが少なくなり，またいったん申し立てられても任意売却による取下げで終了する事件が多くなった。他方，売却率も高い状態で，そこでは売却代金も高額になるため配当などの関係で困難な法律問題を生じていた。これに対し，1990 年代のバブル崩壊後の

経済不況の下では，不動産を担保とした貸付金債権の多くが不良債権となり，金融機関がその回収のために担保権を実行した結果，競売事件は激増した。しかし，不動産業界の構造的不況の中で売却率は低迷し，売却額も低くなっていった。そのような中では，最低売却価額の設定のあり方など売却をできるだけ容易にするという観点から，法律問題が生じたところである。

担保不動産競売の第二の特徴として，**執行妨害**の問題がある。抵当権実行法制の歴史は，執行妨害との闘いの歴史であると言っても過言ではなく，執行妨害に対していかに対処するかが競売制度の重要な課題となっている。執行妨害の方法は，民事執行法制定前の競売場における入札の妨害から，同法制定後は主として占有を手段としたもの（いわゆる占有屋）に変わってきたが，暴力団などを背景とする反社会的勢力の重要な資金源となってきたことは否めない。このような事態は欧米などには余り例がなく，日本の執行制度が抱える固有の問題といえるが，競売制度を機能させ司法制度に対する国民の信頼を保持するためには，それに対する対策が避けて通れない課題となる。そのような観点から様々な対策が講じられてきており（その詳細は各々の項目の所で説明する），すでに強制競売について説明した売却のための保全処分や引渡命令，さらに売却の際の暴力団員等の排除も，実際には抵当権実行の場面が主たる活躍の領域であることには注意を要する。

Column㊳ 不良債権処理と国策としての不動産執行改革 ╺╸╺╸╺╸

金融機関が抱える大量の不良債権を処理し，日本の金融システムを安定させるためには，不動産執行を迅速に行い，できるだけ高価に換価することで，不良債権を少なくし，それを抜本的かつ迅速に処理することが不可欠となる。そこで，**不良債権処理**を目的とする

金融機関の破綻処理法制の整備の際に，それに伴い民事執行法が改正されている。平成8年には住専（住宅金融専門会社）の破綻処理策に伴う改正が，平成10年には金融再生関連法の一環としてやはり競売手続円滑化法による民事執行法の改正および特定競売手続臨時措置法の制定がされている。これらの改正がいずれも議員立法によっていることに表れているように，不動産執行制度が国策としての重要性をもつに至ったことは，まさに隔世の感を抱かせるところである。

なお，不動産を目的とする強制執行の場合には，強制競売とともに強制管理の制度が存在する（⇒161頁）。従来は，不動産担保権の実行については，強制管理に相当する手続はなく，競売だけが認められていたが，平成15年改正により担保不動産収益執行手続が設けられた（この手続については，⇒258頁）。それに応じて，競売の手続は正式には「担保不動産競売」と呼ばれることとなった（180条1号参照）。

①　競売の要件

競売の申立て

不動産を目的とする担保権の実行は，執行裁判所に対する書面（申立書）による申立てによる（2条，規1条）。**申立書**には，債権者，債務者のほか，目的物の所有者，担保権・被担保債権・目的物の表示，担保権実行の方法などが記載される（規170条）。

なお，かつて民法では，抵当権の目的不動産について所有権等を取得した第三者が抵当権者に対して一定の金額を支払って抵当権の消滅を求める滌除の制度を認め（平成15年改正前民378条），その場

合に，抵当権者がその申出額に不服を有するときは，増価競売，すなわち申出額の1割増し以上の額で売却できない場合には抵当権者が申出額の1割増しで買い取る義務を負うという特殊な競売を請求することを求めていた（同384条，民執旧185条〜187条）。しかし，この滌除の制度は，実際には執行妨害の手段として濫用されることが多かったため，平成15年改正で廃止され，代わりに抵当権消滅請求制度が設けられた（民379条）。ただ，それに対する抵当権者の対抗手段は通常の競売申立てで足り（民384条），その結果，増価競売に関する民事執行法の規定も全面的に削除されている。

担保権を証する文書の提出 ｜ 不動産競売を開始するには，強制競売のように債務名義は要求されず（⇒241頁），それに代えて担保権の存在を証する一定の文書（**法定文書**）の提出が必要とされる（181条）。このような法定文書の存在を競売開始の要件としたのは，債務名義までは必要としないとしても，執行機関が担保権・被担保債権の存否等を実質的に審理・判断することは，権利実現機関としての執行機関の性質や迅速性を要する競売手続の性質から望ましくないので，原則として公的機関の発行した文書の存在する場合にのみ競売を開始し，またそのような文書のある場合には必ず競売を開始すべきこととしたものである（抵当権の登記とともに，抵当権者への所有権移転登記があっても，執行裁判所は，混同等の実体上の事由は審理せず，手続開始決定をすべきである。最決平成17・11・11判時1919号103頁）。このような法定文書の法的性質については，これを債務名義に準ずる担保権実行名義とみる準債務名義説と担保権の存在を証する証拠方法を法定したものにすぎないとする書証説とが対立しているが，余り実益のある議論ではない（書証説が多数説といえるが，少なくともその文書がなければ競

売を開始できないという意味で，法定文書が執行名義を構成するということはできよう）。

　法定文書の種類は，民事執行法 181 条 1 項が列挙する。このうち，実際に不動産を目的とする担保権実行の場合に大半を占めるのが，担保権の登記に関する**登記事項証明書**（181 条 1 項 3 号）である。前述のように，抵当権の実行が大多数であるので，結局抵当権の登記事項証明書が主たる担保権実行名義ということになる。このほか，担保権の存在を証する確定判決の謄本（抵当権存在確認判決など），担保権の存在を認める和解調書・調停調書など判決と同一の効力を有するものの謄本（181 条 1 項 1 号。民事留置権による競売について，被担保債権が目的物に関して生じたことが主要事実として認定されている確定判決であれば足り，目的物の占有の事実まで認定されている必要はないとするのは，最決平成 18・10・27 民集 60 巻 8 号 3234 頁／百選 21），担保権の存在を証する公正証書の謄本（181 条 1 項 2 号）などの公文書のほか，一般の先取特権にあっては，その存在を証する文書一般が担保権実行名義として認められる（181 条 1 項 4 号）。最後のものは，給料債権など一般先取特権については，判決など公的文書を求めることが債権者に酷な場合もあることに鑑み，賃金台帳の写しなどの私文書によっても例外的に手続の開始を認めたものである（どのような文書が認められるかにつき，たとえば，東京高決平成 22・4・21 判タ 1330 号 272 頁／百選 22 参照）。また，抵当権について抵当証券が発行されている場合に抵当証券の所持人が抵当権実行を申し立てるときは，抵当証券を提出しなければならない（181 条 2 項）。

　　Column㊵ **抵当証券による抵当権実行** ━━━━━━━━━━━

　　抵当証券は，抵当権の被担保債権を流動化することを目的につくられた制度である（抵当証券法に規定がある）。これについては，

抵当証券に弁済期が記載されているが，失権約款等によりその弁済期が証券上のものよりも早く到来した場合に，その旨を別途証明して抵当権を実行できるかが議論になった。一時，東京地裁執行部は民事執行法181条の法定文書の性質からそのような証明は認められないなどとしていたが，その後の判例等の中で，別途，法定文書以外の書面（抵当権設定契約書等）により弁済期の立証が認められることとされた（東京高決平成4・3・30高民45巻1号96頁参照）。この問題はさらに抵当証券の法的性質（無因証券か有因証券か等）をめぐる論争にも発展し，興味深いものがあったが，このような議論につき詳しくは，竹下守夫「抵当証券に基づく競売（上）（下）」ジュリ1016号34頁以下，1017号149頁以下（1993年）参照。

　担保権の実行においては，強制競売とは異なり，執行文の付与は必要でない。担保権ないし担保目的物の所有権について承継があった後に競売申立てをするときは，相続その他の一般承継の場合にはその承継を証する文書（戸籍謄本等）を，その他の特定承継にあっては承継を証する裁判の謄本等の公文書を提出しなければならない（181条3項）。実務上最も多い抵当権の承継の場合には，抵当権の付記登記を経た後に競売申立てをするのが通例である。なお，競売開始後に差押債権者の承継が生じ，それを証する文書が提出されたときは，裁判所書記官はその旨を債務者および所有者に通知しなければならない（規171条）。競売開始決定がされたときは，裁判所書記官は，開始決定の送達に際し，担保権実行名義の目録等を相手方に送付しなければならない（181条4項）。これにより，相手方に不服申立ての手がかりを付与する趣旨である。

② 不服申立て・手続の停止

救済方法 担保権の実行において，その根拠となる担保権が実体法上不存在であるかまたは消滅している場合の債務者・所有者の救済方法が問題となる。強制競売においては，そのような場合は請求異議の訴えまたは執行文付与に対する異議・異議訴訟によって争うことになるが（⇒77頁以下），担保権の実行の場合にはそのような訴えの対象となる債務名義・執行文がそもそも存在しない。そこで，法は，担保権不存在確認訴訟等によって実体権の存否を争うことを認めるとともに，より簡易な不服申立ての方法として，**執行異議**の中で実体権に関する不服（手続開始後の事由を含む）を主張できるものとした（このような執行異議を**実体異議**という）。すなわち，担保不動産競売の開始決定に対する執行異議の申立てにおいては，債務者または所有者は，担保権の不存在または消滅を異議の理由とすることができる（182条）。これにより，債務名義とは異なり債務者の手続保障の担保が十分とはいい難い担保権実行名義（特に登記事項証明書）に対し，債務者等には訴訟手続ではなく決定手続による簡易な是正の方法が認められ，その手続保障が補充され，他方では競売の公信的効果（⇒256頁）の基礎とされたものと評価できる。

実体異議は，手続開始後買受人の代金納付に至るまでいつでも申し立てることができる。異議が却下されてもその判断に既判力は生じないので，債務者等は改めて担保権不存在確認訴訟等を提起することができる。他方，実体異議を提起しないで，担保権の不存在または消滅を売却不許可事由（188条・71条1号）として主張できるかという問題がある。裁判例は，肯定例（東京高決昭和57・12・23判時

1066号62頁など）・否定例（東京高決昭和61・1・31判時1184号77頁など）に分かれていたが，最高裁判所は，このような主張は開始決定に対する執行異議によるべきであるとして，そのような事由に基づく売却許可決定に対する執行抗告を許さないものとした（最決平成13・4・13民集55巻3号671頁／百選24）。

その他の不服申立ては，強制競売の場合と同じである（たとえば，手続上の違法処分に関して法律に規定があれば執行抗告が可能であり，規定がない場合には執行異議が可能とされる）。また，第三者異議の訴え（38条）についても，担保不動産競売に準用されている（194条）。抵当権については追及効がある関係で第三者異議が認められることは余りないと思われるが，偽造の所有権移転登記後に抵当権が設定されている場合には，執行異議で争えるとともに第三者異議も可能と考えられるし，一般先取特権の場合には，債務者の責任財産に属しない旨を第三者異議により主張できる。

競売停止・取消文書 の提出

担保不動産競売については，強制競売とは異なり，債務名義制度をとっていないことから，競売手続の停止・取消文書についても，強制競売の場合（39条・40条）とは異なる配慮を要するため，独自の規定を設けている（183条）。

まず，**執行取消文書**としては（183条2項・1項1号〜5号），担保権のないことを証する確定判決（183条1項1号），執行処分の取消しを命ずる旨を記載した裁判の謄本（183条1項5号）など強制競売の場合とほぼ同趣旨のもののほか，担保権実行について特徴的なものとして，①担保権登記を抹消すべき旨を命ずる確定判決の謄本（183条1項2号），②被担保債権の弁済・弁済猶予等を記載した裁判上の和解調書等の公文書の謄本（183条1項3号），③担保権登記の

抹消に関する登記事項証明書（183条1項4号）などがある。これらは，競売が登記などにも基づいて簡易に開始されることに対応して，簡易な反対名義の提出による執行取消しを認めて，債務者・所有者の利益保護を図ったものである。

執行停止文書としては，担保権実行手続の一時停止を命ずる裁判の謄本（183条1項6号）および担保権の実行を一時禁止する裁判の謄本（183条1項7号）がある。実体異議や担保権不存在確認訴訟に伴う仮の処分等がこれに該当する。

③　競売の手続

担保不動産競売の手続については，ほぼ全面的に強制競売の規定が準用されている（188条）。また，執行裁判所についての規定（44条）も準用されており（188条），原則として不動産所在地の地方裁判所の専属管轄に属する。以下では，担保不動産競売について特則が設けられている点として競売開始決定前の保全処分について，また強制競売の規定を準用するにあたって注意を要する点として「債務者」の読替えの問題について，簡単に説明するにとどめる。

| 開始決定前の保全処分 |

債務者または不動産の所有者・占有者の価格減少行為に対する保全処分につき，担保不動産競売独自の類型として，**開始決定前の保全処分**が認められている（187条）。これにより，競売開始決定の前であっても，価格減少行為があるときは，執行裁判所は，担保不動産競売を申し立てようとする者の申立てにより，民事執行法55条の売却のための保全処分（⇒124頁）とほぼ同様の行為命令・執行官保管命令・処分禁止公示保全処分を命ずることができる。平成15年改正前においては，担保不動産競売の場合に特にこのような開始決定前の保全処分

が必要とされる理由は，滌除に関連して存在する抵当権実行通知制度（平成15年改正前民381条）との関係で説明されていた。すなわち，抵当権実行通知を受けてから1か月間は滌除権者による滌除が可能であり，その間は競売申立てができないところ，執行妨害行為は競売直前にされることが多いため，上記期間が経過せず競売申立てができない間も価格減少行為を防止する必要があることによるものとされた。平成15年改正により，滌除に代えて導入された抵当権消滅請求制度（民379条）においては，実行通知は求められていないが，抵当権実行直前に執行妨害が行われることがやはり一般的であり，抵当権設定者に相続が開始して相続人が確定できないなど直ちに競売申立てができない場合もなおあるので，この制度を残存させたものである（なお，強制競売については，一般債権者は競売申立て前に目的物の価値を実体的に把握しているとはいえないので，本条のような制度は置かれていない）。

　開始決定前の保全処分は，売却のための保全処分と同じく，債務者または不動産の所有者・占有者が不動産の価格を減少する行為またはそのおそれがある行為（価格減少行為）をする場合において，裁判所が特に必要と認めるときに命じられる。申立権者は担保不動産競売を申し立てようとする者であり，処分の内容は禁止命令・行為命令，執行官保管命令，処分禁止命令・公示保全処分であり，民事執行法55条と全く同じである（また，187条5項も参照）。この保全処分についての特別な規律として，競売開始決定が将来されるべきことを明らかにするために申立ての際に担保権実行文書の提示を要する点（187条3項），この保全処分を申し立てながら本執行を申し立てずに放置するという事態を防止するため，申立人が保全処分の決定の告知から3か月以内に競売申立てを証する文書を提出しな

いときには，被申立人または所有者の申立てにより，保全処分決定を取り消すものとしている点（187条4項）などがある（保全処分の申立ての方式等については，規172条の2参照）。そして，競売事件が開始した後も保全処分が継続し（競売申立書にも保全処分事件の表示が記載される。規170条2項），最終的には引渡命令等に引き継がれていくことは，売却のための保全処分などと同様である。

準用の方法──「債務者」の読替え 　上記のほかは，担保不動産競売の手続について，強制競売の特則は明文上設けられておらず，民事執行法第2章第2節第1款第2目（強制競売）の規定が包括的に準用されている（188条）。わずかに，民事執行法81条の規定が適用除外になっているが，これは，法定地上権については民法388条の規定がすでに存するため，民事執行法上，別個の規定を要しないからである（民法388条の規律内容についてはここではふれず，民法（担保物権）の教科書に全面的に譲る。道垣内弘人『担保物権法〔第4版〕』（有斐閣，2017年）215頁以下など参照）。

　問題が生じうる点として，強制競売の規定を担保不動産競売に準用する場合の準用の方法，換言すれば読替えの方法がある。この点で最も問題となるのは，強制競売の規定において「債務者」とされているところを，担保権実行ではどのように読み替えるかという点である。けだし，担保権については，債務者と担保目的物の所有者が異なる物上保証や第三取得者のケースがあるからである。一般には，強制競売の「債務者」は担保権実行では「債務者及び所有者」と読み替えることで問題はないが（その点を明示している規定として，民事執行法187条5項後段における同55条3項の読替規定参照），解釈論として争いのある場面も存在する。たとえば，物上保証に関する引

渡命令の相手方に所有者でない債務者を含むか（肯定する裁判例として，東京高決昭和 60・7・17 判タ 575 号 72 頁），物上保証に関する債務者に配当異議の申出適格が認められるか（肯定する判例として，最判平成 9・2・25 民集 51 巻 2 号 432 頁）などの問題がある。

④　競売の効果

　買受人は代金の納付により不動産の所有権を取得するが（79 条），その取得の効果は担保権の不存在または消滅により妨げられない（184 条）。旧法下では担保権が存在しなかった場合の競売の効果について争いがあり，買受人の所有権取得を認める見解も有力であったものの，判例は，担保権が消滅していた場合は換価権の基礎が欠けるため，所有権取得の効果は発生しないものとしていた（最判昭和 37・8・28 民集 16 巻 8 号 1799 頁）。しかし，そのような取扱いが買受人の地位を不安定にし，ひいては競売に対する一般の信用を著しく害し，担保制度の健全な発展を阻害するという強い批判があった。民事執行法は，そのような批判を受け入れ，いわゆる**競売の公信的効果**を認めることとしたものである。その実質的な根拠としては，①担保権の実行についても法定文書を要求し，担保権の存在の蓋然性を高めたこと，②担保権が不存在・消滅の場合には，所有者に執行異議や執行取消文書の提出といった簡易な方法で不服申立てを認めたので，所有者がそれを活用しないときには一種の失権効を認めうることが挙げられよう。

　問題となるのは，本条の適用範囲である。抵当権登記が存在するにもかかわらず，それが最初から虚偽の登記であった場合や，すでに被担保債権の弁済等により抵当権が消滅していた場合に，本条が適用されることは言うまでもない。問題となる場合として，所有者

が執行債務者として競売を阻止するための手続保障が十分ではなかった場合がある。たとえば，所有者の不知のうちに偽造文書で登記名義を第三者に移転し，その第三者が設定した抵当権に基づき競売が実施された場合などである。判例は，このような場合の本条の適用については，所有者がたまたま競売手続を知っていただけでは足りず，競売手続上当事者として扱われた必要があるとして，所有者が競売手続について悪意の場合にも買受人は民事執行法184条による所有権の取得を主張できないとする（最判平成5・12・17民集47巻10号5508頁／百選26参照）。確かに単に競売開始を知っていたというだけでは所有権を消滅させるには十分ではないが，真の所有者と買受人との利益衡量からは，民法94条2項の類推適用の余地は残り，所有者の手続開始に関する悪意は虚偽表示を類推する一事情となりうるものと解される。他方，買受人の悪意等手続に対する信頼が存在せず，その信頼を保護する必要がない場合にも，公信的効果を認める必要はないとされる。たとえば，虚偽の抵当権者自身が買受人になったような場合である。このような場合は，判例の枠組みによっても，買受人の信義則違反を認めることが可能であろう。

　本条によって不動産の所有権を失った所有者が配当を受領した者に対して不当利得の返還を請求することができるかが問題となる。所有者が債務者でもある場合には，所有者は（担保権が存在しなくても）債務を履行する義務自体はあるので，配当金が不当利得にならないことは明らかである。他方，所有者が債務者以外の者（物上保証人，第三取得者等）である場合には，配当を受領した者は，担保権が存在せず，配当を受ける実体上の権利がないにもかかわらず，それを受領したことになるので，不当利得が成立する（最判昭和63・7・1民集42巻6号477頁／百選25）。この場合，債務者が配当異議の

申出をしていなくても，不当利得返還請求権には影響しない。

3 担保不動産収益執行

担保不動産収益執行の
創設の経緯

平成15年改正前の民事執行法においては，不動産担保権の実行の方法としては，競売のみが認められていた。不動産執行については，強制競売のほかに，強制管理の手続が存在したが（⇒161頁），担保権の実行方法としては，不動産の収益（使用価値）を対象とする方法は認められていなかった。民事執行法制定時には，担保権実行としての強制管理手続を認めるべきか否かが議論されたが，結局，実体法上，抵当権の非占有担保性を前提にすると，抵当権の効力が賃料債権にまで及んでいるかにつき疑義があり，民法の規定を変えずに手続法の改正のみでこのような手続を創設することは困難であると判断されたものである。

しかし，民事執行法制定後，実務において，このような強制管理手続に実質的に代替するものとして，抵当権に基づく賃料に対する物上代位の制度が認められ，広く利用されるに至った（⇒268頁）。これによって，抵当権者は実質的に目的不動産の収益を把握できることになった。しかるに，このような物上代位の活用については，批判もあった。すなわち，①物上代位によると，不動産の管理費も含めて抵当権者が把握することになるため，不動産の適切な管理が保障されず，場合によっては不動産がスラム化するおそれもあること，②物上代位によると，先に申し立てた抵当権者が優先的に債権を回収でき，抵当権の実体法上の優先順位に従った回収が担保され

ないこと，③物上代位は，賃貸がされていない物件の賃貸借を命じるなど不動産自体を管理できない点で，強制管理とは異なること，④執行妨害目的の占有があるような場合には，不動産自体の占有を取得する管理手続でなければ適切な対応ができないことなどが主張された。以上のような議論に基づき，平成15年改正は**担保不動産収益執行制度**を新たに導入したものである。

　この制度の導入に際しては，制度の基本構成について様々な選択肢が議論された。とりわけ，重要な点として，①管理手続を競売手続開始後のみを対象とした手続（付随型）とするか，競売手続とは無関係に収益を把握できる手続（独立型）とするか，②代替的措置としての賃料物上代位を廃止するか維持するかといった点が問題となった。平成15年改正は，まず①の点について独立型の制度によった。この点については，強制執行の場合とパラレルなものとし，また競売開始後のみでは，売却までの期間が近時短縮されている結果，制度を創設する意味が少なくなる点も考慮された（担保権者は両手続を併行して申し立てることもできる）。また，②については，物上代位も併存させることとされた。この点には批判も多かったが，小規模不動産等について特に物上代位の簡便さが収益執行によっては代替困難である点などが考慮されたものである。実際にも，担保不動産収益執行は，大規模賃貸物件を中心に，一定の利用がされている。

> **担保不動産収益執行**
> **の意義**

担保不動産収益執行とは，「不動産から生ずる収益を被担保債権の弁済に充てる方法による不動産担保権の実行をいう」（180条2号）。不動産から生ずる収益を対象とする不動産担保権としては，不動産質権があるが，その収益の収取は基本的に質権者の自力執行

に委ねられている（民356条）ので，この制度の実質的な適用対象となるのは主に抵当権ということになる。そして，平成15年改正により，民法上，抵当権の効力は，被担保債権についての不履行後に生じた果実に及ぶものと明定された（民371条）。したがって，収益執行の対象となる「収益」は，民事執行法上「後に収穫すべき天然果実及び既に弁済期が到来し，又は後に弁済期が到来すべき法定果実」（188条・93条2項）であることが前提となるが，そのうち，被担保債権不履行後のものに限られる（その不履行前に弁済期が到来していた賃料などは，それが差押え時に回収されていないとしても，収益執行の対象にはならない）と解される。

担保不動産収益執行の手続

担保不動産収益執行については，それが担保権実行の一つの方法であることに鑑み，その開始要件，開始決定に対する不服申立ての方法，手続の停止・取消しについては，基本的に，担保不動産競売と同様の規律が妥当する（181条〜183条は，「不動産担保権の実行」に関する共通規定となっている）。したがって，担保不動産収益執行の申立ては，抵当権の登記事項証明書等に基づき行うことができる。他方，収益執行の開始決定に対しては，担保権の不存在・消滅を理由に不服を申し立てることができるが，不服申立ての方法は，担保不動産競売の場合のような執行異議ではなく，執行抗告とされる（平成15年改正により，182条に，執行異議と並んで執行抗告が加えられた）。これは，開始決定に対する不服申立ての一般的な形態に対応したものであり（93条5項参照），実定法上初めて明示的に**実体抗告**を認めるもので，債権に対する担保権実行に関する議論にも影響するものである（⇒267頁）。

担保不動産収益執行の手続については，全面的に強制管理に関す

る規定（第2章第2節第1款第3目⇒161頁以下）が準用される（188条）。したがって、執行裁判所による担保不動産収益執行の開始決定に基づき管理人が選任され（94条）、管理人が収益を収受し、債権者に対して配当を実施する（95条・107条。管理人の権限について、賃料債権等は依然として所有者に帰属し、管理人はその債権等を行使する権限を取得するにとどまると解される。最判平成21・7・3民集63巻6号1047頁／百選43）。収益執行開始前に強制管理や他の収益執行がある場合には二重開始決定がされ（93条の2）、当該収益について物上代位等の債権執行がされている場合には、当該差押命令の効力は停止する（93条の4）。なお、配当を受けるべき債権者は、強制管理の申立てをした者（仮差押債権者を含む）、収益執行の申立てをした者、配当要求債権者、債権執行をしていた者等に限られ（107条4項・93条の4第3項）、当該不動産上に登記を有する担保権者であっても、上記に該当しない者は配当を受領できない。この点において競売とは異なる規律となっているが（87条1項4号参照）、収益執行の場合は配当を受けられなくても担保権自体は消滅するものではないこと、配当するとすれば根抵当権について元本の確定を認めなければならないところ、他の者の収益執行申立てにより常に根抵当権の元本が確定するとすることは相当でないことなどから、このような規律とされたものである（民法398条の20第1項3号は、1号と異なり、確定事由として担保不動産収益執行を挙げていない）。

4 動産競売

動産担保権としては、民法上、一般先取特権のほか、特別の先取

特権や質権が存在する。しかし，質権は実際には質屋営業法の適用業者による利用が大半を占め，流質特約の利用が通常であり，執行手続にはほとんど乗ってこない（そもそも占有を担保権者に移すという不便のため，質権よりも譲渡担保や所有権留保など非典型担保権が活用されており，その明文化など立法の必要性が議論されている）。したがって，動産競売の基礎となる権原としては特別先取特権が中心となるが，事件数は少ない。従来は，動産売買の先取特権等について活用する動きがあったが，手続上の問題からその利用には困難が伴っていたところ，平成15年改正により，裁判所の許可による実行を認めることでその点が解決された。ただ，その実際の利用は必ずしも多くない。

| 競売の要件 | 動産を目的とする担保権実行としての競売（動産競売）の要件は，①債権者（担保権者）による執行官への動産の提出，②動産の占有者が差押えを承諾することを証する文書の提出，または③執行裁判所の動産競売開始許可決定書謄本の提出およびその債務者に対する送達である（190条1項）。従来は，このうち，①②の場合にのみ，動産競売が可能とされていた。これらの場合には，それにより担保権の存在が推認できることが理由とされる。他方，動産担保の場合には担保権の存在を証する文書として公的文書が想定できず，私文書で足りるとすると執行官が実体判断を要求され，相当でないことなどから，不動産担保権の実行のように担保権の存在を証する文書による競売開始は認められていなかった。ただ，不動産賃貸の先取特権（民312条）や質権などの場合には，通常，債権者が対象動産の占有を有しているので，これで特に不都合はないが，動産売買の先取特権のように担保権者が動産の占有を有していない場合には，事実上権利実行が不

可能になってしまうという問題があった（**Column⑩**⇒265頁）。

平成15年改正は，このような問題点を解決するため，新たに③の方法による動産競売の実行を認めたものである。すなわち，担保権者は，まず担保権の存在を証する文書を提出して，執行裁判所に対し動産競売の開始の許可を申し立てることができる（190条2項本文）。担保権の実体判断を執行裁判所に委ねることにより，前記のような批判に応えるものである。執行裁判所は，担保権の存在を認めるときは，当該動産が債務者の占有下にないような場合を除き（190条2項但書），**動産競売開始許可**決定をする。この許可決定は債務者に送達され（190条3項），債務者に不服のある場合には，執行抗告をして（190条4項），担保権の存否について争うことができる。債権者は，この許可決定書の謄本を執行官に提出して（当該決定が捜索等の前にまたは同時に債務者に送達されていることを前提に）執行官に対し，競売開始の申立てができる（190条1項3号）。執行官は，担保目的動産の差押えをするために債務者の占有する場所を捜索することができる（192条において，190条1項3号の場合には123条2項が準用されている）。この場合には，①②の場合とは異なり，債務者の協力が得られないことから，動産執行と同様に，強制的に対象動産を確保できるような方途を認めたものである。

不服申立て　動産競売における執行官の差押えに対し，債務者または動産の所有者は執行異議の申立てをすることができる（11条1項後段）。この執行異議においては，手続上の瑕疵はもちろん，担保権の不存在・消滅等を理由とすることができる（191条）。このような**実体異議**を認めた趣旨は，不動産担保権の実行における場合とほぼ同様であり，動産競売の開始要件として債務名義が必要なく，占有等を有しておればきわめて容易に

申立てができるところ，債務者等の側の不服申立ても簡易な決定手続として，バランスをとったものである。なお，執行裁判所の許可による場合は，許可手続の中で実体権の審理がされるので，実体異議として主張できる事由は，競売開始許可決定確定後に生じた事由に限られよう。実体異議事由は，担保権の不存在・消滅のほか，被担保債権の一部消滅が挙げられているが（191条参照），これは一般先取特権の実行において超過差押えの事態が発生する場合を想定したものである。なお，債務者等は執行異議ではなく，担保権不存在確認の訴えを提起することもできる。また，同様の趣旨で，取消文書・停止文書についても，不動産担保権の実行の場合と同様に，より簡易な文書を認めている（192条による183条の準用）。

競売の手続　動産競売の手続については，ほぼ全面的に動産執行の規定が準用されている（192条）。①②の場合には，執行官の立入捜索権等を定めた民事執行法123条2項の準用が除外されているが，これは債権者による対象動産の提出や債務者等の同意が要件となる場面では不要の規定だからである（これに対し，③の場合には，そのような立入捜索等の必要があるため，準用がある。⇒263頁）。また，超過差押禁止を定めた民事執行法128条，差押禁止動産等について定めた同131条・132条および差し押さえるべき動産の選択について定めた民事執行規則100条は，執行対象が特定している動産競売（質権・特別先取特権等に基づく動産競売）には準用されないが，対象が特定されない一般先取特権に基づく動産競売には準用がある。また，動産競売申立書には，競売申立書の一般の記載事項（規170条1項）のほか，差し押さえるべき動産が所在する場所を記載する（規178条1項）。動産競売の効果については，不動産競売に関する民事執行法184条は準用されていない

が，これは買受人を保護しないという趣旨ではなく，買受人は通常，実体法上の即時取得の規定（民192条）により保護されるので，手続法上の特別の規定は要しないと考えられるためである。

*Column*㊵　動産売買先取特権の実行

　　動産競売事件として，実際に最も利用可能性が高い権利は，**動産売買の先取特権**である。とりわけ，債務者が破産した後の動産売買の先取特権の実行は，物品納入業者の有力な売掛金債権の回収方法として，倒産実務家の注目を集めたところである。しかし，この権利実行の最大の難点は，競売開始要件にあった。従来は，動産競売は執行官への動産の提出か債務者の差押承諾証明書の提出がないと開始できなかったところ，動産売買先取特権ではそのような要件を満たすことは多くの場合，困難であった。そこで，まず一般債権者として仮差押えをして執行官に占有を移転した後に先取特権を実行する方法が実務上利用されていたが，仮差押えが失効する破産手続（破42条2項）においてはこの方法は利用できなかった。そこで，執行官保管の仮処分により債権者が占有を取得したり（東京高決昭和60・5・16判時1157号118頁），差押承諾を命ずる仮処分を開始文書としたりする扱いを一部下級審裁判例が認めていたが（東京高判平成元・4・17判時1316号93頁），下級審裁判例・実務の大勢はそのような方法を否定していた。そこで，立法的対処が必要とされていたところ，平成15年改正により，動産競売開始許可決定の制度が設けられたものである。このような改正法の下でも，売買契約対象物件と差押対象物件の同一性の認定などなお実務的な困難は残っている。

5 債権その他の財産権に対する担保権の実行

　債権を目的とする担保権として民法の規定するものには，債権質権があるが，金銭債権質については，直接取立て（民366条）によって簡易に実行されるのが通常である。担保権実行として実際に問題となるのは，他の担保権に基づく物上代位（民304条・350条・372条）が中心となっている。売買先取特権について破産手続開始後の物上代位が認められる（⇒268頁）に及んで，その物上代位の実行が盛んになったし，抵当権についても，判例が賃料に対する物上代位を認めた後，その実行件数が飛躍的に増加した。平成30年度において債権その他の財産権を目的とする担保の実行の新受件数は，1,145件である。

担保権実行の要件　債権その他の財産権を目的とする担保権の実行は，一般には担保権の存在を証する文書の提出により開始するが，権利移転について登記・登録を要するその他の財産権（ex.特許権等）については（一般先取特権の実行の場合を除き），不動産担保権の実行の場合と同様の法定文書（181条1項1号〜3号・2項・3項）の提出を必要とする（193条1項前段）。特許権など登記・登録のある権利については通常，登記事項証明書・登録簿の写しに基づいて開始されることになる。「担保権の存在を証する文書」とは，公的文書である必要はなく私文書でも足りるが，担保権の存在を高度の蓋然性をもって直接かつ明確に証明する文書である必要があるとされる（大阪高決昭和60・8・12判時1169号56頁，東京高決昭和60・10・8判時1173号66頁など）。なお，振替社債等に

関する担保権の実行および電子記録債権に関する担保権の実行については、規則に別途規定が置かれている（規180条の2・180条の3）。

不服申立て　債権その他の財産権の差押命令に対しては、執行抗告により争うことができる（193条2項・145条6項）。そして、不動産担保権の実行につき担保権の不存在・消滅を執行異議等の事由とできる旨の規定が準用されているが（193条2項・182条）、その準用のされ方についてはかつて争いがあった。実体事由を執行抗告の中で主張できるとする見解（東京高決昭和60・3・19判時1152号144頁／百選74①）、実体事由については差押命令に対する執行異議ができるとする見解（高松高決平成2・10・15判時1377号69頁／百選74②、福岡高決平成6・10・27判時1527号109頁）、いずれによることも可能であるとする見解などがあった。従来は、執行異議については期間制限がないのに、期間制限がある執行抗告によらせるのは不動産担保権の実行の場合と均衡を欠くことなどから、執行異議説によることも十分考えられたが、平成15年改正により、担保不動産収益執行については実体抗告が明定されたことから、解釈論としては執行抗告説によるべきことになると考えられる（東京高決平成23・2・24判時2109号54頁）。なお、債権執行の場合と同様、被差押債権の存在は差押えの適法性に影響しないので、被差押債権の不存在・消滅は差押命令に対する執行抗告の理由とはならない（最決平成14・6・13民集56巻5号1014頁）。

担保権実行の手続　債権その他の財産権に対する担保権実行の手続については、ほぼ全面的に債権その他の財産権執行の規定が準用されている（193条2項）。超過差押禁止を定めた民事執行法146条2項および差押禁止債権等について定めた同152条・153条は、対象が特定されている担保権実行（物上代

位等による担保権実行）には準用されないが，対象が特定されない一般先取特権に基づく担保権実行には準用される。また，担保権実行申立書には，競売申立書の一般の記載事項（規170条）のほか，第三債務者を表示しなければならない（規179条1項）（振替社債等については振替機関等，電子記録債権については記録機関の表示も求められる。規180条の2第2項・180条の3第3項）。売却命令により換価される場合には民事執行法184条が準用され（193条2項），質権等の不存在・消滅によっても買受人の権利は害されない。なお，転付命令による場合，その第三債務者への送達までに他の債権者の差押え等がされたときは，転付の効力を生じないのが原則であるが（159条3項），担保権実行においては，転付命令を取得した債権者が実体法上他の債権者に優先するときには，転付命令は効力を有するものとされる（最判昭和60・7・19民集39巻5号1326頁／百選75）。

物上代位権の実行　先取特権・質権・抵当権は，その目的物の売却・賃貸・滅失・損傷等によって債務者が受けるべき金銭その他の物に対しても行使することができ（民304条など），これを**物上代位**と呼ぶ。物上代位権の行使は，債権その他の財産権に対する担保権実行と同様の手続による（193条1項後段）。前述のとおり，金銭債権に対する担保権実行の大多数は物上代位権の実行である。物上代位権の根拠としては，動産売買の先取特権と抵当権が多い。前者は債務者の破産手続開始後にも行使を認めた判例（最判昭和59・2・2民集38巻3号431頁），後者は抵当権に基づく賃料の物上代位を一般的に認めた判例（最判平成元・10・27民集43巻9号1070頁）の後，盛んに利用されるに至っている。

　物上代位権の実行においては，担保権の存在を証する文書の提出が要求される（193条1項）。抵当権の場合には抵当権の登記事項証

明書等の法定文書によることになるが，**動産売買の先取特権**の場合には，どのような文書が必要かにつき議論がある。物上代位の要件の存在について高度の蓋然性を求める見解とより緩やかなもので足りるとする見解とがあるが（裁判例として，名古屋高決昭和62・6・23判時1244号89頁／百選73参照），前者の考え方による場合はさらに物上代位権の保全の方法が問題となる（物上代位権者が仮差押えをしていても，他の債権者が差押えをした場合には，物上代位権者は，供託前に差押えをしない限り，優先権を主張できない。最判平成5・3・30民集47巻4号3300頁／百選76参照）。差押え後の手続は他の担保権実行の場合と基本的に同様であるが，物上代位による差押債権者相互の優先順位については，差押えの順序によるのではなく，実体法上の優先順位によるのが相当とされる（たとえば，第二順位の抵当権者が先に物上代位を実行しても，第一順位の抵当権者が差押えをすれば，後者に優先して配当される）。

賃料に対する物上代位

地価の低迷などにより抵当権の実行が困難になる状況においては，抵当権者は債権回収の方法として抵当不動産の賃料に対する物上代位を利用する。**抵当権に基づく賃料物上代位**の可否については，従来は民法上議論があったところであり，不動産差押え後の賃料にしか優先権は及ばないとする学説も有力であったが，前掲最判平成元・10・27で最高裁は全面肯定説に踏み切った。しかし，学説からはなお，賃料物上代位を無制限に認めることに対する批判は強い。特に，①管理費等まで差し押さえられる結果，賃貸物件がスラム化するおそれがあること，②物上代位では優先順位が実体法上の順位と異なる結果になりうることなどが指摘されている（⇒258頁）。そこで，平成15年改正に際しては，担保不動産収益執行制度を創設する代わりに，賃

料に対する物上代位を廃止するという主張も有力であった（⇒259頁）。しかし，小規模不動産については，収益執行によることは管理費用等の観点から実際上不可能であることなどから，賃料物上代位も併存させることとされたものである。なお，抵当権に基づく物上代位は，抵当権設定登記後にされた一般債権者の差押えに優先するが（最判平成 10・3・26 民集 52 巻 2 号 483 頁／百選 77），転付命令が先に送達されたときは，もはや物上代位は許されない（最判平成 14・3・12 民集 56 巻 3 号 555 頁／百選 78）。また，物上代位権者は，差押えをせずに配当要求をすることは認められない（最判平成 13・10・25 民集 55 巻 6 号 975 頁／百選 79）。

　賃料に係る物上代位に対しては，債務者の側の様々な執行妨害の策動が盛んである。執行妨害の典型的な方法として，賃料債権を第三者に譲渡したり，転貸借契約を締結したりする方法がある。これに対し，判例は賃料債権の譲渡後も抵当権に基づく物上代位を許し（最判平成 10・1・30 民集 52 巻 1 号 1 頁），また転貸料債権についても，原則は物上代位はできないとしながらも，法人格の濫用や賃貸借の仮装など転貸人を所有者と同視することを相当とする場合には，物上代位の対象となるものとしている（最決平成 12・4・14 民集 54 巻 4 号 1552 頁）。さらに，物上代位と相殺や賃借人の**敷金返還請求権**との関係も問題になる。判例は，抵当権登記に後れて取得した債権を自働債権とする相殺権の行使は，賃料物上代位に対抗できないとするが（最判平成 13・3・13 民集 55 巻 2 号 363 頁），敷金との関係では，賃貸借目的物を明け渡した場合には，賃料債務は当然に敷金に充当されて消滅し，物上代位も空振りに終わる（最判平成 14・3・28 民集 56 巻 3 号 689 頁）という解決策をとっている。平成 15 年改正後も抵当権に基づく物上代位が存続することになり，今後も執行妨害を図

る債務者とそれを阻もうとする債権者の駆け引きが続いていく可能
性があろう。

6 留置権による競売・換価のための競売

　留置権による競売および民法，商法その他の法律の規定による換
価のための競売については，担保権の実行としての競売の例による
（195条）。留置権は担保物権の一種ではあるが，他の担保権とは異
なり優先弁済権を伴わないので，執行手続においても異なる取扱い
がされなければならない。また，換価のための競売も，債権の満足
を伴わないものとして，競売手続とは異なる特性をもつ。そこで，
民事執行法は，これらの手続を担保権実行の「例による」ものとし
て，どの範囲で異なる扱いをするかを解釈運用に委ねている。

　留置権による競売は，債権者が留置権の目的物を占有保管する負
担（民298条1項）を軽減するため，換価して代金の上に留置権を
存続させることとしたものであり（留置権者が換価金を留置できるこ
とにつき，最判平成23・12・15民集65巻9号3511頁／重判平24民訴9），
広義の形式競売の一種である。民法，商法その他の法律の規定によ
る**換価のための競売**（狭義の形式競売）としては，共有物分割のた
めの競売（民258条2項），限定承認の場合の換価のための競売（民932
条），商人間売買の場合の自助売却（商524条・527条）等がある。こ
れらの場合にいかなる手続をとるかは各競売の性質により異なり，
純粋に換価のみを目的とする場合には，配当手続は行わず，目的物
上の負担も引受主義により実行されるとする見解があったが（留置
権による競売については配当要求の規定の適用はないとしたのは，東京地

決昭和 60・5・17 判時 1181 号 111 頁)，権利者間の清算をも目的とする場合を含めて配当手続を行い，消除主義を適用すべきものとされる（共有物分割のための競売につき，消除主義に関する 59 条および無剰余取消しに関する 63 条の準用を肯定するものとして，最決平成 24・2・7 判時 2163 号 3 頁／百選 80)。

第7章

民事保全手続

1 総　説

民事保全の意義

私法上の権利を強制的に実現するには，前章までに述べた手続を経なければならない。具体的には，債務名義（⇒50頁）を作成して各種の強制執行手続を開始することになる。しかし，訴えを提起してから判決（確定判決または仮執行宣言付きの判決）を得るまでにはある程度の日時を必要とするので，債務名義が作成されるまで待っていたのでは強制執行が不能または困難になることもありうる。債務者の資力が低下したために金銭債権の執行が困難になったり，債務者が債権者に明け渡すべき不動産の占有を第三者に移転したために明渡請求権の執行が困難になったりする場合がその例である。さらに，確認の訴えや形成の訴えのように強制執行が問題にならない場合であっても，判決が得られるまでの期間の経過によって，権利者が著しい損害を被っ

273

たり，訴訟の目的を達することができなくなることもありうる。これらの事態に対処するために設けられているのが，民事保全の制度である。すなわち，民事保全とは，判決が得られるまでの時間の経過によって権利の実現が不能または困難になる危険から権利者を保護するために，裁判所が暫定的な措置を講ずる制度である。

Column㊶　民事保全以外の仮の救済 ·•·•·•·•·•·•·•·•·•·•·•·•·•·•·•·•·•

　手続の遅延によって生ずる危険を防止するために，仮の救済を与える制度は，民事保全以外にもみられる。民事調停前の措置（民調12条）・家事調停前の処分（家事266条）・家事審判前の保全処分（家事105条），民事執行の手続における執行の停止・取消しなどの仮の処分（民訴403条・404条・334条2項，民執10条6項・11条2項・32条2項・36条・37条・38条4項），不動産執行または担保不動産競売の手続における保全処分（民執55条・55条の2・68条の2・77条・187条），破産・民事再生・会社更生手続における手続開始前の保全処分（破28条，民再30条，会更28条），行政処分の執行停止（行訴25条〜29条）などがそれである。これらは，**特殊保全処分**と呼ばれている。

　これらの仮の救済が認められる場合には，原則として民事保全を利用することはできない。たとえば，民事執行法に強制執行停止のための仮の処分が規定されている以上，強制執行の停止を命ずる仮処分は保全の必要性を欠き，許されない（通説。判例としては，最判昭和26・4・3民集5巻5号207頁，東京高決平成11・11・2判時1710号118頁）。ただし，担保権実行禁止の仮処分については，古くからその必要性が認められている（大判明治43・2・17民録16輯104頁）。その理由は，以下のとおりである。

　担保権が存在しないにもかかわらず担保権実行手続が開始された場合，債務者または所有者は，執行抗告や執行異議を申し立てて担保権の不存在を主張することができ（182条⇒251頁），執行停止の

仮の処分（10条6項・11条2項⇒40頁，44頁）を得て担保権実行手続を停止することができる（183条1項6号）。しかし，執行抗告・執行異議が棄却された場合には，いま一つの救済方法である担保権不存在確認の訴えを提起し，これを本案訴訟とする担保権実行禁止の仮処分命令を得なければならない。担保権実行手続を事前に阻止しようとする場合についても同様である。さらに，執行抗告・執行異議の裁判において担保権の不存在が認められた場合でも，この判断には既判力が生じないから，再度，担保権実行手続が開始される可能性がある。これを阻止するためには，やはり担保権不存在確認の訴えを本案訴訟とする担保権実行禁止の仮処分命令を得る必要がある。この仮処分命令は，民事執行法183条1項7号の「担保権の実行を一時禁止する裁判」にあたり，その謄本の提出があったときは，執行裁判所は担保権実行手続を停止しなければならない。

| 民事保全の種類 | 民事保全は，仮差押え，係争物に関する仮処分，および仮の地位を定める仮処分の総称である（民保1条）。

仮差押えは，金銭債権の強制執行を保全することを目的とする。この目的を達するため，仮差押えの対象となった財産に対する債務者の処分権は制限される（この点では，強制執行における差押えと同一の効力を生ずる。⇒第4章）。

係争物に関する仮処分は，物に関する給付請求権（物の引渡請求権・明渡請求権，移転登記手続請求権等）の強制執行を保全するため，目的物の現状を維持する処分である。将来の強制執行の保全を目的とする点は，仮差押えと共通である。

仮の地位を定める仮処分は，争いある権利関係について暫定的な処分を行うことによって，債権者の現在の危険を除去し，将来にお

ける終局的な権利の実現が不可能になることを防止するものである。権利の種類を問わず，また，強制執行の保全を目的としていない点で，前二者と異なる。

　司法統計上は，申立件数が最も多いのは仮差押えである。しかし，現実に果たしている機能の点では仮処分も重要である。たとえば，係争物に関する仮処分として申し立てられる処分禁止の仮処分，占有移転禁止の仮処分は，訴訟承継主義を採用するわが国においては，当事者恒定の効力を有している。また，仮の地位を定める仮処分も，生活妨害，労働関係，知的財産権をめぐる紛争ではしばしば重要な役割を果たしており，理論的にも興味深い問題を含んでいる。

Column㊷ **満足的仮処分・断行仮処分**

　　仮の地位を定める仮処分には，生活妨害行為の差止めを命ずる仮処分，労働者の地位を仮に保全し，賃金の仮払を命ずる仮処分，著作権を侵害する製品の製造・販売を差し止める仮処分などのように，本案の請求権の全部または一部を実現したのと同様の結果を債権者に得させるものがある。こうした仮処分は，講学上「満足的仮処分」と呼ばれている。満足的仮処分のうち，不動産の明渡しを求める仮処分や賃金または治療費の仮払を求める仮処分のように，物の給付請求権を被保全権利とするものを「断行の仮処分」あるいは「断行仮処分」と呼ぶことが多い。

　　かつては，満足的仮処分が後述する民事保全の暫定性（仮定性）に反しないかが議論されたこともあったが，現在ではその適法性については争いがない。議論の中心は，満足的仮処分の命令が発令されたのちには本案訴訟を提起する実質的な意味が失われる結果，仮処分命令が本案訴訟に代わる最終的な裁判となっている実態をいかに評価するかに移っている（***Column㊹***⇒283 頁）。

民事保全手続の構造

民事保全の手続は，保全命令手続（保全命令に関する手続。民保第2章）と保全執行手続（保全執行に関する手続。民保第3章）に分かれる。

保全命令手続は，保全命令（仮差押命令または仮処分命令）の発令手続および保全命令に対する不服申立ての手続（保全異議，保全取消し，保全抗告）からなり，通常の判決手続に対応する。判決手続において作成される債務名義に相当するのが保全命令（保全名義）である。

保全執行手続は，保全命令の内容を実現する手続であり，強制執行手続に対応する。しかし，判決手続と強制執行手続の関係に比べると，保全命令手続と保全執行手続はより緊密に連係している。たとえば，不動産，船舶および債権その他の財産権に対する保全執行では，保全命令を発した裁判所が保全執行裁判所として管轄することになっている（民保47条2項・48条2項・50条2項・52条1項）。

*Column*㊸　保全命令手続の法的性質——訴訟手続か非訟手続か　◆◆◆◆

　かつては，仮の地位を定める仮処分を非訟手続であるとする見解があった。その理由としては，この仮処分は暫定的な法律状態の形成を目的とするが，どのような法律状態を形成するかについての法律上の規準を欠いていることが挙げられていた。これに対しては，仮の地位を定める仮処分の手続も対審構造をとり，当事者の主張・立証に対して裁判所が公権的な判断を行うものであることから，訴訟手続であるとする反論がなされていた。

　この議論にはあまり実益はないが，保全命令の発令手続が通常訴訟の判決手続に比べて，裁判所の裁量的な判断の余地を広く認めていることは確かである。そのことは，保全命令の発令要件の一つとして保全の必要性が要求されていること（民保13条），仮処分の方法について裁判所の裁量が認められていること（民保24条）などに表れている。

| 民事保全手続の特性 | 民事保全の手続の特性としては，迅速性（緊急性），密行性，暫定性（仮定性），付随

性などが指摘されている。

(1)　**迅速性**（緊急性）　　本章冒頭（⇒273頁）で述べたように，民事保全は，債務名義が作成されるのを待っていたのでは権利の実現が不能または困難になる場合に仮の救済を与える制度であるから，保全命令の発令は迅速になされなければならない。そのため，保全命令は口頭弁論を経ずに発することができ（民保3条），保全命令の発令要件については，証明に代えて疎明が要求されている（民保13条2項）。同様に，保全執行も迅速になされる必要があるため，原則として執行文の付与は不要であり，執行期間は2週間と定められ，保全命令の送達前でも執行することができる（民保43条）。

(2)　**密行性**　　債権者による民事保全の申立てを察知した債務者が執行を妨害する行動に出る危険があるときには，債務者には内密に手続を進める必要がある。密行性は仮差押えにおいて特に認められるといわれ，実務上は債務者を審尋せずに仮差押命令が発せられることも多い。しかし，仮の地位を定める仮処分においては，密行性が後退させられているし（民保23条4項），すでに発令された保全命令に対する不服申立ての手続においても，密行性は必要でない。迅速性（緊急性）とは別個に密行性を挙げることに批判的な見解も有力である。

(3)　**暫定性**（仮定性）　　民事保全は，本案訴訟において権利が終局的に確定され，実現されるまでの仮の措置を定めるものであるから，暫定的（仮定的）な性格を有する。このことは，仮差押えにおいて差押えと同様の処分禁止の効力が認められるにとどまり，換価や配当の段階にまで進まないことに表れている。しかし，仮処分に

おいては，債権者の権利が実現されたのと同様の事実上または法律上の状態を生じさせることも可能であると解されている（*Column㊷*⇒276頁）。その限りでは，暫定性（仮定性）とは，保全命令および保全執行によって生じた結果が本案訴訟の結論に影響しないことを意味するにとどまる（ただし，満足的仮処分の執行後に被保全権利の目的物が滅失したなどの事情は，特別の事情がある場合を除き，本案訴訟において斟酌される。最判昭和54・4・17民集33巻3号366頁／百選87）。

(4) **付随性**　　民事保全は本案訴訟とは別個独立の手続であるが，本案訴訟の存在を予定し，本案訴訟に従属する。債権者が本案訴訟の起訴命令に違反したときには，保全命令が取り消される（民保37条）のは，付随性の表れである。

--- **民事保全法の特徴** ---

　仮差押え，仮処分の制度がわが国に導入されたのは，明治23（1890）年のことである。それから平成元（1989）年に民事保全法が制定されるまでの約100年の間，仮差押え・仮処分に関する法律の条文はほとんど変わっておらず，実情に合わなくなっていた。たとえば，第二次世界大戦後に労働争議が多発し，争議行為の差止めを求める仮処分が申し立てられた際には，法律（民事保全法制定前の民訴757条）に従って口頭弁論を開いていたのでは迅速かつ適切な審理は行えないとして，実務は非公開の審尋をもって口頭弁論に代えていた。口頭弁論を開いた場合には，審理は慎重かつ長期間を要するものになり，仮処分事件が本案訴訟と変わらない様相を呈するようになった（*Column㊹*⇒283頁）。必ず口頭弁論を開かなければならない異議の手続においてはこの傾向が特に顕著であり，本案訴訟の審理の進行にあわせて異議の手続を行うことさえあった。他方，審尋については規定が不十分であり，たとえば第三者を尋問することができるかなど，解釈

の分かれる問題も少なくなかった。さらに，わが国においては当事者恒定を目的として処分禁止の仮処分が申し立てられる例が多いにもかかわらず，当事者恒定主義をとるドイツ法を母法とする旧法にはこれに関するなんらの規定もなかった。

民事保全法は，旧法の規定が不備であった問題を立法的に解決し，手続の迅速化を図る目的で制定され，平成3（1991）年1月1日から施行された。民事保全法による主要な改正点は，以下のとおりである。

(1) **オール決定主義の採用**　保全命令の発令は，口頭弁論を必要としない決定手続によって行われる。このことは，民事保全の種類を問わない。また，発令された保全命令の取消しを求める保全異議・保全取消しも，決定手続による。旧法の下では，保全命令の発令手続において口頭弁論を開いた場合には手続は判決手続となり，その後に審尋で足りることになったとしても再び決定手続に戻ることはできなかった。また，異議等の不服申立ては常に判決手続によるものとされていたため，先に述べたように審理が遅延していた。これに対して民事保全法は，口頭弁論が開かれるか否か，および発令手続か不服申立手続かを区別することなく，すべて決定手続を採用した（民保3条）。これを「オール決定主義」と呼んでいる。

決定手続の下では迅速で柔軟な審理が可能であるが，その反面で当事者に対する手続保障は希薄になる。このことは，満足的仮処分を含む仮の地位を定める仮処分の発令手続や保全異議等の不服申立ての手続において問題を生ずる。そこで，これらの手続においては，迅速な審理を損なわない範囲で債務者の手続保障への配慮もなされている。仮の地位を定める仮処分の発令にあたっては，原則として口頭弁論または債務者が立ち会うことのできる審尋の期日を経なけ

ればならないこと（民保 23 条 4 項），および保全異議・保全取消し
の手続では，口頭弁論または当事者双方が立ち会うことのできる審
尋の期日を経なければ決定をすることができないこと（民保 29 条・
40 条 1 項）などがその例である。

(2)　**当事者恒定のための仮処分についての規定の新設**　　当事者
恒定を目的とした処分禁止の仮処分および占有移転禁止の仮処分に
ついて，従来の解釈・運用に従って規定を整備した（占有移転禁止
の仮処分についての旧法下の判例としては，最判昭和 46・1・21 民集 25 巻
1 号 25 頁／百選 100 がある）。

　まず，不動産に関する権利についての登記請求権を保全するため
の処分禁止の仮処分の執行は，**処分禁止の登記**をすることによって
行うものとした（民保 53 条 1 項）。この登記の後に登記された権利
の取得等は，仮処分債権者の権利と抵触する限度において仮処分債
権者に対して対抗することができない（民保 58 条 1 項）。仮処分債
権者は，処分禁止の登記に抵触する登記を抹消することができる
（民保 58 条 2 項）。また，不動産に関する所有権以外の権利の設定等
の登記請求権を保全するためには，処分禁止の登記とともに「**保全
仮登記**」をするものとした（民保 53 条 2 項）。この場合には，仮処分
債権者は保全仮登記に基づく本登記をすることによって，順位を保
全することができる（民保 58 条 3 項）。

　次に，物の引渡しまたは明渡しの請求権を保全するための占有移
転禁止の仮処分については，債務者が係争物の占有の移転を禁止さ
れている旨を**公示**することによって，仮処分の効力を係争物の承継
占有者のみならず，悪意の非承継占有者にも及ぼした（民保 62 条。
この点は，前掲最判昭和 46・1・21 においても明らかではなかった問題に
ついて，占有移転禁止の仮処分の効力を強化する立法を行ったものである。

詳細については，⇒336頁〜337頁）。

(3)　その他の諸規定の整備　　旧法に規定がなかったその他の事項についても，解釈を統一したり新たに制度を設けるために，規定を整備した。たとえば，**釈明処分の特例**が設けられ，法人が当事者である事件においては，審尋期日において業務担当者等から事情聴取を行うことが明文化された（民保9条⇒296頁，316頁）。これは，先に述べたオール決定主義の採用と関連して，審理の充実と迅速化を図るための改正だといわれている。

また，民事保全の手続に関し必要な事項については最高裁判所規則で定めることができるものとされ（民保8条），この規定に基づいて平成2（1990）年5月に民事保全規則（平成2年最高裁判所規則3号）が制定された。

用語の解説　　民事保全手続で使われる基本的な用語を整理すれば，以下のようになる。

「**保全命令**」は，仮差押命令および仮処分命令の総称であり，仮差押命令または仮処分命令の申立てを認容する裁判を指す。

「**保全命令に関する手続**」（民保第2章）は，保全命令の申立てに関する手続（民保第2章第2節）と保全命令が発せられた後の不服申立てに関する手続（民保第2章第3節（保全異議），第4節（保全取消し），第5節（保全抗告））の総称である。「保全命令に関する手続」はかつては「保全訴訟」と呼ばれていたが，現在では「保全命令手続」と呼ばれることが多い。本書においても「保全命令手続」の用語を使用することにする。保全命令の申立てに関する手続についても慣例に従い，「保全命令の発令手続」ということにする。

「**保全執行に関する手続**」（民保第3章）は，保全命令の内容を実現する手続である。

「保全命令」を申し立てる当事者を「**債権者**」，その相手方となる当事者を「**債務者**」という（ex. 民保 14 条 2 項・18 条・19 条・26 条）。

「保全命令手続」は，債権者の主張する「保全すべき権利又は権利関係」（民保 13 条。これを「**被保全権利**」という）の存在を暫定的に認定する手続である。これに対して，被保全権利の存在を終局的に確定する通常の訴訟手続を「**本案訴訟**」という。

本案訴訟は，保全命令の申立ての時にすでに係属している場合とそうでない場合とがある。本案訴訟が係属していない場合には，保全命令の発令後に債務者は本案訴訟の**起訴命令**を申し立てることができる（民保 37 条 1 項）。しかし，実際に起訴命令が申し立てられることはそれほど多くない。それは，本案訴訟において勝訴判決がなされたのと同様の結果を仮処分債権者に得させる満足的仮処分（*Column㊷*⇒276 頁）について特に顕著である。すでに述べたように，仮処分命令は本案訴訟によって権利が終局的に確定されるまでの暫定的な裁判であるにもかかわらず，本案訴訟が提起されないために，仮処分命令が事実上，本案訴訟に代わる機能を果たしていることになる。この現象は，「仮処分の本案化」と呼ばれている。

> *Column㊹* 仮処分の本案化 ●━━━━━━━━━━━━━━━━━━━
>
> 「仮処分の本案化」は，しばしば異なる意味に使われることがある。かつては，労働仮処分をはじめとする仮の地位を定める仮処分において慎重な審理がなされる結果，仮処分の審理が内容および期間の点で本案訴訟の審理と変わらなくなること（仮処分の審理の長期化）を指して，「仮処分の本案化」ということが多かった。しかし，オール決定主義を採用する民事保全法の下では，審理は以前よりも迅速化されたといわれている。現在では，本文で述べた「仮処分の本案化」，すなわち，満足的仮処分において仮処分命令が当事者間の関係に決定的な影響を及ぼし，本案訴訟が提起されない結果，

仮処分命令が本案訴訟に代わる紛争解決機能を果たしていること（仮処分の本案代替化）がより重要であり，それに対する評価は分かれている。当事者，特に債権者の紛争の一回的解決に対する期待を保護すべきであるという観点からは，仮処分の裁判によって紛争が解決され，本案訴訟の提起に至らないことは望ましいという評価が成り立つ。しかし他方で，本案訴訟よりも債務者に対する手続保障の希薄な仮処分の手続で紛争を解決することへの疑問も提示されている。

2 保全命令の発令手続

① 手続の特徴

　保全命令の発令手続は，通常訴訟における第一審手続に相当する。しかし，本章 *1* で述べたように，保全命令の発令は迅速に行われなければならず，また，保全命令の効力は本案訴訟において権利が確定されるまでの暫定的なものにすぎない。そのため，保全命令の発令手続には，通常訴訟である本案訴訟とは異なる特徴がみられる。主要な相違点は，①保全命令を発するには，被保全権利のほか，保全の必要性が存在しなければならないこと（民保 20 条・23 条 1 項・2 項・3 項），②被保全権利と保全の必要性の存在については，証明ではなく疎明が要求されていること（民保 13 条 2 項），③本案訴訟で債権者の権利が否定されれば保全命令の執行によって債務者の被った損害を賠償しなければならないため，保全命令の発令に際しては，債権者に損害に対する担保を提供させることができること（民保 14

条1項），④申立ての審理について口頭弁論を経る必要はなく（民保3条），裁判は決定の形式でなされる（決定手続が採用されている）こと，などである。

② 手続の開始

| 申立て |

保全命令の発令手続は，債権者の保全命令の申立てによって開始される。

保全命令の申立ては書面でしなければならない（民保規1条1号）。保全命令が不動産を対象とする場合には，当該不動産の登記事項証明書等を申立書に添付しなければならない（民保規20条・23条）。

保全命令の申立ては，日本の裁判所に本案の訴えを提起することができるとき，または仮に差し押さえるべき物もしくは係争物が日本国内にあるときでなければ，することができない（民保11条）。

| 管轄裁判所 |

申立書を提出すべき裁判所は，保全命令事件の管轄裁判所，すなわち本案の管轄裁判所または仮に差し押さえるべき物もしくは係争物の所在地を管轄する地方裁判所である（民保12条1項。本案の訴えが民事訴訟法6条1項に規定する特許権等に関する訴えである場合については，民保12条2項参照）。

本案の管轄裁判所は，本案訴訟が係属中であるときは係属している裁判所である。原則として第一審裁判所であるが，本案訴訟が控訴審に係属しているときは控訴審裁判所となる（民保12条3項）。本案訴訟が係属していない場合には，管轄の規定（民訴4条〜11条，裁24条1号・33条1項1号）によって管轄を有する裁判所が本案の管轄裁判所となる。複数の裁判所が本案の管轄裁判所として競合するときには，債権者はその選択した裁判所に保全命令の申立てをす

ることができる。

　仮に差し押さえるべき物または係争物の所在地を管轄する地方裁判所は，仮に差し押さえるべき物または係争物が不動産または動産である場合にはその物理的な所在地によって定まり，その他の場合には民事保全法12条4項から6項までの規定によって定まる。

　保全命令事件の管轄は専属管轄であり（民保6条），当事者の合意等による変更は認められない。これは，民事保全手続の適正かつ迅速な処理のためには上記のいずれかの裁判所が管轄することが適切であるとの趣旨による。もっとも，合意管轄の認められる本案の管轄裁判所を保全命令事件の管轄裁判所としたために，専属管轄としたことの意味は大半失われるとの指摘もなされている。

<table>
<tr><td>**申立ての効果**</td></tr>
</table>

申立ての効果については，訴訟法上の効果と実体法上の効果とが区別される。

　訴訟法上の効果の主要なものは，同一の事件について二重申立てが禁止されること（民保7条，民訴142条）である。事件の同一性の判断にあたっては，当事者，被保全権利および保全の必要性が考慮される。当事者および被保全権利が同一であって保全の必要性のみ異なる場合に，二重申立てが禁止されるかについては争いがある。通説は，別個の事件であるから二重申立ての禁止には触れないとするが，申立ての審理の中心となるのは被保全権利であることを理由に，被保全権利が同一である限り二重申立てとなるとする見解も有力である。

　実体法上の効果としては，時効の完成猶予（民149条）が重要である。

　いずれの効果も保全命令の申立ての時を始期として生ずると解されているが，消滅時効の完成猶予については，「その事由〔＝仮差押

え・仮処分〕が終了した時から6箇月を経過するまでの間」は，時効は，完成しないと規定されている（民149条柱書）ことから，「仮差押え・仮処分が終了した時」とはいつかが問題となる。

Column㊺　仮差押え・仮処分による時効の完成猶予 ～～～～～～～

　平成29年改正前の民法の下では，保全命令の申立てによって消滅時効の中断の効力が発生するか，発生するとしてその効力はいつまで継続するかについて，見解が分かれていた。

　まず，時効中断の効力が発生するのは保全命令の申立ての時ではなく，**保全執行の申立てまたは着手の時**だとする見解があった。その根拠としては，平成29年改正前民法においては，仮差押えまたは仮処分が差押えと並んで時効中断事由とされており（同法147条2号），差押えは権利の実現をめざす行為であることが挙げられていた。しかし，通説・判例は，**保全命令の申立ての時**を時効中断の効力発生時期と解していた。その理由は，保全命令の申立てによって債権者の権利行使があったとみられるので，訴えの提起に準じて扱ってよいというものであった。

　仮差押え・仮処分による時効中断の根拠が債権者の権利行使にあるとすれば，仮差押え・仮処分の執行行為が終了しても執行保全の効力が存続していれば権利行使は継続しているとみられるので，時効中断の効力も継続するという結論が導かれる。最高裁はこの見解（**継続説**と呼ばれる）をとっている（最判昭和59・3・9判時1114号42頁，最判平成6・6・21民集48巻4号1101頁／重判平6民3，最判平成10・11・24民集52巻8号1737頁／百選95）。継続説によれば，保全執行が取り消されるまで時効中断の効力は継続することになるが，債務者は本案の起訴命令や事情変更による保全命令の取消しを求めることができるので（保全命令が取り消されれば，保全命令に基づく保全執行も同時に取り消される。民保46条，民執39条1項1号・40条），酷ではないとされていた。

平成 29 年改正後の民法 149 条の下でも継続説の考え方が妥当するとすれば，「仮差押え・仮処分が終了した時」は，「仮差押え・仮処分の執行が取り消された時」と解すべきこととなろう。

申立書の記載事項　保全命令の申立ては，申立ての趣旨，保全すべき権利または権利関係（被保全権利），および保全の必要性を明らかにしてこれをしなければならない（民保 13 条 1 項）。申立書の記載事項については，民事保全規則が詳細な定めを置いている（民保規 13 条・18 条・19 条・23 条）。

申立書の必要的記載事項は，当事者・代理人の氏名および住所，申立ての趣旨，申立ての理由である（民保規 13 条 1 項）。申立ての趣旨は訴えにおける請求の趣旨に，申立ての理由は訴えにおける請求原因に，それぞれ相当する。申立ての理由は，被保全権利と保全の必要性から構成されている（民保規 13 条 2 項）。

当事者，申立ての趣旨，被保全権利，および保全の必要性の記載について留意すべきことは，以下のとおりである。

(1)　**当事者**　当事者，すなわち債権者および債務者の記載は，訴状におけるのと同様に特定してしなければならない。ただし，不動産を対象とする占有移転禁止の仮処分命令については，その執行前に債務者を特定することを困難とする特別の事情があるときは，債務者を特定しないで申立てをすることができる（民保 25 条の 2 第 1 項，民保規 13 条 1 項 1 号）。

被保全権利について実質的利益を有する者以外の者が当事者となる**第三者の保全担当**も認められる。実質的利益の帰属主体（被担当者）の授権に基づかずに法律上当然に行われる**法定保全担当**の例としては，破産財団に所属する金銭債権について訴えを提起した破産

管財人（破80条）が当該債権の将来の強制執行を保全するために行う仮差押えや，「消費者の財産的被害の集団的な回復のための民事の裁判手続の特例に関する法律」56条に基づき，特定適格消費者団体が対象消費者に代わって対象債権の実現を保全するために行う仮差押えが挙げられる。被担当者の授権に基づく**任意的保全担当**の例としては，本案訴訟を追行する選定当事者（民訴30条）が訴訟物たる他人の権利の実現を保全するために行う仮差押え・仮処分が挙げられる。このほか，本案訴訟の当事者以外の者が被担当者から授権を受けて民事保全の当事者となる場合も考えられる。

(2) **申立ての趣旨**　　債権者は，どのような内容の保全命令を求めるかを明らかにしなければならない。これが，申立ての趣旨である。訴えにおける請求の趣旨（民訴133条2項2号）についてと同様に，**申立ての趣旨をどの程度まで特定すべきか**という問題がある。

仮差押命令の申立ての趣旨は，原則として目的物を特定して記載しなければならない。ただし，目的物が動産である場合には，特定する必要はない（民保21条，民保規19条1項）。

仮処分命令に関しては，申立ての趣旨に目的物を記載する必要はない（民保規23条参照）。**仮処分の具体的内容を記載すべきか，記載した場合には，裁判所はその範囲内で仮処分の内容を定めるべきか**については，仮処分の方法は裁判所がその裁量によって定めることができるとされている（民保24条）こととの関係で，議論がある。裁判所の裁量を重視して，債権者が仮処分の具体的内容を記載する必要はなく，記載しても裁判所はそれに拘束されないという考え方もある。しかし実務においては，債権者に仮処分の具体的内容の記載を求め，裁判所がこれと異なる内容の仮処分命令を発令する場合には，債権者に申立ての趣旨の記載を訂正させる取扱いがされている。仮

処分命令の発令手続にも処分権主義（民訴246条）が妥当する以上，債権者が求める内容を超える仮処分命令を発令するのは適当でないというのが，その理由である。

(3) **被保全権利**　申立ての理由として記載すべき被保全権利の種類は，仮差押え，係争物に関する仮処分，仮の地位を定める仮処分のそれぞれによって異なっている。

仮差押えの被保全権利は，金銭の支払を目的とする債権（金銭債権）である（民保20条1項）。条件付または期限付の債権であってもよい（民保20条2項）。将来の請求権（ex.退職金債権，保証人の主債務者に対する将来の求償権）も被保全権利となりうるが，その基礎となる法律関係が現存するだけで足りるか，起訴命令が発せられたときに本案訴訟を提起しうる程度の確実性を要するかをめぐって，見解が分かれている。また，家事審判手続によって具体的内容が決定される債権（ex.財産分与請求権，離婚後の扶養料請求権）については，仮差押えの被保全権利たりうるとする見解と，これを被保全権利とする仮差押えは認められず，もっぱら家事事件手続法上の審判前保全処分（家事105条）によるべきであるとする見解が対立している。

係争物に関する仮処分の被保全権利は，係争物，すなわち金銭以外の物（有体物）または権利に関する給付を目的とする請求権である。係争物は特定物に限られない。たとえば，制限種類債権（ex.ある倉庫内にある小麦粉1トンの引渡しを求める請求権）のように，種類の限定された代替物を対象とする請求権も被保全権利となりうる。係争物を対象とする給付請求権であれば，物権的請求権（ex.所有権に基づく目的物引渡請求権または移転登記手続請求権）であると債権的請求権（ex.売買に基づく目的物引渡請求権または移転登記手続請求権）であるとを問わず，また，作為請求権（ex.不動産の明渡請求権，建物

の収去請求権）であると，不作為請求権（ex.土地上の建築禁止請求権，不動産の譲渡・処分禁止を求める請求権）であるとを問わない。条件付または期限付の請求権も被保全権利たりうる（民保 23 条 3 項）。

　仮の地位を定める仮処分の被保全権利については，格別の制限はない。「争いがある権利関係」（民保 23 条 2 項）であれば足り，法人の役員としての法的地位のようなものも含まれる。物に関する給付請求権ではないため係争物に関する仮処分の被保全権利たりえない作為請求権（ex.劇場への出演請求権），不作為請求権（ex.競業避止請求権）も，仮の地位を定める仮処分の被保全権利にはなりうる。また，仮差押えまたは係争物に関する仮処分によって保全される権利であることは，仮の地位を定める仮処分の被保全権利となることの妨げにはならない。たとえば，賃金債権や交通事故による損害賠償請求権のような金銭の支払を目的とする債権について，仮払を命ずる仮の地位を定める仮処分命令を申し立てることができるし，不動産の明渡請求権を被保全権利とする仮の地位を定める仮処分によって，不動産を仮に明け渡すように求めることもできる。「争いがある権利関係」には，継続的権利関係（ex.賃貸借契約やフランチャイズ契約に基づく権利関係）のみならず，一回の給付で終了する権利関係（ex.保険金・退職金の支払を求める権利）も含まれる。条件付または期限付の権利も被保全権利となりうることは，仮差押え，係争物に関する仮処分におけるのと同様である（民保 23 条 3 項）。

> *Column㊻*　**保全命令の被保全権利と本案訴訟の請求の同一性の判断基準** ◀◀◀◀
>
> 　すでに述べたように（⇒ 274 頁，278 頁），保全命令は，本案訴訟において権利が終局的に確定されるまでの間，当該権利を保全するために行われる暫定的な裁判である。それゆえ，保全命令によって保全される権利（被保全権利）は，本案訴訟で確定されるべき権

利と同一でなければならない。両者の同一性の判断基準については，学説上，権利として同一でなければならないとする見解（権利同一説）と，請求の基礎が同一であれば足りるとする見解（請求基礎説）が対立していた。いずれの見解を採用するかによって結論が異なる問題としては，①本案の訴えの不提起等による保全取消し（民保 37 条⇒ 322 頁）の「本案の訴え」の範囲，②事情の変更による保全取消し（民保 38 条⇒ 323 頁）の理由としての「本案訴訟における債権者の敗訴」の解釈，③処分禁止の仮処分の被保全権利とは異なる権利が本案訴訟で確定された場合に，当該権利のために処分禁止の仮処分の効力（民保 58 条 1 項・2 項⇒ 339 頁）を認めることの可否，④仮差押債権者が仮差押命令の被保全権利とは異なる金銭債権について債務者に対する確定判決を取得した場合に，仮差押命令の目的財産につき他の債権者によって開始された強制執行手続において配当を受けることの可否（87 条 1 項 3 号・91 条 1 項 2 号・92 条 1 項等），などがある。

　判例は，①について請求基礎説をとることを明らかにし，仮処分命令の被保全権利が虚偽表示を理由とする所有権移転登記の抹消登記手続請求権であった場合に，起訴命令に基づいて提起された詐害行為を理由とする所有権移転登記の抹消登記手続請求訴訟につき，本案訴訟としての適格性を認めた（最判昭和 26・10・18 民集 5 巻 11 号 600 頁）。②についても，請求基礎説をとっているとみられる（最決平成 16・7・9 判例集不登載は，仮差押命令の被保全権利が民法 117 条 1 項に基づく無権代理人に対する履行請求権としての貸金返還請求権であり，本案訴訟では当該権利は認められず，本人として借り入れたことを理由とする貸金返還請求が認められた場合につき，事情の変更による保全取消しを認めなかった原審の判断を正当であるとしている）。③については，売買に基づく所有権移転登記手続請求権を被保全権利とする処分禁止の仮処分は，本案訴訟において確定された時効取得に基づく所有権移転登記手続請求権を被保

全権利とする処分禁止の効力を有するとした判例があり（最判昭和59・9・20民集38巻9号1073頁／百選99），明示はないものの，請求基礎説をとっているとみられる。④については，最判平成24・2・23民集66巻3号1163頁／百選97において，債務者に対する債務名義を取得した仮差押債権者は，債務名義に表示された金銭債権が仮差押命令の被保全権利と異なる場合であっても，両者が請求の基礎を同一にするものであるときは，仮差押命令の目的財産につき他の債権者が申し立てた強制執行手続において，仮差押債権者として配当を受領しうる地位を有しているとし，請求基礎説をとることを明らかにした。

　保全命令の申立ては，緊急の必要がある場合にされるものであり，債権者には十分な準備をする時間的な余裕がないことも多く，被保全権利を疎明する資料にも制約がある（民事保全法7条の準用する民事訴訟法188条⇒299頁）。また，時間の経過により当事者間の権利関係が変化し，被保全権利とは異なる権利を本案訴訟で確定する必要が生じる場合もありうる。請求基礎説は，こうした事情によって生じた被保全権利と本案の請求のずれを「請求の基礎の同一性」の範囲内で許容しようとするものであり，学説においても多数説を形成している（ただし，ここでいう「請求の基礎の同一性」は訴えの変更（民訴143条）の要件と同一ではないとする見解が有力である）。

(4)　**保全の必要性**　　保全命令は，本案訴訟の判決がなされる前に暫定的な措置を講ずることを必要とする事情がなければ発令されない。そのような事情を保全の必要性という。

①　**仮差押えにおける保全の必要性**は，債務者の責任財産の減少により金銭債権の強制執行が不能または著しく困難になるおそれがあることである（民保20条1項）。具体的には，債務者が責任財産

を濫費，廉売，毀損，隠匿したり，責任財産上に過大な担保権を設定したりするおそれがある場合がこれにあたる。被保全権利たる金銭債権について債権者がすでに仮差押命令を得ている場合であっても，異なる目的物についてさらに仮差押えをしなければ，当該債権の完全な弁済を受けるに足りる強制執行をすることができなくなるおそれがあるとき，またはその強制執行をするのに著しい困難を生ずるおそれがあるときには，保全の必要性が認められる（最決平成15・1・31民集57巻1号74頁／百選82）。

債権者が被保全権利について十分な担保権を有している場合には，保全の必要性は否定される。すでに債務名義を得ている場合にも，債権者は執行文の付与を受けて直ちに強制執行を開始することができるので，原則として保全の必要性は認められない。ただし，執行停止の裁判がされていたり，債務名義の内容が条件付または期限付であるなどの理由で直ちに強制執行をすることができない場合には，保全の必要性が認められる。

債務名義に基づいて直ちに不動産に対する強制執行を開始しても無剰余を理由に手続が取り消される可能性が高いという事情がある場合に，当該不動産に対する仮差押えの保全の必要性（民事保全制度を利用する必要性（権利保護の利益）の問題とする見解もある）が認められるかについては議論があり，下級審の判断は分かれている（東京高決平成20・4・25判タ1301号304頁，東京高決平成28・5・12判時2329号43頁は消極，名古屋高決平成20・10・14判時2038号54頁，大阪高決平成26・3・3判時2229号23頁は積極）。最決平成29・1・31判時2329号40頁／百選81は，消極説を採った原審決定（前掲東京高決平成28・5・12）を是認しているが，反対意見は，将来において剰余が生ずる見込みが否定できないならば，現時点の無剰余の可能性の

程度を理由として仮差押えを利用する必要性を否定することはできないとしている。

②　**係争物に関する仮処分における保全の必要性**は，係争物の現状の変更により給付請求権を執行することが不能または著しく困難になるおそれがあることである（民保23条1項）。将来の執行を保全する必要という点では仮差押えにおける保全の必要性と類似するが，保全の必要性が問題になるのが係争中の物または権利についてである点が異なる。具体的には，債務者が係争物を譲渡，毀損，隠匿し，または係争物の占有を第三者に移転するおそれがある場合がこれにあたる。

③　**仮の地位を定める仮処分における保全の必要性**は，権利関係に争いがあることによって債権者が著しい損害を被りまたは急迫の危険に直面しているため，本案の確定判決を待たずに暫定的に権利関係または法的地位を形成する必要があることである（民保23条2項）。著しい損害には，直接または間接の財産的損害のみならず，名誉・信用その他精神上のものも含まれる。公益的損害が含まれるかについて，仮処分は本来，私的利益の保護を目的とするという理由によりこれを否定する見解もあるが，債権者自身の私的損害のほかに公益的損害をも考慮することができるとする見解も有力である。具体例としては，山林の立木の伐採を禁止する仮処分において，伐採により洪水が生ずるおそれを考慮する場合がこれにあたる。

③　申立ての審理

審理の方式：総論　保全命令の申立ての審理は，口頭弁論を経ないですることができる（民保3条）。すなわち，保全命令の申立てについての裁判は**決定手続**によって行われ

る。

　決定手続においては，口頭弁論を開くか否かは裁判所の裁量による（任意的口頭弁論。民訴87条1項但書）。口頭弁論を開かない場合には，裁判所は当事者を審尋することができる（民訴87条2項）。

　審尋とは，裁判所が当事者に対して書面または口頭で意見陳述の機会を与える無方式の手続である。口頭で行った場合でも口頭弁論ではないので，公開する必要はない。審尋の態様としては，債権者または債務者の一方のみの審尋，当事者双方が立ち会うことができる審尋があり，後述するように，民事保全の種類によって使い分けられている（⇒297頁以下）。

　口頭弁論または審尋の期日においては，当事者のため事務を処理しまたは補助する者で，裁判所が相当と認める者に陳述をさせることができる（民保9条）。これは，争いに係る事実関係に関し，当事者の主張を明瞭にさせるための**釈明処分**であって，証拠調べではない。簡易な証拠調べとしての**第三者の審尋**は，当事者の申し出た参考人について，当事者双方が立ち会うことができる審尋の期日において行う場合に限り，可能である（民保7条，民訴187条）。口頭弁論においては，第三者を証人または鑑定人として調べることができる。証人尋問または鑑定人質問においては，尋問または質問の順序を変更することができる（民保7条，民訴202条2項・215条の2第3項）。特許権または専用実施権の侵害差止めを求める仮処分事件において，提出を予定している準備書面や証拠の内容に営業秘密が含まれる場合には，当該営業秘密を保有する当事者は，特許法105条の4に基づく秘密保持命令の申立てをすることができる（最決平成21・1・27民集63巻1号271頁／重判平21知財1）。

*Column*㊼　第三者審尋の許容性

　当事者以外の第三者を審尋することができるかについては，旧法
時代には明文の規定がなく，解釈が分かれていた。民事保全法は，
当初，保全異議，保全取消しまたは保全抗告の手続についてのみ，
第三者審尋を認めていた（平成8年改正前民保30条）。しかし，現
行民事訴訟法に第三者審尋を認める規定（民訴187条）が置かれ，
これが民事保全法7条によって準用されることから，発令手続にお
いても第三者審尋を行うことが可能になった。もっとも，第三者審
尋を行いうるとしても，当事者双方が立ち会うことができる審尋の
期日に行わなければならないという制約があることから（民訴187
条2項），実際上は仮の地位を定める仮処分に限定されることにな
るであろう。

**民事保全の種類別の
審理の方式**

　仮差押えまたは係争物に関する仮処分にお
いては，審尋を行わず，申立書と添付され
た疎明資料のみの**書面審理**によって保全命
令を発令することも可能である。審尋を行う場合にも，**債権者のみ
の一方的な審尋**で足りる。これは，仮差押えまたは係争物に関する
仮処分においては密行性を必要とすることが多いためである。

　仮の地位を定める仮処分においては，密行性の要請は必ずしも強
くはなく，他方で，保全命令の発令によって債務者に重大な影響を
及ぼす場合が多い。したがって，保全命令を発令するためには，原
則として**口頭弁論**または**債務者が立ち会うことができる審尋**を経なけ
ればならない（民保23条4項本文）。これは，仮処分命令の発令前に
債務者に意見陳述の機会を与える趣旨である。

　しかし例外的に，債務者に事前に意見陳述の機会を与えることな
く，仮の地位を定める仮処分命令を発令しうる場合がある。口頭弁

論または債務者が立ち会うことができる審尋の「期日を経ることにより仮処分命令の申立ての目的を達することができない事情があるとき」（民保23条4項但書）がそれである。いかなる場合にこの要件を満たすかについては，民事保全法制定前の判例ではあるが，出版等の事前差止めを命ずる仮処分に関する北方ジャーナル事件の最高裁大法廷判決（最大判昭和61・6・11民集40巻4号872頁／百選86）が参考になる。

Column ㊽　北方ジャーナル事件最高裁大法廷判決　•••••••••••

　　本判決の多数意見は，「差止めの対象が公共の利害に関する事項についての表現行為である場合においても，……債権者の提出した資料によって，その表現内容が真実でなく，又はそれが専ら公益を図る目的のものでないことが明白であり，かつ，債権者が重大にして著しく回復困難な損害を被る虞があると認められるとき」は，債務者に主張立証の機会を与えないことによる実害はなく，また，債務者は異議の申立ておよび仮処分の執行停止を求めることができるから，口頭弁論または債務者の審尋を経ないで仮処分命令を発令することも許されるとした。表現の自由は憲法21条によって保障されており，出版の事前差止めは，裁判所の発する仮処分命令によるといえども，安易になされるべきではない。しかし，債務者に事前に意見陳述の機会を与えたとすれば，仮処分命令の発令前に債務者が出版物を頒布してしまう可能性が高い場合には，「仮処分命令の申立ての目的を達することができない事情があるとき」に該当するとして，例外的に口頭弁論も債務者の審尋も経ずに仮処分命令を発令することも許されるというべきではないだろうか。

•••

> **審理の対象**

　保全命令の発令は訴訟要件の存在を前提とする。したがって，裁判所は訴訟要件の存

否を職権で調査しなければならない。訴訟要件（ex. 管轄，当事者能力）の存在については，債権者の側で証明することを要する。

保全命令が発令されるためには，訴訟要件を具備したうえで，保全命令の実体的要件を満たす必要がある。保全命令の実体的要件は，被保全権利の存在および保全の必要性の存在であり，両者は疎明することを要する（民保13条2項）。

疎明においては，一般に裁判所の心証の程度は証明よりも低いといわれている。また，疎明における証拠方法については，即時に取り調べることができるものに限るという制限がある（民保7条，民訴188条）。即時とは，証拠の申出と証拠調べの間の時間的な接着を意味するが，証拠の申出があった期日において証拠調べを完了することができる証拠方法のみに限定されるのか，次回期日において取り調べることができる証拠方法まで含むかについては，見解が対立している。特に判断が分かれるのは，呼出しを要する証人および裁判所外の検証についてである。これらの証拠方法を許容するとすれば，即時性の要件を緩和したために手続の遅延を生ずることがないように，次回期日において他の問題の審理をも予定している場合に限って，証拠調べを認めるべきであろう。

被保全権利と保全の必要性の関係については，両者は補完し合っており，被保全権利の疎明を欠いていても，保全の必要性が高ければ保全命令を発令することができるとする見解もある。しかし，すでに述べたように，民事保全法は，被保全権利と保全の必要性のいずれについても疎明を要求している。また，より実質的な理由を挙げれば，保全の必要性の判断は裁判官の主観によって左右されやすいので，保全の必要性のみを理由に保全命令の発令を認めるのは妥当でない。これとは逆に，被保全権利の疎明の程度が高度であれば，

保全の必要性の疎明は不要であるとすることも，解釈論としては問題がある。保全の必要性が存在しないのであれば，債権者は本案訴訟によって権利の実現を図るべきだからである。

Column㊾ 保全訴訟と本案訴訟の関係 ･････････････････････････････････

被保全権利の疎明がなくても保全の必要性が高ければ保全命令を発令しうるとする見解は，日照妨害や公害の差止仮処分等，生成中の権利の迅速な保護が問題になる場合に，被保全権利の審理が慎重になりすぎ，仮処分の審理が長期化する傾向にあるのを回避するという実践的な意図に基づいていた。他方で，金員仮払仮処分において被保全権利の存在が明らかであれば，保全の必要性がなくても仮処分による迅速な救済を与えるべきであるとする見解も，立法論として主張されている。

これらの見解によれば，従来，本案訴訟における判断に委ねられるべきであるとされてきた紛争類型のかなりの部分について，保全命令の発令が可能になる。問題は，どのような紛争類型においてどこまで強力な保全命令を発令することができるかである。この問題は，保全訴訟における手続保障をどこまで強化できるかという問題と関連しており，今後の議論に待つべきところが大きい。

すでに述べたように，いったん保全命令が発令されると，本案訴訟が提起されないことも多いが（***Column㊹***⇒283頁），現行法の解釈論によれば，民事保全は，仮の地位を定める仮処分も含めて本案訴訟に付随するものとして位置づけられている（⇒279頁）。保全命令が発令され，不服申立ての手続においても認可されて終結したとしても，本案訴訟で債権者が敗訴すれば，保全命令および保全執行は違法とされ，債権者は債務者に対して損害賠償責任を負う。損害賠償責任の要件として過失の認定が必要であるかについては争いがあるが，判例は過失責任説を採っている（最判平成2・1・22判時1340号100頁／百選101）。

･･･

④ 担　　保

担保の意義　　保全命令は，担保を立てさせて，または立
てさせないで発令することができる。また，
担保を立てさせずに保全命令を発令するが，相当と認める一定の期
間内に担保を立てることを保全執行の実施の条件とすることもでき
る（民保14条1項）。したがって，保全命令の発令に際しては，被
保全権利の存在および保全の必要性の存在について判断したうえで，
担保を立てさせるか否か，立てさせる場合には担保の額をいくらに
するかについても，審理を行わなければならない。

　ここでいう担保とは，違法な保全命令または保全執行によって債
務者に損害が生じた場合に，債務者の損害賠償請求権を担保するも
のである。すでに述べたように，保全命令は被保全権利の疎明に基
づいて発令されるので，本案訴訟においては債権者の権利が否定さ
れることもありうる。その場合に，債務者が違法な保全命令または
保全執行によって被った損害の賠償を求めようとしても，債権者が
無資力であれば目的を達することができない。こうした事態に備え
るために，担保の制度が存在する。すなわち，担保は，**違法な保全
命令の発令によって生ずべき損害から債務者を保護する機能**を有して
いる。

　このほかにも，担保は二つの機能を有するといわれている。

　第一は，**債権者の正当な権利を保護する機能**である。すなわち，
保全命令の申立てには緊急を要するため，債権者には疎明に十分な
証拠方法を準備する時間的な余裕がない場合もある。また，疎明の
即時性の要件から，証拠方法の提出が不可能または困難なこともあ
る。これらの場合でも，債権者に担保を提供させて保全命令を発令

することが認められているために，債権者の正当な権利を保護することができる。

第二は，**債権者が保全命令の申立てを濫用することを防止する機能**である。保全命令は迅速に発令され，しかも債務者に対して重大な影響を及ぼすことが多いため，濫用の危険も大きい。保全命令の発令に際して担保の提供を要求することにより，債権者は保全命令の申立てを慎重にするようになると考えられている。

担保の要否・額の判断基準

(1) 保全命令を発令するにあたって，債権者に担保を立てさせるか否か，担保を立てさせるとしてその額をいくらにするかは，裁判所が自由裁量で決定する。しかし，自由裁量といっても，なんらの基準もないわけではない。決定に際しては，これまでに述べた担保の機能に配慮しつつ，個別の事情を勘案することが必要となる。

理論上は，担保の額は債務者に生ずべき損害の額を限度とし，保全命令が取り消されたり，本案訴訟において債権者が敗訴する可能性を考慮して決定される。一般に，被保全権利および保全の必要性の疎明の程度が高ければ，債務者に損害を生ずる可能性は低いといえるから，担保の額は低くなるであろう。

(2) 担保の本来の機能が債務者に生ずべき損害の担保にあることを考えれば，債権者が国である場合のように，十分な資力を有しているときは，担保は不要であるという見解も成り立ちうる。しかし，実務はこのような考え方をとっていない。それは，担保が提供されていれば，債務者の損害賠償請求権の行使が容易になるという理由によって説明されている。

債権者に十分な資力のあることは無担保で保全命令を発令する理由にならないとすると，**無担保で保全命令を発令しうるのはいかなる**

場合であるかが問題となる。実務上は，労働者の地位保全仮処分，賃金の仮払を命ずる仮処分，交通事故による損害賠償請求権を被保全権利とする生活費・医療費の仮払を命ずる仮処分等において，無担保で保全命令が発令されているにすぎない。これらの場合に担保の提供が要求されないのは，債権者の生活上の困窮を勘案した結果であるが，他方で，無担保で保全命令が発令されると，のちに被保全権利または保全の必要性の不存在が判明しても，債務者が損害を回復することは事実上，不可能になる。したがって，無担保で保全命令を発令するためには，被保全権利および保全の必要性について高度の疎明があることを要件とすべきである。

(3) 仮差押えの担保額の算定にあたり，**被保全債権の額を基準とするのか，目的物の価額を基準とするのか**については，見解が分かれている。目的物の価額が被保全債権の額を上回っている場合には，仮差押えの効力は被保全債権額の限度で生じ，これを超える部分は債務者が自由に処分することができると考えれば，被保全債権額を基準とすべきことになる。しかし，民事執行法において仮差押えの効力についても手続相対効説（⇒114頁）がとられたことから（87条1項4号・2項），仮差押えの処分禁止の効力は目的物全体に及んでいるため，実務は，目的物の価額を基準としているといわれている（次頁・**例1**参照）。ただし，目的物の価額が被保全債権額を著しく超えているために，担保の額が被保全債権額を超えてしまう場合には，例外的に被保全債権額を上限として担保の額を算定すべきである。後述するように，債務者は被保全債権額を供託すれば仮差押えの執行を取り消すことができるので（**仮差押解放金額**⇒307頁），債務者の損害の額が被保全債権額を超えることはないと考えられるからである（次頁・**例2**参照）。

(4)　被保全権利または保全の必要性の疎明が低い場合には，担保の額は高くなる。問題は，**疎明を全く欠いている場合であっても，担保を立てさせて保全命令を発令することができるか**である。民事保全法制定前の民事訴訟法 741 条 2 項は，被保全権利または保全の必要性の疎明がないときでも，保証を立てさせて保全命令を発することができると規定していたため，この問題につき積極に解する余地があった。しかし，保全命令の発令は債務者に一定の行為の禁止等の不利益を課すものであることから，実務は全く疎明がない場合には申立てを却下すべきであると解していた。民事保全法が旧法 741 条 2 項のような規定を置かなかったことは，旧法下の実務の解釈を採用したものと考えられる。

(5)　債権者に担保を立てさせて保全命令を発令する場合には，あらかじめ担保決定を行うが，この決定は債権者に告知すれば足り，債務者に告知する必要はない（民保規 16 条 2 項）。仮差押えなど，密行性が要請される場合があるためである。

(6)　担保の要否または担保の額に不服のある当事者の不服申立ての方法は，以下のとおりである。すなわち，債権者が，担保の提供を命じられたこと，または担保の額が高すぎることを理由に不服申

立てをする場合には，申立てが一部却下されたものとみて，即時抗告をすることができる（民保19条1項）。債務者が，無担保で保全命令が発令されたこと，または担保の額が低すぎることを理由に不服申立てをする場合には，保全異議を申し立てることができる（民保26条）。

担保提供の方法
担保の提供は，当事者間に特別の契約がある場合を除き，金銭もしくは担保の提供を命じた裁判所が相当と認める有価証券を供託する方法，または支払保証委託契約を締結する方法による（民保4条1項，民保規2条）。

金銭または有価証券の提供場所は，原則として，担保を立てるべきことを命じた裁判所または保全執行裁判所の所在地を管轄する地方裁判所の管轄区域内の供託所である（民保4条1項）。しかし，遅滞なく原則的な供託所に供託することが困難な事由があるときは，担保を立てるべきことを命じた裁判所の許可を得て，債権者の住所地または事務所の所在地その他裁判所が相当と認める地を管轄する地方裁判所の管轄区域内の供託所に供託することができる（民保14条2項）。

支払保証委託契約を締結する方法により担保を提供する場合には，担保を立てるべきことを命じた裁判所の許可を得なければならない（民保規2条）。

担保の還付・取戻し
債務者は，違法な保全命令または保全執行の結果，債権者に対して有することとなるべき損害賠償請求権に関して，供託された金銭または有価証券について，他の債権者に先立ち弁済を受ける権利を有する（民保4条2項による民訴77条の準用）。支払保証委託契約の受託者たる銀行等に対しては，支払請求権を有する（民保規2条1号参照）。

しかし，実務上は債務者が権利行使をすることは稀であり，多くの場合には，担保物は担保提供者（債権者または第三者）に返還されている。担保提供者が返還を受けるためには，保全命令を発令した裁判所の**担保取消決定**（民保4条2項による民訴79条の準用）を得る方法のほか，より簡易な**担保取戻しの許可**（民保規17条）を受ける方法によることもできる。

5 裁 判

　裁判の形式　　保全命令の申立てについての裁判は，口頭弁論を経た場合であっても決定でなされる（⇒280頁。民保16条参照）。決定は，原則として決定書を作成してしなければならない（民保規9条1項）。決定書の記載事項は，①事件の表示，②当事者の氏名または名称および代理人の氏名，③当事者の住所（ただし，認容決定の場合に限る），④担保額および担保提供方法，⑤主文，⑥理由または理由の要旨，⑦決定の年月日，⑧裁判所の表示である（民保規9条2項）。決定の理由においては，主要な争点およびこれに対する判断を示さなければならない（民保規9条3項）。口頭弁論または債務者の審尋を経ている場合には，理由において申立書その他の当事者の主張書面を引用することができる（民保規9条4項）。

　決定は，決定書を作成しないですることもできる。すなわち，口頭弁論または審尋の期日において，①担保の額および担保提供方法，②主文，③理由または理由の要旨を口頭で言い渡し，かつ，これを調書に記載させてすることができる（**調書決定**。民保規10条）。

　申立てを認容する裁判　　保全命令の申立てを認容する場合には，保全命令（仮差押命令または仮処分命令）を発

令する。保全命令は，急迫の事情がある場合に限り，裁判長が発することができる（民保15条）。

(1)　仮差押命令においては，主文で債務者所有の財産を仮に差し押さえる旨を宣言する（仮差押宣言）。目的財産は，動産の場合を除き，特定して表示しなければならない（民保21条）。

このほか，仮差押命令においては，**仮差押解放金額**を定めなければならない（民保22条1項）。仮差押解放金とは，仮差押えの執行の停止またはすでにした仮差押えの執行の取消しを得るために，債務者が供託すべき金銭である。仮差押えは金銭債権の執行を保全するものであるから，被保全債権に相当する金銭を債務者が供託すれば，仮差押えの執行を開始または継続する必要はない。これによって，債務者はその所有する財産に対する不必要な執行を回避することができる。以上が，仮差押解放金の趣旨である。

仮差押解放金の供託は金銭ですることを要し，有価証券や支払保証委託契約で代えることはできない。供託場所は，仮差押命令を発した裁判所または保全執行裁判所の所在地を管轄する地方裁判所の管轄区域内の供託所である（民保22条2項）。供託された金銭は仮差押えの目的財産に代わるものであり，仮差押えの執行の効力は，以後，供託金取戻請求権の上に生ずる。債権者は，本案勝訴の確定判決を得た場合には供託金取戻請求権について債権執行を行うことができる。担保と異なり，供託された金銭に対して優先権を取得するわけではない。

仮差押解放金額の決定にあたり，被保全債権額を基準とするのか，目的物の価額を基準とするのか，という問題がある。前述のように，被保全債権に相当する金銭を債務者が供託すれば，仮差押えの執行を継続する必要はないのであるから，仮差押解放金額は被保全債権

額を基準として決定されるべきである。ただし，目的物の価額が被保全債権額を下回ることが仮差押命令の発令時において明らかである場合には，保全される債権の額も低くなるので，目的物の価額を基準とせざるをえない（実務においては，目的物の価額が被保全債権額を下回る場合には，目的物の価額を基準とし，目的物の価額が被保全債権額を上回る場合には，被保全債権額を基準とする扱いがされているといわれる。これは，仮差押解放金は目的物に代わるものであるとの考え方に基づき，原則として目的物の価額を基準とするが，目的物の価額が被保全債権額を上回る場合には，被保全債権額と同額の仮差押解放金が供託されれば仮差押債権者の将来の強制執行を保全することは可能であるという理由による。もっとも，上記の考え方との実際上の違いは大きくはない）。

(2) 仮処分命令においては，主文で仮処分の方法を定めることができる（民保 24 条）。

仮処分命令においても解放金額を定めることができるかについては，民事保全法制定前は明文の規定がなく，見解が分かれていた。仮処分は本来，金銭的補償によっては目的を達しえないものであることから，判例・通説は，原則として仮処分解放金額を定めることはできないが，被保全権利が金銭的補償によって終局の目的を達することができる場合等，特別の事情が存するときにのみ，例外的に仮処分解放金額を定めうるとしていた。しかし，実際の運用ではこの要件が拡張解釈され，仮差押解放金と同様の意味では目的物を観念することのできない仮の地位を定める仮処分についてまで，仮処分解放金額が定められていた。

以上を考慮し，民事保全法は，厳格な要件の下に**仮処分解放金額**を定めうるものと規定している。すなわち，仮処分解放金額は，「保全すべき権利が金銭の支払を受けることをもってその行使の目

的を達することができるものであるときに限り」定めることができる（民保 25 条 1 項）。「保全すべき権利」とあることから，係争物に関する仮処分に限定され，かつ，保全すべき権利の基礎あるいは背後に金銭債権があり，その金銭の支払を受けることによって保全すべき権利を行使したのと同じ結果を得られる場合に限られるとされている。立法担当者が挙げる典型的な例としては，自動車の所有権留保付売買契約において，買主の割賦代金債務の不履行を理由に売主が売買契約を解除し，所有権に基づく自動車の引渡請求権を保全するために占有移転禁止の仮処分命令を申し立てる場合がある。

仮処分解放金の供託場所は，仮処分命令を発した裁判所または保全執行裁判所の所在地を管轄する地方裁判所の管轄区域内の供託所である（民保 25 条 2 項・22 条 2 項）。仮処分解放金は，仮処分の目的物に代わるものであり，通常の場合は，債権者が供託金還付請求権を取得する。これに対して，詐害行為取消権を保全するための仮処分については，詐害行為の債務者が供託金還付請求権を取得し，債権者はこの還付請求権に対して権利を行使することになる（民保 65 条）。この場合には通常と異なり，債権者は目的物の換価代金から優先弁済を受けられる地位を有していないからである。

申立てを却下する裁判 訴訟要件を満たしていない場合，または保全命令の実体的要件（被保全権利または保全の必要性）を欠いている場合には，申立て却下の裁判がなされる。民事訴訟法 137 条 2 項の訴状却下に準ずる裁判長の命令がなされた場合も，同様に申立てを却下する裁判がなされる。

裁判の効力 保全命令は，当事者に送達しなければならない（民保 17 条）。しかし，保全命令の執行は送達前でもすることができる（民保 43 条 3 項）。

申立てを認容する裁判，却下する裁判のいずれも，自己拘束力を生じ，裁判所自身もこれを変更することができない。ただし，保全異議または保全取消しの申立てがなされた場合には，保全命令を発令した裁判所自ら，保全命令を変更または取り消すことができる（民保32条1項・37条3項・38条1項・39条1項）。

3 不服申立手続

① 不服申立ての体系

(1) 保全命令に対する不服申立て——保全異議・保全取消し

保全命令に対して，債務者は**保全異議**または**保全取消し**を申し立てることができる。

保全異議の申立ては，保全命令を発した裁判所に対して保全命令の発令について再審理を求める申立てである（民保26条）。同一審級における再審理の申立てであり，上訴ではない。

保全異議が保全命令の発令当時における被保全権利または保全の必要性の存否を再審理する手続であるのに対して，保全命令の発令当時における被保全権利および保全の必要性の存在を前提とし，その後に生じた事情に基づいて保全命令を取り消すべきか否かを審理する手続を保全取消しという。保全取消しには，**本案の訴えの不提起等による保全取消し**（民保37条），**事情の変更による保全取消し**（民保38条）および**特別の事情による保全取消し**（民保39条）の3種類がある。

(2) 保全命令の申立てを却下する裁判に対する不服申立て——即時抗告 保全命令の申立てを却下された債権者は，告知を受けた

日から2週間以内に，**即時抗告**をすることができる（民保19条1項）。保全命令の申立てが一部却下された場合も同様であるが，この場合には債務者も保全異議を申し立てることができるので，理論上は同一事件が審級を異にする裁判所に同時に係属するという問題が生ずる。即時抗告を却下する裁判に対しては，さらに抗告をすることができない（民保19条2項）。

(3) 保全異議または保全取消しの申立てについての裁判に対する不服申立て——保全抗告　保全異議または保全取消しの申立てについての裁判に対しては，**保全抗告**をすることができる（民保41条）。保全抗告は，上級裁判所に対する上訴である。保全抗告についての裁判に対しては，さらに抗告をすることができない（民保41条3項）。これは，迅速を要する民事保全の手続において三審制を保障する必要はないという理由による。

②以下では，保全異議，保全取消しおよび保全抗告について，順次，解説する。

Column 50　**不服申立手続の審理** ━◆━◇━◆━◇━◆━◇━◆━◇━◆━

　　仮の地位を定める仮処分命令が発令されると，本案訴訟が提起されないのみならず，保全異議・保全取消しの申立てがされることも少ないといわれている（瀬木比呂志「仮の地位を定める仮処分の本案代替化現象」判タ1001号（1999年）4頁・7頁）。もっとも，仮処分命令に対して債務者が保全異議の申立てをし，異議審で仮処分命令を認可する決定がなされた場合には，それに対してさらに保全抗告をする例もないわけではない。そうした保全抗告審の決定としては，①週刊誌の販売の差止めを求める仮処分に関する東京高決平成16・3・31判時1865号12頁，②銀行の経営統合をめぐり，第三者との間で協議を行うことの差止めを求める仮処分に関する東京高決平成16・8・11商事法務1708号23頁・金法1727号82頁，③新

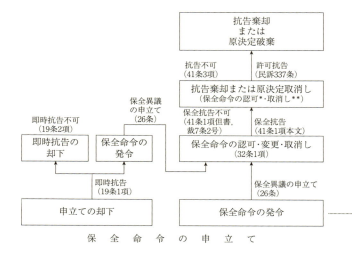

図　民事保全における不服申立て

株予約権の発行差止めを求める仮処分に関する東京高決平成17・3・23判タ1173号125頁，④国の干拓事業の工事の差止めを求める仮処分に関する福岡高決平成17・5・16判タ1183号211頁などがある。このうち①②④は，保全抗告を認容して仮処分命令を取り消した決定である（②および④に対しては債権者から最高裁判所に許可抗告がなされたが，結果はいずれも抗告棄却である。最決平成16・8・30民集58巻6号1763頁／百選83，最決平成17・9・30訟月53巻3号773頁）。

　注目すべきは，④の場合を除けば，保全異議および保全抗告の審理がきわめて短期間のうちに行われていることである（仮処分命令が発令されてから保全抗告審の決定がなされるまでの期間は，④では約9か月であったが，①および②では15日，③では12日であっ

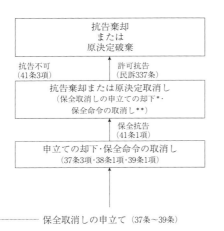

抗告棄却
または
原決定破棄

抗告不可　　　　許可抗告
（41条3項）　　　（民訴337条）

抗告棄却または原決定取消し
（保全取消しの申立ての却下＊・
保全命令の取消し＊＊）

保全抗告
（41条1項）

申立ての却下・保全命令の取消し
（37条3項・38条1項・39条1項）

━━━━━━━━━━━━━━ 保全取消しの申立て（37条〜39条）

＊　　債権者からの抗告を認容し，原決定を取り消して自判する場合
＊＊　債務者からの抗告を認容し，原決定を取り消して自判する場合

た）。民事保全法制定前には，異議の手続に長期間を要していたが
（⇒279頁），不服申立手続についても決定手続を採用した民事保全
法の下では，保全異議および保全抗告において迅速な審理を行うこ
とも可能になっているといえよう。

② 保全異議

**手続の開始：保全異議
の申立て**

保全異議の手続は，保全命令を発した裁判
所に対する申立てによって開始される。申
立ては書面でしなければならない（民保規
1条3号）。

保全異議を申し立てることができるのは，債務者，債務者の一般承継人または破産管財人である。債務者の特定承継人は，訴訟承継の手続（民訴49条・51条）において実体上の承継の事実を主張・立証するとともに，保全異議を申し立てることができる。この場合に，承継執行文が付与されていることは必要でない。

　保全異議の申立てに期限の制限はなく，保全命令が有効である限り，いつでもすることができる。

　保全異議の申立てを取り下げるには債権者の同意を得ることを要しない（民保35条）。取下げは，原則として書面でしなければならないが，口頭弁論または審尋の期日において申立てを取り下げる場合には，口頭ですることができる（民保規4条1項）。取下げののちでも，保全命令が有効である限り，再度，保全異議の申立てをすることができる。

保全執行の停止・取消しの裁判　保全異議の申立てがなされても，保全執行は当然には停止されない。債務者が，保全命令の取消しの原因となることが明らかな事情，および保全執行により償うことができない損害を生ずるおそれがあることを疎明したときに限り，裁判所は，担保を立てさせてまたは担保を立てることを条件として，保全執行の停止またはすでにした執行処分の取消しを命ずることができる（民保27条1項）。

事件の移送　保全異議事件については，保全命令を発した裁判所が管轄権を有する（民保26条）。これは専属管轄であり（民保6条），他に競合する管轄裁判所はない。債務者が他の裁判所に保全異議の申立てをした場合には，管轄違いとして保全命令を発した裁判所への移送（民保7条，民訴16条1項）が行われる。

　債務者が保全命令を発した裁判所に保全異議の申立てをした場合でも，著しい遅滞を避け，または当事者間の衡平を図るために必要があるときは，申立てによりまたは職権で，保全命令事件につき管轄権を有する他の裁判所に事件を移送することができる（民保28条）。

Column 51　**保全異議事件における移送** ◆━━━━━━━━━━

　仮の地位を定める仮処分を例外とすれば，保全命令の発令に際しては通常は債務者の審尋は行われないため，債権者のみの便宜によって発令裁判所が定まることがありうる。当事者間の衡平を図るためには，他の裁判所への移送を認める必要があるが，すでに述べたように，保全異議事件について競合する管轄裁判所はなく，民事訴訟法17条を準用することはできない。そこで，民事保全法に規定を設けて，民事訴訟法17条と同じ要件があるときには，保全命令事件につき管轄権を有する他の裁判所に事件を移送することを可能にした。

━━━━━━━━━━━━━━━━━━━━━━━━━━━━━

審理の手続

　保全異議の申立てについての裁判も，保全命令の申立てについての裁判と同様に，決定手続で行われる。しかし，保全異議においては，裁判所は，口頭弁論または当事者双方が立ち会うことができる審尋の期日を経なければ，保全異議の申立てについての決定をすることができない（民保29条）。310頁で述べたように，保全異議はすでに発した保全命令について，被保全権利と保全の必要性の存否を再度，審理する手続であるので，密行性の要請はなく，当事者双方が対席する機会を与えるべきだからである。また，保全異議の申立てについての裁判は，判事補が単独ですることができないこと（民保36条）も，保全命令の発令手続と異なる点である。

　口頭弁論または審尋の期日においては，**釈明処分の特例**として，

当事者のため事務を処理し，または補助する者で，裁判所が相当と認めるものに陳述をさせることができる（民保9条）。

当事者双方が立ち会うことができる審尋の期日においては，参考人または当事者本人を尋問することができる（民保7条，民訴187条。平成8年改正前の民事保全法30条は，民事訴訟法187条と同趣旨を規定していた）。

裁判所は，保全異議の審理を終結するには，相当の猶予期間をおいて，審理を終結する日を決定しなければならない（民保31条本文）。この決定は，相当な方法によって当事者に告知することを要する（民保7条，民訴119条）。ただし，口頭弁論または当事者双方が立ち会うことができる審尋の期日においては，直ちに審理を終結する旨を宣言することができる（民保31条但書）。審理終結宣言の趣旨は，当事者双方に対等に手続保障を与え，不意打ちを防止することにある。口頭弁論または当事者双方が立ち会うことができる審尋の期日においては，裁判所は当事者の意向を確認したうえで審理終結宣言をするか否かを判断することができるので，直ちに審理を終結する旨の宣言をしても，当事者が不当に主張・立証の機会を奪われることはないと考えられている。

裁　　判　（1）　保全異議の申立てについての決定においては，裁判所は，保全命令の認可，変更または取消しのいずれかの判断を示さなければならない（民保32条1項）。保全異議の申立ては，すでに発せられている保全命令の当否についての再審理を求めるものだからである。保全異議の申立ての当否が審理の対象となるわけではないので，保全命令を認可する場合に，保全異議の申立てを却下する旨の判断を示す必要はない。保全命令を取り消す場合には，保全命令の申立てについてこれを却下

する旨の宣言をすることになる。

　保全異議の申立てについての決定には，理由を付さなければならない（民保32条4項・16条本文。民事保全法16条但書は準用されておらず，「理由の要旨」では足りないことに注意）。

　保全異議の申立てについての決定は，当事者に送達しなければならない（民保32条4項・17条）。

　(2)　**保全命令を認可しまたは変更する決定**においては，債権者が追加担保を立てることを保全執行の実施または続行の条件とする旨を定めることができる（民保32条2項）。この場合に，債権者が追加担保を提供しなかったことは，保全執行の取消事由となる（民保44条）。

　(3)　**保全命令を取り消す決定**においては，債務者が担保を立てることを条件とすることができる（民保32条3項）。この条件が付された場合には，取消決定の効力は，債務者が担保を立てたときに初めて生ずる。

　これ以外の場合には，取消決定の効力は，告知によって直ちに生ずるのが原則である（民保7条，民訴119条）。ただし，告知によって直ちに取消決定の効力を生じさせることが相当でない場合には，裁判所は，送達を受けた日から2週間を超えない範囲内で相当と定める一定の期間を経過しなければ，取消決定の効力が生じない旨を宣言することができる（民保34条本文）。たとえば，告知によって取消決定の効力が生じると保全執行も同時に取り消されるため（民保46条，民執39条1項1号・40条），債務者が保全執行の目的物を直ちに処分してしまうおそれがあれば，取消決定の効力発生を猶予すべきである。そうでないと，債権者が取消決定に対して保全抗告（民保41条）をして取消決定の効力停止の裁判（民保42条）を得て

も，再び保全執行をすることはできないからである。

このように，取消決定の効力発生の猶予は，債権者が保全抗告に伴う取消決定の効力停止の裁判を得る前に取消決定の効力が発生することを防止するための制度である。したがって，取消決定に対して保全抗告をすることができない場合には，取消決定の効力発生を猶予することはできない（民保34条但書）。

原状回復の裁判　仮の地位を定める仮処分命令の中には，債務者に対して一定の給付を命じるものがあり，これを債務名義として保全執行をすることも認められている（民保52条2項）。しかし，債権者は仮処分命令に基づいて仮に給付を受けうるにとどまる。本案訴訟において被保全権利の存在しないことが確定されたり，仮処分命令が保全異議の裁判において取り消されたりすれば，受領した給付を債務者に返還しなければならない。

本案訴訟において被保全権利の不存在が確定した場合には，仮処分命令に基づいてなされた給付は法律上の原因を欠くことになるので，債務者は不当利得返還請求権を行使することができる。これに対して，仮処分命令が保全異議の裁判において取り消された場合には，被保全権利の不存在が最終的に確定されたわけではないから，実体法上の不当利得返還請求権を認めることは困難である。しかし，仮執行宣言が失効すれば，仮執行宣言に基づいて原告に給付された物について原状回復が命じられること（民訴260条2項）から類推して，仮処分命令が保全異議（保全取消しまたは保全抗告も同様）において取り消された場合には，債権者は原状回復義務を負うと解すべきである。

以上の趣旨に基づいて，民事保全法は，保全異議，保全取消しまたは保全抗告の裁判において仮処分命令を取り消す場合に，裁判所

は，債権者に対して原状回復を命ずることができる旨を定めた（民保33条・40条1項・41条4項）。債権者の原状回復義務の法的性質については議論があるが，仮処分命令の取消しという事実に基づいて発生する訴訟法上の義務だとする見解が有力である（⇒Column52）。

原状回復の裁判は，債務者の申立てに基づいてなされる。申立ては，保全異議等の申立てと同時になされる必要はなく，保全異議等の審理の終結までになされれば足りる。

原状回復を命ずる要件は，①仮処分命令に基づき，債権者が物の引渡し・明渡しもしくは金銭の支払を受け，または物の使用・管理をしていること，および②仮処分命令が保全異議，保全取消しまたは保全抗告によって取り消されたことである。ただし，これらの要件を満たしていても，原状回復を命じるか否かは裁判所が裁量によって決定する。

原状回復を命ずる範囲は，債務者が引き渡しまたは明け渡した物，支払った金銭，債権者が使用または保管している物の返還である。仮執行宣言の失効の場合と異なり，損害賠償の支払を命ずることはできない。損害賠償が除外されているのは，損害について審理しなければならないとすると，仮処分命令の取消しについての審理が遅延することに配慮したためだといわれている。

Column52　**賃金仮払仮処分と原状回復の裁判** ～～～～～～～～～～

賃金仮払仮処分命令に基づいて債権者（労働者）が金銭の支払を受けたのちに，当該仮処分命令が取り消されたときにも，債務者（使用者）からの申立てがあれば，原状回復の裁判がなされる。しかし，すでに述べたように原状回復の裁判は裁量的であり，原状回復を命ずることが妥当でないとされる場合もある。

まず，金銭が給付されていた期間中に債権者が現実に就労してい

れば，賃金相当の金銭の給付は原状回復の裁判の対象にはならないと解されている。この場合の説明としては，仮処分命令の取消しによって債務者に原状回復請求権が発生したが，債権者も現実の就労によって賃金債権を取得したため，両者が相殺されたとみる見解と，原状回復請求権は仮処分命令の取消しという訴訟上の事実のみに基づいて発生するのではなく，被保全権利たる賃金債権の不存在を前提とするという見解とが考えられる。

　問題があるのは，金銭の給付期間中に債権者が労務を提供したにもかかわらず，債務者がその受領を拒絶した場合である。旧法下の判例（最判昭和63・3・15民集42巻3号170頁／百選88）は，この場合に，賃金仮払仮処分と同時に従業員としての地位保全の仮処分が発せられていたとしても，債権者は受領した仮払金につき返還義務を負うとしている。債権者の原状回復義務が仮処分命令が取り消された事実のみによって生ずると解すれば，この結論を支持しうるであろう。しかし，地位保全の仮処分が発せられていた場合には，原状回復義務は発生しないとみる見解も有力である。その論拠は，地位保全の仮処分によって暫定的であるにせよ雇用関係が形成されたとすれば，債務者が労務の受領を拒否したことは受領遅滞にあたり，債権者は賃金相当の金銭の支払請求権を取得するので，仮払金について返還義務を認めることはできないというものである（前掲最判昭和63・3・15において，伊藤正己裁判官の反対意見はこの見解をとる）。この見解の説明としても，債権者の原状回復義務と債務者の金銭支払義務とが相殺されたとみる考え方と，仮処分命令が取り消されたという事実があっても，被保全権利が存在すれば原状回復義務は否定されるという考え方とがありうる。

③ 保全取消し

①で述べたように（⇒310頁），保全取消しには，本案の訴えの不提起等による保全取消し（民保37条），事情の変更による保全取消し（民保38条）および特別の事情による保全取消し（民保39条）の３種類がある。

本案の訴えの不提起等による保全取消しおよび事情の変更による保全取消しがすべての保全命令に共通であるのに対して，特別の事情による保全取消しは仮処分命令のみに関するものである。それぞれの取消事由は異なるが，手続はほぼ同一であり，保全異議の規定のほとんどが準用される（民保40条）。申立ては書面でしなければならないこと（民保規1条4号），申立権者は，債務者，債務者の一般承継人または破産管財人のほか，債務者の特定承継人をも含むこと，申立ての取下げには債権者の同意を必要としないこと（民保40条・35条），申立ての取下げは，原則として書面でしなければならないこと（民保規4条1項）は，保全異議におけるのと同様である（⇒314頁）。

保全取消しは，保全異議とは異なり，保全命令の発令手続の延長ではなく，債務者の申立てによって開始される別個の手続である。保全異議においては，「債権者＝申立人」，「債務者＝相手方」の構造が維持されているのに対し，保全取消しにおいては，債務者が申立人（能動的当事者），債権者が相手方（受動的当事者）となる。

以下では，それぞれの保全取消しの取消事由を中心として解説する。

保全命令は，被保全権利の最終的な確定を
本案訴訟に留保したうえで発せられる。保
全命令の発令後に債権者が自ら進んで本案
の訴えを提起しない場合には，債務者の申立てにより，保全命令は
取り消される（民保37条）。

保全命令が取り消されるためには，まず，債務者の申立てに基づ
いて本案の訴えの**起訴命令**が発せられることが必要である。起訴命
令とは，保全命令を発した裁判所が，債権者に対し，相当と認める
一定の期間内に，本案の訴えを提起するとともにその提起を証する
書面を提出し，すでに本案の訴えを提起しているときはその係属を
証する書面を提出すべきことを命ずる裁判をいう（民保37条1項）。
相当と認める一定の期間は，2週間以上であることを要する（民保
37条2項）。

上記の期間内に債権者が所定の書面を提出しなかったときは，裁
判所は，債務者の申立てにより，保全命令を取り消さなければならな
い（民保37条3項）。所定の書面が提出された後に，本案の訴えが
取り下げられ，または却下された場合には，債権者は書面を提出し
なかったものとみなされて，保全命令は取り消される（民保37条4
項）。

本案の訴えとして認められるためには，保全命令の被保全権利と
本案の訴訟物との間に請求の基礎の同一性があればよいとされてい
る（大判昭和10・3・6評論24巻民訴222頁，最判昭和26・10・18民集5
巻11号600頁⇒*Column⑯*（291頁））。被保全権利の存否が確定され
るものであれば足り，給付の訴えのほか，確認の訴えを含む（大判
大正14・5・30民集4巻288頁）。

本案の訴えの提起とみなされるものとしては，家事調停の申立て，

労働審判手続の申立て，仲裁手続の開始，公害紛争処理法 42 条の12 第 1 項に規定する損害賠償の責任に関する裁定の申請がある（民保 37 条 5 項）。支払督促の申立ても，債務者から適法な督促異議の申立てがあれば，支払督促の申立ての時に訴えの提起があったものとみなされるので（民訴 395 条），本案の訴えの提起とみなしてよいと解されている。判例は，離婚訴訟の被告が財産分与請求権を被保全権利として申し立てた仮差押えについて，離婚訴訟において被告から予備的になされた財産分与の申立てに，本案としての適格を認めている（東京高決平成 5・10・27 判時 1480 号 79 頁／百選 90）。

事情の変更による
保全取消し

保全命令は，被保全権利および保全の必要性が存在することを前提として発せられる。保全命令の発令後にこれらの要件の一方または双方が消滅したことが明らかになった場合にもなお，保全命令を存続させることは不当である。事情の変更による保全取消しは，このような場合に債務者の申立てに基づいて保全命令を取り消す制度である（民保 38 条）。

　「**事情の変更**」とは，通常は，被保全権利または保全の必要性が保全命令の発令後に消滅したことをいう。保全命令の発令後に弁済，免除，相殺，放棄によって被保全権利が消滅したり，債務者の財産状態が好転して保全の必要性が消滅したことがその典型例である。このほか，保全命令の発令当時すでに被保全権利または保全の必要性が存在しなかったが，その事実を債務者が知ったのは発令後であったという場合も，「事情の変更」にあたると解されている。後者は保全異議の事由でもあり，また，典型例とされる前者も保全命令の発令後，保全異議の審理の終結までの間に生じていれば保全異議の事由となるので，**事情の変更による保全取消しと保全異議の関係**が

問題となる（⇒*Column*(53)）。

本案訴訟において債権者が敗訴し，その判決が確定したことは，債権者敗訴の原因が生じたのが保全命令発令の前後いずれであったかにかかわらず，事情の変更にあたる（大判明治42・5・4民録15輯455頁，大判大正11・12・22民集1巻791頁）。被保全権利は不存在であるとする本案の判決が未確定の場合でも，上級審において取り消されるおそれがないと判断されるときは，事情の変更による保全取消しが可能だとされている（最判昭和27・11・20民集6巻10号1008頁／百選91）。

Column(53)　事情の変更による保全取消しと保全異議の関係

事情の変更による保全取消しと保全異議は，いずれも保全命令の取消しを求めるものであるため，保全異議の手続において事情の変更による保全取消しの事由を主張することも許されると解されている。

すでに保全異議の手続が開始されている場合に，事情の変更による保全取消しを別個に申し立てることが認められるかについては，これを積極に解するのが旧法時代からの通説である。この場合に，それぞれの手続が同一の裁判所に係属していれば，両手続を併合することによって，審理の重複を回避することができる。併合の態様を単純併合とみるか，予備的または選択的併合とみるか，換言すれば，いずれか一方の申立てに基づいて保全命令が取り消されたのちにも，他方の申立ての審理を行わなければならないかについては，有力な見解は，原則として他方の申立てはその目的を欠くものとして却下されるべきであるが，保全命令の取消しの条件として債務者に担保提供が命じられていた場合（民保32条3項・38条3項）には，他方の申立てについてなお審理する必要があると解している。この場合に，債務者が一方の手続で排斥された事由を再度，主張することができるかについては，当事者間の公平を理由に否定する見

解が有力である。

<table>
<tr><td>特別の事情による保全
取消し</td></tr>
</table>

特別の事情による保全取消しは，仮処分命令により債務者に著しい損害を生ずる場合もあることから特に設けられた不服申立てである。このような場合に，債務者が担保を立てることを条件として仮処分命令を取り消すことにより，債権者と債務者の利益の調整を図ることが，この制度の趣旨である。担保は，仮処分命令の取消しによって債権者が被るおそれのある損害を担保するためのものであり，予想される損害額を基準として，裁判所が諸般の事情を斟酌し，その自由な意見をもって定める。

「特別の事情」については，まず「仮処分命令により償うことができない損害を生ずるおそれがあるとき」が挙げられている（民保39条1項）。これは，仮処分命令の存続によって，債務者が通常被る損害よりも多大の損害を被るおそれがあることをいう。たとえば，債務者の営業用の動産に対して執行官保管を命ずる占有移転禁止仮処分により，債務者の事業の継続が不能または著しく困難になる場合，処分禁止の仮処分の目的物について相場の変動が著しく，仮処分の存続によって処分の好機を逸すれば債務者に多大の損害を生ずるおそれのある場合等が挙げられる。

「その他の特別の事情」としては，**被保全権利について金銭的補償が可能であること**が考えられるが，これを緩やかに解すると，被保全権利が財産権上の請求であれば仮処分命令はすべて取り消されることにもなりかねない。そこで，金銭的補償の可能性については，被保全権利の基礎あるいは背後に金銭債権がある場合に限るべきであるという主張や，仮処分の取消しによって生ずる損害を債権者が

損害賠償請求訴訟で立証することが困難な場合には金銭的補償は可能とはいえないといった主張がなされている。前者の例としては，被保全権利が担保物権，詐害行為取消権，遺留分侵害額請求権である場合，および被保全権利が金銭債権であって，その帰属に争いがあるため，取立て・処分禁止の仮処分が発令された場合が挙げられる。後者については，特許権その他の知的財産権を被保全権利とする仮処分において，仮処分が取り消された場合の損害額の立証が著しく困難であるとして，金銭的補償の可能性が否定された例がある（大阪地判昭和 59・8・30 無体集 16 巻 2 号 535 頁（特許権），東京地判平成 2・2・16 判時 1341 号 140 頁／重判平 2 無体 2（実用新案権），大阪高判昭和 31・3・20 下民 7 巻 3 号 717 頁（商標権），東京地判平成元・9・27 判時 1326 号 137 頁（パブリシティ権））。

仮処分命令を存続させることによって債務者に生ずる損害が仮処分命令を取り消すことによって債権者に生ずる損害を上回ることが仮処分命令の発令当時において予見されていた場合には，保全の必要性を欠いていたとも考えられる（仮の地位を定める仮処分における保全の必要性の判断に際しては，債権者と債務者の利益衡量がなされるとの指摘もある）。したがって，特別の事情による保全取消しについても，保全異議との関係が問題となりうる。

Column(54) 特別の事情による保全取消しと保全異議の関係

特別の事情による保全取消しと保全異議の関係も，事情の変更による保全取消しと保全異議の関係（Column(53)⇒324 頁）に準ずる。ただし，両手続の併合の可能性については，債務者が早期の取消しを求めている場合には併合すべきでないとする見解が有力である。これは，特別の事情による保全取消しにおいては，争点が特別の事情の存否に限定されているため，比較的迅速に取消しを得ることが

できるという理由に基づいている。しかし，同一の目的をもつ手続を別々に進行させることには，審理が重複するなどの問題がある。併合を認めて，同一の裁判官に両手続を審理させることにも合理性はあるのではないだろうか。

④　保全抗告

対象となる裁判　保全抗告は，保全異議または保全取消しの申立てについての裁判に対してすることができる（民保41条1項本文）。ここでいう「保全異議又は保全取消しの申立てについての裁判」には，原状回復の裁判（民保33条・40条1項）も含まれる（民保41条1項本文かっこ書）。

　以上の例外として，保全異議の申立てについての裁判であっても，保全抗告の対象とならないものがある。それは，抗告裁判所が発した保全命令に対する保全異議の申立てについての裁判である（民保41条1項但書）。これが実際に問題になるのは，簡易裁判所がした保全命令の申立てを却下する裁判に対して即時抗告がなされ，抗告裁判所たる地方裁判所が発した保全命令に対して保全異議が申し立てられた場合である。地方裁判所が保全命令の申立てを却下する裁判をし，これに対して即時抗告が申し立てられた場合には，抗告裁判所たる高等裁判所のした裁判に対しては，裁判所法7条2号の制限が課されるので，特別抗告（民訴336条）または許可抗告（民訴337条）の場合を除き，さらに抗告をすることはできない。

申　立　て　保全抗告は，保全異議または保全取消しの申立てについての裁判の送達を受けた日から2週間の不変期間内にしなければならない（民保41条1項本文）。

申立権者は，保全異議または保全取消しの申立てについての裁判に不服のある債権者または債務者である。

保全抗告は書面でしなければならない（民保規1条5号）。申立書の提出先は原裁判所である（民保7条の準用する民訴331条・286条1項）。

保全抗告を受けた原裁判所は，保全抗告の理由の有無につき判断しないで，事件を抗告裁判所に送付しなければならない（民保41条2項）。これは，原裁判所による再度の考案（民訴333条）を禁止する趣旨である。

保全抗告がなされても，すでに認可されている保全命令について保全執行が当然に停止されたり，保全命令を取り消した決定の効力が当然に停止されるわけではない。したがって，申立人は，保全執行の停止または取消決定の効力の停止を申し立てることができる（民保41条4項・27条1項・4項・5項・42条）。

審理の手続 保全抗告についての裁判も，決定手続によって行われる。保全異議または保全取消しにおけるのと同様に，口頭弁論または当事者双方が立ち会うことができる審尋の期日を経なければ，保全抗告についての裁判をすることはできず（民保41条4項・29条），審理を終結するには，原則として，相当の猶予期間をおいて，審理を終結する日を決定しなければならない（民保41条4項・31条）。

裁　判 保全抗告についての決定には，理由を付さなければならない（民保41条4項・16条本文）。決定は，当事者に送達しなければならない（民保41条4項・17条）。保全命令を認可しまたは変更する決定においては，債権者が追加担保を立てることを保全執行の実施または続行の条件とする旨

を定めることができる（民保41条4項・32条2項）。保全命令を取り消す決定においては，債務者が担保を立てることを条件とすることができる（民保41条4項・32条3項）。

| 再抗告の禁止 | 保全抗告についての裁判に対しては，さらに抗告をすることができない（民保41条3項）。再抗告を禁止した理由は，311頁で述べたように，迅速を要する民事保全の手続において三審制を保障する必要はないことにある。ただし，これによっても，高等裁判所のした保全抗告についての決定に対して最高裁判所に許可抗告をすることは妨げられない（最決平成11・3・12民集53巻3号505頁／百選93）。

4 保 全 執 行

1 総 説

| 手続の特徴 | 保全執行に関する手続には，民事執行法の規定の大部分が準用される（民保46条）。しかし，主として保全執行の迅速性（緊急性）の要請から，以下のような規律もなされている。

(1) **保全執行の要件** 保全執行は迅速に行われる必要があるので，原則として保全命令の正本に基づいて実施する（民保43条1項本文）。執行文の付与は原則として不要である。執行文の付与を必要とするのは，保全命令に表示された当事者以外の者に対し，またはその者のためにする保全執行に限られる（民保43条1項但書）。

(2) **執行期間** 保全執行は，債権者に対して保全命令が送達された日から2週間以内に実施しなければならない（民保43条2項）。

保全命令は保全の必要性がある場合に緊急に発せられるものであるから，保全執行も直ちに実施する必要がある。また，時間の経過に伴い事情変更が生じたために，保全執行の必要がなくなる場合もある。以上の理由から，執行期間に制限が設けられている。

　賃金等の定期金の給付を命ずる仮処分についても，執行期間の制限は適用される。この場合の執行期間の起算点は，仮処分命令の送達の日より後に支払期限が到来するものについては，送達の日ではなく，当該定期金の支払期限の到来の時である（最決平成17・1・20判時1888号91頁／百選94）。

　(3)　**保全命令の送達前の保全執行**　　保全執行は，保全命令が債務者に送達される前であっても実施することができる（民保43条3項）。これにより，保全執行を迅速に実施することができ，債務者の執行妨害を防ぐこともできる。

　(4)　**保全執行の申立て**　　保全命令を発した裁判所が同時に保全執行裁判所である場合（民保47条2項・48条2項・50条2項・52条1項）には，保全執行の申立ては，保全命令の申立てとともに保全命令の発令を停止条件としてなされているものと扱われるため（最判昭和32・1・31民集11巻1号188頁（債権に対する仮差押えについて）），執行申立書の提出は不要とされる（民保規31条但書）。

　(5)　**追加担保を提供しないことによる保全執行の取消し**　　債権者が追加担保を提供することを条件として保全執行の続行を許す裁判があったとき（民保32条2項・38条3項・41条4項）は，債権者は，担保の提供を証する書面を所定の期間内に保全執行裁判所または執行官に提出しなければならない（民保44条1項）。不提出の場合には，すでにした執行処分は取り消される（民保44条2項）。

　(6)　**第三者異議の訴えの管轄裁判所の特例**　　高等裁判所が保全

執行裁判所としてした保全執行に対する第三者異議の訴えは，仮に差し押さえるべき物または係争物の所在地を管轄する地方裁判所が管轄する（民保45条）。

② 仮差押えの執行

仮差押えの執行の方法 仮差押えは，金銭債権の執行保全を目的とするから，その執行は原則として差押えの段階にとどまり，換価手続には進まない。

対象財産ごとの執行の方法は，以下のとおりである。

(1) **不動産に対する仮差押えの執行**　仮差押えの登記をする方法と強制管理の方法とがあり，両者は併用することができる（民保47条1項）。

仮差押えの登記をする方法によった場合には，仮差押命令を発した裁判所が保全執行裁判所として管轄し，裁判所書記官が登記を嘱託する（民保47条2項・3項）。強制管理の方法によった場合には，不動産の所在地を管轄する地方裁判所が保全執行裁判所として管轄する（民保47条5項，民執44条）。管理人は，配当等に充てるべき金銭を供託し，その事情を保全執行裁判所に届け出なければならない（民保47条4項）。

(2) **船舶に対する仮差押えの執行**　仮差押えの登記をする方法と執行官に対し船舶国籍証書等（船舶の国籍を証する文書その他の船舶の航行のために必要な文書）を取り上げて保全執行裁判所に提出すべきことを命ずる方法とがあり，両者は併用することができる（民保48条1項）。仮差押えの登記をする方法によった場合には，仮差押命令を発した裁判所が保全執行裁判所として管轄し，船舶国籍証書等の取上げを命ずる方法によった場合には，船舶の所在地を管轄す

る地方裁判所が保全執行裁判所として管轄する（民保48条2項）。

（3）**動産に対する仮差押えの執行**　執行官が目的物を占有する方法による（民保49条1項）。

（4）**債権およびその他の財産権に対する仮差押えの執行**　保全執行裁判所が第三債務者に対し債務者への弁済を禁止する命令を発する方法による（民保50条1項）。この場合の保全執行裁判所は，仮差押命令を発した裁判所である（民保50条2項）。したがって，仮差押命令の申立てと同時に仮差押えの執行の申立てもなされているとみられ（⇒330頁），仮差押えの執行の申立書をさらに提出する必要はない。弁済禁止命令は，第三債務者に送達しなければならず，送達により執行は完了する（民保50条5項，民執145条3項・5項）。

> **仮差押えの執行の効力**

仮差押えの執行により，債務者は目的財産についての処分を禁止される。これに違反してなされた債務者の処分行為は，当事者間では有効であるが，仮差押債権者には対抗することができず，仮差押えに基づく本執行（仮差押債権者が債務名義を得て行う強制執行）においては効力を否定される。この処分制限効は，仮差押えに基づく執行手続に参加したすべての債権者に及ぶ（**手続相対効説**⇒114頁）。したがって，仮差押えの執行後に債務者の処分行為によって第三者が目的財産について所有権，担保物権，用益物権を取得しても，仮差押えに基づく本執行においては，その権利は存在しないものとして扱われる。

　　　*Column*55　**本執行への移行**　•••••••••••••••••••••••••••••
　　　仮差押えの執行後に仮差押債権者が債務名義を得て本執行を実施する場合には，仮差押えの処分禁止の効力は本執行に引き継がれる。また，仮差押えの執行として本執行と同一の手続が行われているときは，その手続の結果を利用して本執行を実施することができる。

これを「本執行への移行」という。

　本執行への移行の時期については，本案についての債務名義の成立時，あるいは執行正本の送達時とする見解もあるが，有力な見解は，**本執行の申立て時**だと解している。

　本執行への移行後，仮差押えの執行がいかなる効力を有するかについても，見解が分かれている。かつての通説は，本執行への移行により，仮差押えの執行の効力は将来に向かって消滅すると解していた（絶対消滅説）。この見解によれば，のちに本執行が取り消されたり，本執行の申立てが取り下げられたりしても，仮差押えの執行の効力が復活することはない。また，すでに生じている仮差押えの執行の効力は本執行の中に取り入れられる。したがって，移行後に債務者が保全異議または保全取消しによって仮差押命令の取消しを求めたり，仮差押解放金を供託して執行の取消しを求めることもできないし，債権者が仮差押執行の申立てを取り下げることもできないとされていた。これに対しては，移行によって仮差押えの執行の効力は将来に向かって消滅するが，本執行が申立ての取下げ等により終了したときには，保全の目的は達成されなかったのであるから，仮差押えの執行の効力が復活するという見解（条件付消滅説）や本執行への移行後も仮差押えの執行の効力は消滅せず，本執行と併存しているとする見解（併存説）が対立する。この最後の見解によれば，移行後も仮差押えの執行は潜在的に効力を有し，本執行が無剰余のため取り消された場合などには，仮差押えの執行による処分禁止の効力が発揮されるということになる。判例（最判平成14・6・7判時1795号108頁／百選96）はこの見解に立ち，本執行への移行後に仮差押命令およびその執行の申立てを取り下げることは可能であり，取下げにより，処分禁止効はさかのぼって消滅する（民保7条，民訴262条1項）とした。

　不動産に対する仮差押えののちに本執行に移行する場合には，債権者は，改めて強制競売開始決定（民執45条）を得なければなら

ない。また，債権に対する仮差押命令は，債権者に取立権を付与するものではないので，本執行に際しては改めて差押命令を求めなければならない。これに対して，動産に対する仮差押えののちに動産執行が開始された場合には，目的物の占有はすでに執行官に移っているのであるから，さらに差押えを行う必要はないはずである。しかし，実務においては，仮差押えの目的物を債務者，債権者または第三者に保管させている場合（民保49条4項，民執123条3項・124条，民保規40条，民執規104条1項）には，手続を明確にするため，保管場所に赴いて改めて本執行のため差し押さえる旨の標示をすべきだとされている。

③ 仮処分の執行および効力

総　説

仮処分の執行について，民事保全法は，仮差押えの執行または強制執行の例によるとの一般的規定（民保52条1項）と個別の仮処分の執行についての特則（民保52条2項・53条～57条）を置いている。また，仮処分の効力については，処分禁止の仮処分に違反する処分行為の相対的無効と，処分禁止の仮処分および占有移転禁止の仮処分の当事者恒定効を規定している（民保58条～64条）。

以下では，主要な仮処分の執行および効力について概説する。

占有移転禁止の仮処分

（1）占有移転禁止の仮処分は，物の引渡請求権・明渡請求権の執行の保全を目的として，債務者に対し，目的物の占有の移転を禁止するとともに，目的物の占有を解いて執行官にその保管をさせることを内容とする（民保25条の2第1項）。目的物の使用を債務者または債権者に許すか否

かによって，**執行官保管型，執行官保管・債務者使用許可型，執行官保管・債権者使用許可型**に分かれる。実務上，最も多いとされる執行官保管・債務者使用許可型の主文例は，次のようなものである。

　債務者は，別紙物件目録記載の物件に対する占有を他人に移転し，又は占有名義を変更してはならない。

　債務者は，右物件の占有を解いて，これを執行官に引き渡さなければならない。

　執行官は，右物件を保管しなければならない。

　執行官は，債務者に右物件の使用を許さなければならない。

　執行官は，債務者が右物件の占有の移転又は占有名義の変更を禁止されていること及び執行官が右物件を保管していることを公示しなければならない。

　執行官保管・債務者使用許可型の仮処分の執行は，執行官が債権者および債務者の立会いの下に，債務者が目的物の占有の移転を禁止されていること，および目的物を執行官が保管していることの公示をし，公示書の損壊等に対する法律上の制裁を債務者に告知することによって行われる（民保25条の2第1項，民保規44条1項・2項）。執行官保管型または執行官保管・債権者使用許可型の仮処分の執行においては，公示に加えて，執行官が債務者から目的物の占有を取り上げなければならない（民保52条1項，民執168条〜169条）。

　不動産を対象とする占有移転禁止の仮処分命令が債務者を特定せずに発せられた場合には，当該仮処分命令の執行は，目的不動産の占有を解く際にその占有者を特定することができなければすることができない（民保54条の2）。占有者として特定された者が執行によって目的不動産の占有を解かれたときは，以後その者が債務者となる（民保25条の2第2項）。債務者となった者の氏名その他の当該者を特定するに足りる事項は，執行官により，仮処分命令の発令裁判

所に届け出られる（民保規44条の2）。

執行官は，執行後も債権者の申出により，債務者に仮処分違反の事実がないかを現場に赴いて調査する。これを**点検**と呼んでいる。点検の結果，仮処分違反の事実を発見した場合に，執行官がいかなる措置をとりうるかについては，民事保全法制定前は見解が分かれていたが，今日では次のように解されている。

① 目的物の客観的現状変更，すなわち，債務者が建物の増改築を行った場合などにおいては，債権者にその旨を通知しなければならない（民保52条1項，民執規108条2項）。執行官の判断で原状回復の措置をとることはできず，債権者が現状変更禁止を求める仮処分を新たに申し立てるのを待つべきである。

② 目的物の主観的現状変更，すなわち，債務者が目的物の占有を第三者に移転したり，債務者の意思に基づかずに第三者が目的物の占有を開始した場合においても，執行官は第三者の占有を直ちに排除する措置をとることはできない。債権者が債務者に対する本案訴訟で勝訴すれば，次に述べる当事者恒定効により，第三者に対して強制執行をすることができるが，それ以前に第三者を強制的に退去させるには，やはり別の仮処分が必要である。

(2) 占有移転禁止の仮処分の執行後に目的物の占有を取得した第三者に対しては，債権者は，債務者に対する本案の勝訴判決を債務名義として，目的物の引渡し・明渡しの強制執行をすることができる（民保62条）。強制執行をするにあたっては，第三者に対する承継執行文の付与を受けなければならない（民執27条2項。なお，第三者を特定せずに承継執行文の付与を受けることができる場合もある。民執27条3項1号⇒67頁）。このように，仮処分執行後に占有を取得した第三者に対して債務者に対する債務名義をもって強制執行をなしう

ることを，占有移転禁止の仮処分の「**当事者恒定効**」という。

ここでいう第三者には，①仮処分執行後に債務者の占有を承継した者（承継占有者）と②仮処分執行後に承継によらずに占有を取得した者（非承継占有者）とがある。いずれであるかによって，当事者恒定効の及ぶ要件は異なる。

①　**承継占有者**に対しては，仮処分執行がされたことについての善意・悪意を問わず，当事者恒定効が及ぶ（民保62条1項2号）。ただし，承継占有者が実体法上，債権者に対抗することができる権原を有している場合（ex.民94条2項）には，それを執行文の付与に対する異議の申立てにおいて主張することにより，強制執行を排除することができる（民保63条）。

②　**非承継占有者**に対しては，仮処分執行がされたことについて悪意である場合に限り，当事者恒定効が及ぶ（民保62条1項1号）。しかし，仮処分執行後に占有を取得した者には悪意の推定がなされていることから（民保62条2項），非承継占有者が善意であるとは，仮処分の公示が剥離していたために仮処分の執行を知らなかったというような例外的な場合に限定される。善意の非承継占有者であることは，執行文の付与に対する異議の申立てにおいて主張することができる（民保63条）。

処分禁止の仮処分

(1)　処分禁止の仮処分は，物に関する給付請求権（ex.不動産の登記請求権，建物収去土地明渡請求権）の執行の保全を目的とする。被保全権利の種類によって主文は異なる。たとえば，所有権に基づく移転登記請求権を保全するための処分禁止の仮処分の主文例は，「債務者は，別紙目録記載の物件について，譲渡並びに質権，抵当権及び賃借権の設定その他一切の処分をしてはならない。」というものである。不動産の

買主が，売買契約に基づく移転登記請求権（債権的請求権）を保全するために，売主を債務者として処分禁止の仮処分をすることも認められる（仮処分の執行後に第三者が売主から不動産を譲り受け，移転登記を得たとしても，仮処分債権者である買主が本案訴訟で勝訴すれば，第三者の登記を抹消することができる。後述(2)①参照）。これに対しては，買主の債権的地位を仮処分によって物権化する結果になるとの批判もあるが，処分禁止の仮処分を認めないと，売主は，二重譲渡によって買主に対する移転登記義務を免れうることになり，妥当ではない。

執行の方法も，被保全権利の種類によって異なる。

①　不動産の登記請求権を保全するための処分禁止の仮処分の執行は，**処分禁止の登記**をする方法によって行う（民保 53 条 1 項）。なお，判例（最決平成 28・3・18 民集 70 巻 3 号 937 頁／重判平 28 民訴 7）によれば，建物の区分所有等に関する法律 59 条 1 項に規定する競売を請求する権利を被保全権利として，この処分禁止の仮処分を申し立てることはできない。

②　保全すべき登記請求権が所有権以外の権利の保存，設定または変更についてのものである場合には，処分禁止の登記とともに，**保全仮登記**をする方法によって行う（民保 53 条 2 項）。

③　不動産以外の登記・登録制度のある物または権利（ex. 船舶，自動車，特許権，著作権等）の登記・登録請求権を保全するための処分禁止の仮処分の執行も，①②と同様の方法によって行う（民保 54 条・53 条）。

④　建物収去土地明渡請求権を保全するための建物の処分禁止の仮処分の執行は，**処分禁止の登記**をする方法によって行う（民保 55 条 1 項）。建物の区分所有等に関する法律 59 条 1 項に規定する競売

を請求する権利を被保全権利として，この処分禁止の仮処分を申し立てることはできない（前掲最決平成28・3・18）。

(2)　処分禁止の仮処分の効力は，以下のとおりである。

①　**処分禁止の登記のみをした処分禁止の仮処分**において，仮処分債権者が保全すべき登記請求権に係る登記をする場合（本案判決によって登記をする場合と仮処分債務者との共同申請によって登記をする場合とを含む）には，処分禁止の登記の後にされた登記に係る第三者の権利は，保全すべき登記請求権と抵触する限りにおいて，仮処分債権者に対抗できない（民保58条1項。「保全すべき登記請求権」の範囲についての旧法下の判例として，最判昭和59・9・20民集38巻9号1073頁／百選99がある）。この場合に，仮処分債権者は，処分禁止の登記に後れる登記を抹消することができる（民保58条2項，不登111条）。仮処分債権者が登記を抹消するには，あらかじめ，その登記の権利者に対し，その旨を通知しなければならない（民保59条1項）。

②　**処分禁止の登記とともに保全仮登記をした場合**においても，仮処分債権者が保全仮登記に基づく本登記をする方法によって保全すべき登記請求権に係る登記をすれば（民保58条3項），処分禁止の登記後にされた登記に係る第三者の権利は，保全すべき登記請求権と抵触する限りにおいて，仮処分債権者に対抗できない（民保58条1項）。保全すべき登記請求権が不動産の使用・収益をする権利に関するものであるときは，仮処分債権者は，不動産の使用・収益をする権利（所有権を除く）またはその権利を目的とする権利の取得に関する登記であって，処分禁止の登記に後れるものを抹消することができる（民保58条4項，不登113条）。

③　船舶，自動車，特許権，著作権等の登記・登録請求権を保全するための処分禁止の仮処分の効力も，①②に準ずる（民保61条・

58 条）。

④　建物収去土地明渡請求権を保全するための建物の処分禁止の仮処分も，当事者恒定効を有する。すなわち，処分禁止の登記がされたときは，債権者は，債務者に対する本案の債務名義に基づき，その登記がされた後に建物を譲り受けた者に対し，建物の収去およびその敷地の明渡しの強制執行をすることができる（民保 64 条）。

この仮処分は，建物の所有を固定するものであり，建物の占有を固定する効力はない。建物の占有を譲り受けた者に当事者恒定効を及ぼすためには，これとは別に建物の占有移転禁止の仮処分を得ておかなければならない。

職務執行停止・代行者
選任の仮処分

法人の代表者その他法人の役員として登記された者について，その職務の執行を停止し，またはその職務を代行する者を選任する仮処分の効力は，仮処分命令それ自体によって形成的に生じる。したがって，狭義の執行を要しない。それにもかかわらず，民事保全法は，**登記の嘱託**をこの仮処分の執行方法としている。すなわち，この仮処分命令の決定がされた場合には，裁判所書記官は，その登記を嘱託しなければならない。この仮処分命令を変更し，または取り消す決定がされた場合も，同様である（民保 56 条）。

以上は，この仮処分の効力が第三者に対しても及び，しかも，仮処分命令に違反してなされた行為が絶対的に無効であると解されていることによる。仮処分の登記は，こうした強力な効果を公示する方法であるとともに，実体法上は第三者に対する対抗要件にもなっている（一般法人 299 条 1 項，会社 908 条 1 項）。

法人の役員として登記された者に対して職務執行停止・代行者選任の仮処分命令が発せられても，当該法人に関する法律において仮

処分の登記が要求されていない場合には，登記の嘱託は必要でない（民保56条但書）。こうした登記されない職務執行停止・代行者選任の仮処分が発令されることは実際には多くはないと思われるが（職務執行停止・代行者選任の仮処分の登記が要求されていない場合の例としては，従来，民法上の公益法人の清算人が挙げられてきたが，一般法人法310条3項により，清算法人の清算人・代表清算人についても，職務執行停止・代行者選任の仮処分の登記が要求されるようになった），理論上は，その効力をどのように解するかが問題となる。民事保全法制定前には，登記の方法のない合資会社の業務執行社員に対する職務執行停止仮処分も，適当な方法で当事者に告知されることによって効力を生じ，その効力は第三者にも及ぶとした判例がある（最判昭和41・4・19民集20巻4号687頁）。しかし，民事保全法56条が登記の嘱託を要求したのは，仮処分の存在を知らない第三者が不測の損害を受けるのは不当であるとの判断に基づくとすれば，登記されない職務執行停止・代行者選任の仮処分の効力は，告知を受けた当事者のみに及ぶと解すべきであろう。

*Column*㊳　仮処分によって職務執行を停止された役員の地位　⏵⏵

　　法人の役員の職務執行停止・代行者選任の仮処分の債務者については，当該役員と法人の両方であるとする見解が有力である（会社の取締役の職務執行停止・代行者選任の仮処分においては，当該取締役と会社とを相手方とすべきであり，両者は必要的共同訴訟の関係に立つとした判例として，東京高決平成8・2・1判タ923号269頁がある）。職務執行を停止された法人の役員が本案訴訟において被告適格を有するかについては，判例は否定説に立つ（仮処分によって職務執行を停止された会社の代表取締役は，本案訴訟である株主総会決議無効確認の訴えにおいて被告適格を有しないとした判例として，最判昭和59・9・28民集38巻9号1121頁／民訴百選Ⅰ

［補正］53 がある）。また，判例によれば，本案訴訟において法人を代表するのは職務代行者であり，職務執行を停止された代表者が本案訴訟に参加するには，共同訴訟的補助参加の方法をとるべきだとされている（前掲最判昭和 59・9・28）。

地位保全の仮処分　地位保全の仮処分は，債権者が従業員・学生等の特定の法律上の地位にあることを暫定的に定める仮処分である。仮処分命令の主文は，たとえば「債権者が，債務者に対し，雇傭契約上の権利を有する地位にあることを仮に定める。」というように表現される。

この仮処分の効力も，仮処分命令の送達と同時に発生する。仮処分命令の内容を執行によって実現することは予定されておらず，債務者の任意の履行を期待するにすぎない。

このような**任意の履行に期待する仮処分**が許容されるかについては，争いがある。不適法だとする見解は，任意の履行に期待する仮処分では紛争の解決は中途半端にしかなされず，保全の必要性を肯定することはできないとする。これに対しては，債務者の履行の可能性が高ければ，この仮処分も当事者間の紛争解決に貢献しうるとの反論が可能である。単に債務者が仮処分命令の内容を履行すると債権者が信じているというにとどまらず，裁判所が仮処分命令を発したならばそれを尊重するという合意が当事者間に成立しているといった事情があれば，保全の必要性を満たすものとして，地位保全の仮処分の発令を認めるべきである。

インターネット関係仮処分　インターネット上に名誉やプライバシーを侵害する内容の匿名の投稿記事が掲載され，被害を受けた者は，コンテンツプロバイダ

に対して投稿記事の仮の削除を求める仮処分を申し立てることができる。この場合の被保全権利は，人格権等に基づく差止請求権である。

　被害者が投稿記事の発信者に対して損害賠償請求をするためには，発信者を特定することが必要である。その目的で，特定電気通信役務提供者の損害賠償責任の制限及び発信者情報の開示に関する法律（プロバイダ責任制限法）4条1項に基づく発信者情報の開示を求める仮処分を申し立てることができる。まず，コンテンツプロバイダに対して，侵害情報に係るIPアドレスやタイムスタンプなどのアクセスログの開示を求める仮処分を申し立て，経由プロバイダを特定した上で，発信者の氏名・住所等の情報を得るために，経由プロバイダに対して発信者情報の開示を求める仮処分を申し立てることになる。なお，実務は，経由プロバイダに対する発信者情報開示仮処分においては，発信者の氏名・住所等の情報の消去禁止を命じるにとどめている。被害者がこれらの情報の開示を求めるには，経由プロバイダに対して本案訴訟を提起する必要があるとされている。

◆ 付録1 執行文

債務名義の事件番号	令和 平成　　年　（　　）　第　　号

執　行　文

　債権者は，債務者に対しこの債務名義により強制執行をすることができる。
　　　令和　　年　　　月　　　日
　　　（庁名）
　　　　　裁判所書記官

債権者	
債務者	
債務名義に係る請求権の一部について強制執行をすることが出来る範囲	

付与の事由			
イ　証明すべき事実の到来を証する文書を提出 ロ　承継等の事実が明白（規17Ⅱ） ハ　承継等を証する文書を提出 ニ　付与を命ずる判決	該当する符号を下欄に記載する	再度付与	通

（注）　該当事項がない場合には空欄に斜線を引く。

令和　　年（ケ）第　　　号

物 件 明 細 書

令和　　年　　月　　日
××地方裁判所××民事部
裁判所書記官

1　不動産の表示
【物件番号 1】
　別紙物件目録記載のとおり

2　売却により成立する法定地上権の概要
　なし

3　買受人が負担することとなる他人の権利
【物件番号 1】
　なし

4　物件の占有状況等に関する特記事項
【物件番号 1】
　本件所有者が占有している。

5　その他買受けの参考となる事項
【物件番号 1】
　なし

債権差押命令申立書

東京地方裁判所民事 21 部　御中

　　　　　　　　　　　　　　　　　　　年　　　月　　　日

　　　　　　　　　申立債権者

　　　　　　　　　申立代理人弁護士　　　　　　　　　　㊞

┌─────┐
│　　　　　│
│収入印紙　│　　　　当事者　　　　別紙当事者目録の通り
│　　　　　│　　　　請求債権　　　別紙請求債権目録の通り
└─────┘　　　　差押債権　　　別紙差押債権目録の通り

　債権者は、債務者に対し、別紙請求債権目録記載の仮執行宣
言付き判決正本に表示された請求債権を有しているが、債務
者がその支払をしないので、債務者が第三債務者に対して有
する別紙差押債権目録記載の債権に対し差押命令を求める。

添付書類

1. 仮執行宣言付き判決正本　　　　　　　　　　1 通
2. 同送達証明書　　　　　　　　　　　　　　　1 通
3. 商業登記簿謄本　　　　　　　　　　　　　　1 通
4. 委任状　　　　　　　　　　　　　　　　　　1 通

事 項 索 引

判 例 索 引

高 等 裁 判 所

地 方 裁 判 所

条文索引

民事執行規則

民事保全規則

民事執行・保全法〔第6版〕

Enforcement and Provisional remedies, 6th ed.

有斐閣アルマ

2004 年 3 月 30 日　　初　版第 1 刷発行
2006 年 3 月 10 日　　第 2 版第 1 刷発行
2007 年 4 月 10 日　　第 2 版補訂第 1 刷発行
2011 年 3 月 5 日　　　第 3 版第 1 刷発行
2014 年 3 月 30 日　　第 4 版第 1 刷発行
2017 年 3 月 30 日　　第 5 版第 1 刷発行
2020 年 3 月 20 日　　第 6 版第 1 刷発行

著　者
上　原　敏　夫
長谷部　由起子
山　本　和　彦

発行者
江　草　貞　治

発行所
株式会社　有　斐　閣
郵便番号　101-0051
東京都千代田区神田神保町 2-17
電話　（03）3264-1314〔編集〕
　　　（03）3265-6811〔営業〕
http://www.yuhikaku.co.jp/

印刷・株式会社理想社／製本・牧製本印刷株式会社
© 2020, T. Uehara, Y. Hasebe, K. Yamamoto. Printed in Japan
落丁・乱丁本はお取替えいたします。

★定価はカバーに表示してあります。

ISBN 978-4-641-22153-6